ÉTUDES HISTORIQUES

SUR LE

DROIT DE JUSTINIEN

PAR

PAUL COLLINET

PROFESSEUR A LA FACULTÉ DE DROIT DE L'UNIVERSITÉ DE LILLE

TOME PREMIER

LE CARACTÈRE ORIENTAL

DE

L'ŒUVRE LÉGISLATIVE DE JUSTINIEN

ET LES

DESTINÉES DES INSTITUTIONS CLASSIQUES

EN OCCIDENT

LIBRAIRIE

DE LA SOCIÉTÉ DU

RECUEIL SIREY

22, *rue Soufflot, PARIS, 5ᵉ arrdᵗ*

L. LAROSE & L. TENIN, Directeurs

1912

ÉTUDES HISTORIQUES

SUR LE

DROIT DE JUSTINIEN

TOME PREMIER

BAR-LE-DUC. — IMPRIMERIE CONTANT-LAGUERRE.

ÉTUDES HISTORIQUES

SUR LE

DROIT DE JUSTINIEN

PAR

Paul COLLINET

PROFESSEUR A LA FACULTÉ DE DROIT DE L'UNIVERSITÉ DE LILLE

TOME PREMIER

LE CARACTÈRE ORIENTAL

DE

L'ŒUVRE LÉGISLATIVE DE JUSTINIEN

ET LES

DESTINÉES DES INSTITUTIONS CLASSIQUES

EN OCCIDENT

LIBRAIRIE

DE LA SOCIÉTÉ DU

RECUEIL SIREY

22, rue Soufflot, PARIS. 5e arrdt

L. LAROSE & L. TENIN, Directeurs

—

1912

A

MES MAITRES DE DROIT ROMAIN

MM.

A. ESMEIN, E. CUQ, P. F. GIRARD,

la Série de ces *Études* est respectueusement dédiée.

PRÉFACE GÉNÉRALE

AUX

ÉTUDES HISTORIQUES SUR LE DROIT DE JUSTINIEN

A la fin de l'année 1910, l'un des plus éminents romanistes de l'Allemagne, M. Mitteis, proclamait, dans la Revue dont il est l'un des directeurs, la « nécessité pressante » d'étudier le droit privé de Justinien en lui-même et sans en faire le « point d'aboutissement des recherches sur le droit romain antérieur » [1].

Si M. Mitteis, après avoir regardé la façon dont les romanistes traitent le droit de Justinien, s'était tourné du côté des spécialistes du droit gréco-romain ou byzantin, il aurait pu ajouter qu'il n'est pas moins nécessaire de ne pas le considérer uniquement comme le « point de départ » des recherches sur le droit postérieur.

C'est qu'en vérité, comme l'a très bien aperçu notre collègue, le droit de Justinien, à l'heure actuelle, ne fait pas l'objet d'une étude « indépendante » (le mot est de lui). Les « Études historiques sur le droit de Justinien » qui vont s'ouvrir par deux volumes, en préparation depuis

---

1. *Zeitschrift der Savigny-Stiftung für Rechtsgeschichte*, t. XXXI, 1910, p. 393.

C.   *a*

dix ans, se proposent de répondre à la conception désirable. L'heure viendra de présenter un exposé complet du droit contenu dans la vaste compilation byzantine, quand on l'aura reprise à fond dans ses moindres détails avec une méthode nouvelle. Avant de pouvoir le faire, il est nécessaire de procéder par études fragmentaires comme l'indique notre titre général.

Dans nos recherches, quelques théories du droit de Justinien seront seules choisies, celles qui ont paru le plus dignes d'intérêt, le plus susceptibles de recevoir, dans une série de cours de Pandectes, des éclaircissements et des jugements nouveaux fondés sur l'application de la méthode historique.

Pour le moment, deux parties vont être traitées. Le premier volume qui a pour titre : *Le Caractère oriental de l'œuvre législative de Justinien et les destinées des institutions classiques en Occident*, forme une sorte d'introduction à l'étude de la célèbre codification du VIe siècle ; les principes généraux de la méthode qu'il convient de suivre dans son étude y seront indiqués. Le second qui est presque achevé — et qui avait été annoncé comme devant paraître d'abord — applique cette méthode historique à un large sujet de grande importance aussi : *La Nature des actions et des autres voies de droit dans l'œuvre de Justinien*.

Grâce à l'emploi constant des procédés modernes d'interprétation et par l'utilisation de tous les documents auxiliaires, nous nous efforcerons de combler, ou du moins de diminuer, deux des plus profondes lacunes qu'on peut apercevoir dans l'exposition courante du droit de Justinien, aujourd'hui si méprisé et si délaissé en général.

C'est une vaine question de savoir si l'œuvre de
Justinien — comme du reste tout le droit du Bas-Empire
— est méprisée parce qu'elle est mal connue ou si elle est
encore passablement ignorée parce qu'elle est méprisée.
Il est bon cependant et même nécessaire de rechercher, en
manière de préface, pourquoi et en quoi l'étude du droit
de Justinien est négligée. La critique même de l'usage
commun nous conduira à indiquer la direction générale
donnée à nos propres « Études ». Et, résultat inattendu
peut-être, elle nous amènera à juger l'œuvre byzantine
d'une façon plus équitable, sans la rigueur qu'on met
d'ordinaire à le faire.

I. — On peut affirmer sans grand risque d'être contredit que le droit romain postérieur à l'époque classique
est encore aujourd'hui la partie dont la connaissance est
le moins poussée. Le droit de Constantin, de Théodose
et de Justinien, le droit des lois romaines des Barbares
et celui du Coutumier syro-romain présentent cependant, pour l'histoire générale du droit romain, autant
d'intérêt que la recherche des origines, autant même que
le magnifique développement du droit classique.

Son intérêt, d'un autre ordre sans doute, est considérable puisque c'est dans la période qui va du IVe au
VIe siècle — en Orient plus encore qu'en Occident — que
s'est opérée la transition du droit romain antique au droit
romain du Moyen âge, précurseur des droits modernes.

Quelle raison peut donc expliquer le délaissement où se
trouve à l'heure présente le droit de cette période féconde
et spécialement le droit de Justinien ? Il n'est pas difficile de la découvrir à la fois dans l'importance prépondé-

rante que l'école régnante accorde au droit classique et dans le changement de la méthode appliquée à l'étude du droit romain en général. Les deux choses se tiennent et n'en font pour ainsi dire qu'une.

Il n'y a pas encore très longtemps que le droit romain s'identifiait presque complètement avec le droit de Justinien, la base de l'enseignement étant en première ligne les Institutes et le Digeste, en seconde ligne le Code et les Novelles, qui formaient le bloc de la « raison écrite ». La longue histoire du droit romain semblait aboutir à la compilation byzantine comme à un sommet qui n'était dominé par rien, et c'est à peine si, chemin faisant, on nommait les XII Tables, le préteur et les principaux juristes. La méthode dogmatique et systématique, imposée par la conception pratique que l'ancienne école se faisait de l'utilité du droit romain, conduisait forcément à ce résultat de mettre tous les textes sur le même plan et de les envisager comme les composants d'un système de droit, qui n'était autre naturellement que le droit de Justinien. Et ce droit jouissait de l'admiration universelle.

Mais, tandis que l'ancienne école prolongeait, durant tout le XIXe siècle et jusqu'à la fin de ce siècle, son influence dans les travaux, de plus en plus savants d'ailleurs, des Pandectistes allemands ou de certains romanistes des autres pays, l'école historique, dont les origines sont lointaines, mais dont les progrès véritables ne datent guère que du XIXe siècle, prenait une place de plus en plus importante. Basant sa conception sur l'enchaînement des développements successifs que le droit romain a reçus des diverses sources de sa formation, les premiers résultats qu'elle a introduits dans la doctrine ont été de séparer nettement le droit classique à la fois du droit primitif, cela va sans dire, et du droit de Justinien.

La découverte des Institutes de Gaius a permis de mesurer, beaucoup mieux qu'on ne le pouvait du temps de Cujas, l'étape franchie entre les temps primitifs et le IIe siècle, mais aussi celle qui sépare le droit du IIe siècle de celui du VIe. Le fait qu'on tient compte désormais des noms des jurisconsultes réunis au Digeste, au lieu d'utiliser simplement leurs fragments sans même en nommer les auteurs, révèle que l'école historique voit dans le Digeste un recueil de textes classiques au lieu d'y voir l'expression du droit de Justinien. Comme par ce procédé on lui enlève le Digeste, la part de Justinien se trouve réduite aux constitutions de réforme du Code, aux passages personnels de ses Institutes qu'on compare synoptiquement avec celles de Gaius, et à ses Novelles. Entre le droit brutal et fruste des origines et le droit de décadence de Justinien, le droit classique prend alors un relief extraordinaire; c'est lui qui devient le sommet du droit, un sommet que devait rendre de plus en plus étincelant la lumière projetée sur lui dans notre temps.

L'école historique actuelle du droit romain mérite encore mieux son titre que l'école de Savigny. Ses progrès considérables correspondent au progrès même des sciences de l'histoire et de la philologie auxquelles elle a emprunté leurs méthodes. S'ils se sont fait attendre et s'ils ne sont venus qu'après la rénovation de celles-ci, c'est que notre science particulière avait besoin d'elles comme de sciences auxiliaires ou même fondamentales. Mais depuis que l'adaptation en a été faite de nos jours, elle a opéré le renouvellement de la connaissance du droit romain plus encore que la découverte des textes nouveaux.

Pour retracer l'histoire du droit romain dans son évolution, l'école moderne se proposait de pousser dans les détails le tableau trop général dont se contentait l'enseignement d'il y a vingt ou trente ans; l'on peut dire, à l'honneur des érudits romanistes qui ont établi les nombreux résultats définitifs acquis, qu'ils ont eu tout à recréer dans l'étude du droit romain, son esprit et sa méthode.

D'abord, l'esprit dans lequel on approfondit le droit romain est devenu historique, parce qu'avant tout il doit être étudié désormais en lui-même et pour lui-même, en dehors de toute préoccupation immédiatement pratique. Tout en continuant d'admirer comme des modèles d'analyse et de raisonnement les doctrines des jurisconsultes, il n'est pas moins nécessaire de chercher à connaître, d'une façon aussi sûre que possible, la succession des institutions et l'enchaînement des théories depuis les origines obscures jusqu'à la période byzantine; or, pour pouvoir établir dans ses détails l'évolution du droit romain qui est remarquable entre toutes, l'esprit jadis à peu près uniquement pratique ou l'esprit semi-pratique, semi-historique, qui présida à son étude pendant la période de transition, ont dû faire place à l'esprit purement historique, auquel il faut souhaiter d'inspirer de plus en plus les ouvrages et l'enseignement — sans détruire pourtant les travaux et les cours dirigés vers l'étude systématique dont nul ne peut se passer.

L'esprit historique animant la nouvelle école lui imposait sa méthode, la méthode historique, le plus précieux instrument forgé au XIXe siècle pour le travail de pénétration dans toutes les sciences morales. On connaît les importants résultats généraux donnés par son application au droit romain.

Mais l'un de ces résultats, indirect et moins apparent, le seul qui intéresse le sujet traité par nous, a été d'augmenter la désaffection à l'égard de Justinien au profit non seulement du droit classique qui avait déjà toutes les sympathies de l'école historique ancienne, mais aussi au profit du droit primitif. Ce résultat était fatal. L'esprit qui animait les érudits comme la méthode dont ils s'étaient munis, les portaient naturellement vers les parties de l'histoire du droit romain qui leur semblaient de toutes le moins connues au point de vue historique. D'un côté, il y avait l'obscure et attirante période des origines qui de longtemps ne cessera de susciter des controverses passionnantes et qui ne s'éclaircira que par l'adaptation plus intensive au droit romain de l'histoire du droit comparé. De l'autre, il y avait les textes de l'époque classique sur lesquels une critique sérieuse devait s'exercer avant qu'on pût en faire sortir des indications exactes sur les doctrines des jurisconsultes; car, en dehors de quelques ouvrages originaux, elles ne sont accessibles qu'à travers les textes remaniés du Digeste ou des Institutes (les constitutions impériales du Code ou les constitutions d'autres provenances sont encore aujourd'hui un peu négligées). L'école moderne a poursuivi avec persévérance la reconstitution de l'Édit perpétuel et du droit classique en général à l'aide des fragments détachés du Digeste; les efforts réunis des romanistes de tous pays dressés à la méthode nouvelle ont abouti à fixer les grandes lignes et la plupart des détails de l'histoire du droit classique de Labéon à

Dioclétien. On peut regretter cependant que l'œuvre accomplie n'ait pas encore été purement historique ; jusqu'ici elle est plutôt critique et cela s'explique par le désir d'aller au plus pressé. Il faut beaucoup de temps pour accommoder tout le droit romain à sa nouvelle conception.

C'est précisément cette prédominance de la méthode critique dans les trente dernières années qui a augmenté le mépris pour l'œuvre législative de Justinien. Autrefois les auteurs l'accablaient de reproches, surtout parce qu'il avait découpé les livres des jurisconsultes pour les employer et parce qu'il était cause de la perte des originaux classiques. L'un des hommes de l'ancienne école, qui a présidé à la naissance des études d'histoire du droit romain et français, Charles Giraud, écrivait[1] en 1844 : « Si l'on considère les travaux de Justinien sous le rapport de l'utilité, certainement ils rendirent de grands services ; car, au milieu de ces révolutions du Bas-Empire, il n'y avait plus de règle d'action, et la jurisprudence était un chaos. Considérée du côté scientifique, l'œuvre de Justinien présente un tout autre caractère ; elle porte l'empreinte d'une décadence déplorable : cette collection de centons tronqués, jetés çà et là sans ordre ni méthode, est une œuvre d'art pitoyable. Tribonien a porté une main barbare sur les admirables débris de la jurisprudence romaine, il a déchiré, mutilé le plus bel ouvrage de Rome, son droit civil, il a démoli Ulpien, Paul, Africain, Papinien, Gaius, pour en approprier les débris aux besoins de l'Empire grec et les faire servir à la construc-

---

1. Ch. Giraud, *Histoire du droit romain ou introduction historique à l'étude de cette législation*, Paris, 1844, p. 411.

tion d'un édifice délabré, et peut-être lui devons-nous reprocher la perte des livres précieux de ces jurisconsultes, qui subsistaient encore entiers de son temps, mais qui tombèrent en mépris et en oubli après la promulgation des recueils de Justinien ».

Les auteurs contemporains qui reproduisent les phrases de Giraud n'acceptent plus tous le bloc de « ces fougueuses critiques ». Le qualificatif est de l'historien de Justinien, M. Ch. Diehl, qui, après M. P. Krueger, fait sur elles quelques réserves et change de position pour apprécier l'œuvre impériale d'une façon moins défavorable :

« Et certes, on peut critiquer la méthode qui a présidé à la composition du Digeste, le caractère insuffisamment pratique d'une œuvre qui fit revivre, en les conservant, trop de règles et d'institutions depuis longtemps tombées en désuétude. Il reste incontestable que, par le caractère scientifique que Justinien voulut donner à sa compilation, il a fait œuvre originale et de valeur; par les riches matériaux qu'il a eu le désir de transmettre à la postérité, il a rendu un service éminent à la science juridique et à l'histoire.

« C'est à ce point de vue surtout qu'il faut se placer pour apprécier l'entreprise de Justinien. Mais ce n'est pas par là seulement qu'elle doit intéresser l'historien : on y trouve en outre de précieuses informations sur l'esprit de l'Empereur et sur l'esprit de son temps... »[1].

Cependant dans son jugement, M. Diehl ne tient pas compte du grand reproche que l'école moderne adresse

---

1. Ch. Diehl, *Justinien et la civilisation byzantine au* vi^e *siècle.* Paris, 1901, in-4°, p. 256.

à Justinien. Aujourd'hui le reproche principal qui s'ajoute aux autres, c'est d'avoir dénaturé le droit classique en interpolant les textes. La critique des sources classiques, poussée à fond afin de dégager du Digeste la physionomie pure du droit classique et d'en tracer l'évolution propre, ayant fait découvrir un nombre d'interpolations plus considérable que n'imaginaient Wissembach ou Favre, la doctrine moderne crie haro sur Tribonien et ceux qu'elle nomme ses « complices ». Elle fait descendre Justinien du piédestal d'où il dominait le monde depuis la première renaissance du droit romain. Concentrant toute son attention sur le droit classique qui représente le vrai droit romain, elle ne regarde plus le droit de Justinien que comme la décadence et l'affaiblissement du droit précédent. A force de n'étudier le Digeste et un peu le Code (dont la critique a été moins complète et est d'ailleurs beaucoup plus délicate) que pour y signaler les interpolations, les auteurs ne voient plus dans l'œuvre byzantine qu'une altération du pur droit romain (en quoi ils ont absolument raison), qu'une œuvre néfaste de vandalisme (en quoi il est possible de penser qu'ils exagèrent). Tribonien est couvert de honte et l'étoile de son maître pâlit; car le grand législateur n'apparaît plus, dans les ouvrages d'aujourd'hui, que comme un « dénatureur » des admirables doctrines classiques, employant un latin déplorable et un style ampoulé, brisant par des distinctions compliquées la belle ordonnance des hypothèses et des solutions. A peine lui concède-t-on par pitié l'excuse d'avoir cherché à mettre le droit au courant des besoins de son siècle. En somme, selon le jugement pour ainsi dire universel d'à présent, on ne serait pas éloigné de donner au plus petit juriste du iiie siècle le pas sur Tribonien et ses auxiliaires.

La conséquence toute naturelle de cette conception a été qu'on n'accorde guère d'importance au droit de Justinien. A l'inverse de nos anciens, les auteurs contemporains insistent sur les origines et sur le droit classique. Ils glissent sur le droit du Bas-Empire. Aujourd'hui encore la dernière période de l'histoire du droit romain, celle qui commence à Constantin, se trouve sacrifiée comme l'étaient jadis les temps primitifs. Le droit de Justinien n'occupe pas encore la place qui lui revient légitimement. Sans doute, on parle du droit de Justinien dans tous les manuels; de gros traités de Pandectes lui sont consacrés; un exposé général élémentaire, les *Istituzioni di diritto privato giustinianeo* de M. Brugi, l'a très intelligemment résumé; il n'en reste pas moins vrai qu'il est partout présenté, dans son ensemble comme dans ses détails, d'une façon qui nous paraît ne correspondre qu'imparfaitement encore à sa valeur propre.

Cette lacune provenant du mépris que l'on continue à professer pour la période du Bas-Empire, à laquelle on ne prend plus d'intérêt à force d'exagérer son caractère de décadence, tient aussi à l'emploi insuffisant à son égard de la méthode historique.

La méthode ancienne, la méthode exégétique et dogmatique, liée à la considération du rôle pratique du droit romain, interprétait l'œuvre législative du vi[e] siècle par elle-même, comme on l'a fait longtemps pour les Codes modernes. C'était une méthode essentiellement doctrinale et rationnelle, au plus haut point subjective et personnelle, puisque l'appui des théories se prend en dernière analyse dans la

conception que chacun se fait de ces théories, même plus
philosophiquement dans l'idée générale qu'on a du droit en
soi. Cette méthode a eu et a encore des avantages non
seulement pour le droit vivant, mais aussi pour le droit
romain, car elle seule permet de fixer le sens relatif des
règles juridiques — sens toujours flottant naturellement —
et d'élaborer des théories — toujours susceptibles d'amen-
dements elles aussi. Chacun la pratique dans l'enseignement et dans l'étude du droit romain en profitant
surtout des travaux des grands ancêtres, de la Glose à
Cujas, de Doneau à Windscheid. Mais cette méthode purement juridique, dont l'insuffisance éclate même dans le
commentaire du droit vivant, ne peut servir qu'à construire sur le droit de Justinien des systèmes comme elle le
ferait sur le droit classique si elle lui était seule appliquée.

La méthode historique diffère de la précédente en ce
que l'interprète, au lieu d'envisager les textes en vue d'un
système et de les éclairer à la lumière de ses conceptions
personnelles, se propose de les réintégrer dans leur milieu
et de les interpréter non par les textes eux-mêmes, mais
par les conditions extérieures qui les ont produits. Cette
méthode est essentiellement objective (ou du moins elle
le serait si elle était maniée par le savant *in abstracto* qui
n'existe pas); elle conduirait à la vérité si les instruments
employés et si l'homme qui s'en sert étaient parfaits.

Ses éléments, en effet, sont — en théorie — merveil-
leusement appropriés à son objet, puisqu'ils comprennent
la méthode critique qui épure les textes et en fixe le sens,
la méthode chronologique qui les classe selon l'ordre du
temps, la méthode sociologique qui les explique par le
milieu social.

Cette méthode est aujourd'hui couramment utilisée en droit romain pour la reconstitution de son histoire détaillée jusqu'à Dioclétien. Mais on peut affirmer, sans paradoxe, que pour l'interprétation du droit de Justinien elle est à peu près négligée. A part quelques notables exceptions desquelles il sera fait état au cours de nos « Études », les auteurs continuent de pratiquer à son endroit le seul procédé de l'exposition dogmatique, comme si les textes de Justinien devaient être, — maintenant encore — soustraits aux relativités du temps et de l'espace. Ils abandonnent la meilleure méthode, avant qu'elle n'ait donné tous ses fruits, dans l'étude de la période du Bas-Empire où il n'y a pourtant aucune raison que les textes ne soient pas critiqués, compris, classés ou expliqués sur le modèle des autres plus anciens.

II. — L'indication à cet égard des lacunes de la doctrine presque générale fera apparaître tout naturellement la voie qu'il faudrait suivre pour les combler en entier, à l'imitation des rares auteurs qui ont commencé déjà à s'y engager.

Des différents éléments qui constituent la méthode historique, l'élément chronologique est celui qui sert le moins pour la reconstitution du droit de Justinien, parce que ce droit forme un tout et n'a guère évolué entre la première loi qui y entre et la dernière Novelle. Pourtant il est certaines matières, comme la protection de la femme mariée dans la reprise de sa dot, où l'on ne doit pas manquer de mettre en lumière la marche chronologique des réformes.

L'emploi qu'on a fait jusqu'ici trop parcimonieusement de la méthode critique et de la méthode sociologique appelle au contraire quelques remarques que nous indiquerons après avoir établi notre matériel d'études.

La tâche préalable de l'auteur qui veut connaître une partie limitée du droit romain est de savoir sur quels textes il doit travailler. Si l'on étudie le droit de Justinien dans un ouvrage dogmatique et systématique, soit un exposé élémentaire comme celui de M. Brugi, soit un exposé plus complet comme un traité de Pandectes, il est bien clair qu'on utilisera à cette fin l'œuvre entière de Justinien, les quatre parties qui la constituent, d'un bout à l'autre. C'était là la manière ancienne. Mais le but que se propose l'historien du droit romain est plus restreint. Après avoir déterminé quelles étaient les institutions ou les règles en vigueur à l'époque classique, il doit déterminer simplement (et c'est sur ce plan que sont conçus les manuels et l'enseignement) comment elles ont été modifiées au Bas-Empire, surtout par les réformes propres de l'Empereur ou les retouches considérables des commissaires byzantins.

Désirant fixer quelle place spéciale l'œuvre personnelle de Justinien occupe dans l'évolution générale du droit romain, le premier soin de l'historien doit être de dresser le bilan des textes ou des passages qui, dans la compilation, appartiennent en propre aux commissaires. En fait, il n'y a de question que pour les Institutes, le Code et surtout le Digeste; la manière dont ils ont été confectionnés avec des matériaux anciens remaniés au VIe siècle impose un travail préliminaire de critique destiné à séparer le matériel classique du matériel byzantin.

Le groupe principal des textes, qui forment les sources

du droit de Justinien avec les constitutions originales du Code et les Novelles, étant donc l'ensemble des passages fragmentaires interpolés, se sert-on ordinairement des interpolations au même titre que des autres sources pour décrire le droit de Justinien? Les ouvrages élémentaires et l'enseignement ne le font guère, imitant en cela la conduite même de l'école moderne en général.

En effet, quand cette école applique la méthode critique aux Instituts, au Digeste et au Code, elle ne cherche pas jusqu'à présent à mieux connaître l'œuvre de Justinien ; elle la pratique pour retrouver presque exclusivement dans la compilation byzantine le droit classique qu'elle veut restaurer dans son intégrale pureté. L'étude méthodique des recueils composés de matériaux classiques vise à reconstituer non le droit de Justinien, mais le droit classique qui forme l'objet principal des préoccupations de tous. En règle ordinàire, les passages interpolés sont traités comme les déchets du travail d'épuration; rejetés avec dédain, on néglige d'y prêter la moindre attention, comme autrefois on laissait périr les vieilles sculptures maltraitées des cathédrales quand l'artiste moderne les avait remplacées par ses belles figures toutes neuves.

A côté des autres textes de Justinien les passages interpolés, chaque jour découverts en plus grand nombre, entreront au contraire dans notre matériel d'études. Ils nous permettront d'élargir notre connaissance du droit byzantin, tandis qu'ils avaient servi jusqu'ici principalement à réformer et à étendre la connaissance qu'on avait du droit classique.

Mais il ne suffit pas de déterminer le matériel des

textes d'après lesquels on pourra retracer le droit de Justinien. Il faut aussi comprendre et interpréter ces textes. Sur ce point encore, la doctrine commune, faisant à peu près exclusivement usage de la méthode exégétique, se borne à constater les modifications subies par le droit romain dans l'œuvre de Justinien (et encore le fait-elle incomplètement) ; elle ne les interprète pas.

Cependant, si la critique externe était nécessaire pour séparer des passages classiques les retouches des commissaires, la critique interne ne l'est pas moins pour comprendre le sens même des changements opérés par eux, leur sens littéral d'abord, mais leur sens historique surtout. Certains auteurs, dont plusieurs articles seront cités au cours de ces « Études », ont très habilement interprété les règles nouvelles à l'aide de deux autres genres de textes qui constituent un important matériel d'informations accessoires, — d'une part, les commentaires des jurisconsultes byzantins antérieurs ou postérieurs à Justinien dont on ne songeait guère jadis à tirer parti pour une meilleure connaissance de son droit, la Paraphrase des Institutes de Théophile étant seule utilisée à cet effet, — d'autre part, les Papyrus grecs d'Égypte qui descendent jusqu'à la période byzantine.

Les renseignements que peuvent fournir les professeurs byzantins et les actes de pratique sont négligés à tort par l'école historique moderne qui, jusqu'ici, est restée trop étroitement l'école critique des textes classiques.

Son insuffisance apparaît encore sur un autre point. Dans la mesure où les auteurs (sauf exceptions) exposent le droit de Justinien, et toujours parce qu'ils continuent à user de la seule méthode exégétique et systématique, ils omettent de l'expliquer comme ils le font du droit primitif ou du droit classique. Certes, après avoir constaté les réformes les plus considérables, ils en indiquent la cause; par exemple, la désuétude de telles ou telles institutions expliquera ordinairement les remaniements apportés aux textes classiques, ou bien l'influence personnelle de Théodora ne manquera jamais d'être invoquée pour justifier les divers privilèges reconnus aux femmes, même aux actrices [1]. Ces raisons ne sont qu'en partie suffisantes, aux yeux de l'historien. Ce sont des raisons de surface, faciles à découvrir puisque Justinien lui-même les signale parfois expressément. Mais la désuétude, pourquoi s'est-elle produite? Et puis, au Bas-Empire, il n'y a pas que des désuétudes. Le Bas-Empire n'est pas uniquement une époque de décadence où les institutions tombent l'une après l'autre, où les territoires se détachent de l'Empire par lambeaux. Il y a toujours un Empire romain après l'invasion des Barbares; il y a aussi des créations à côté des désuétudes. Tout n'est pas qu'ombre dans l'histoire qui va de Constantin à Justinien et au delà. Des lueurs traversent cette ombre où se noient tant de choses, des lueurs qui sont les derniers reflets de la lumière antique ou plutôt les premiers feux de l'aurore nouvelle.

Ces désuétudes, ces créations, il faut les expliquer. L'historien du droit exige qu'on lui montre pourquoi telle institution primitive a telle physionomie, d'où vient telle

---

1. Cf. à ce propos l'article de E. Gianturco (*Studi giuridici in onore di Carlo Fadda*, Naples, 1906, t. IV, p. 1-12) et le compte rendu de J. Duquesne (*N. R. H.*, t. XXXII, 1908, p. 254-255).

C. b

réforme prétorienne ou si telle opinion de jurisconsulte n'a pas été déterminée par une influence extérieure ou par un trait de son caractère. On lui donne satisfaction. L'historien du droit, qui ne redevient pas juriste quand il arrive à l'époque de Justinien, a le devoir d'exiger qu'on lui dise pourquoi telle désuétude, pourquoi telle création, pourquoi telle réforme.

En dehors des explications faciles et séculaires, — sur lesquelles il ne faudrait pas croire d'ailleurs qu'il n'y ait plus à revenir (par exemple l'influence du christianisme)[1], — les romanistes modernes n'en fournissent pas. Quand ils cessent d'accabler de leur mépris Tribonien et ses « acolytes », ils gardent sur la cause des réformes de Justinien, et en particulier sur celles opérées par interpolations, un silence qui est -presque aussi expressif que le blâme. Telle est la tactique des « critiques », entendons sous ce mot les romanistes qui, s'inspirant des meilleures méthodes de la critique philologique, cherchent les interpolations pour elles-mêmes et se déclarent satisfaits quand ils les ont trouvées. Leur but est atteint dès qu'ils ont éliminé des textes classiques les additions faites par Tribonien. Après quoi ils s'arrêtent ou se contentent, pour les justifier, d'invoquer la décadence.

De notre côté, quelles explications pourrons-nous fournir des changements qui constituent l'œuvre personnelle de Justinien, en opposition complète sur tant de points avec le droit classique ?

---

1. Cf. à ce sujet les vues générales de S. Riccobono, *Cristianesimo e diritto privato*, Milan, 1911 (extr. de la *Riv. di Dir. Civ.*, t. III, p. 37-70).

C'est à leur sujet qu'il convient d'utiliser sans cesse le troisième élément de la méthode historique, l'élément sociologique, qu'on appelle parfois l'élément historique proprement dit.

La majorité des modernes, qui en font tous un légitime usage en rattachant savamment à des idées générales le droit romain des origines ou des temps classiques, abandonnent le procédé quand ils arrivent au droit du Bas-Empire et aux détails de l'œuvre législative de Justinien. La lacune de leur exposé tient toujours à la même cause, leur prédilection pour l'histoire du droit romain tant qu'elle se déroule à Rome, sur le terrain classique. Après Constantin le droit impérial n'est plus pur, il se contamine au contact des Grecs. Le centre de l'Empire n'est plus Rome, mais Constantinople. Une nouvelle civilisation qui n'est plus la civilisation romaine commence. Il semblerait qu'en la qualifiant de Bas-Empire, on la disqualifie et que brusquement le droit va rompre ses rapports avec la civilisation générale.

Pourtant ces rapports, dont on poursuivait avec ardeur la recherche afin d'en tirer la raison des institutions primitives ou classiques, ne continueront-ils pas à éclairer les choses après comme avant Constantin? Le droit du Bas-Empire n'a-t-il pas des chances d'être fidèlement restauré quand on l'aura replacé dans son milieu et subordonné aux conditions d'espace et de temps auxquelles toute législation est soumise dans sa formation?

Pour l'étude du droit de Justinien comme pour celle du droit des provinces ou pour celle du Bas-Empire, il est nécessaire de combler le vide considérable qui s'aperçoit dans la doctrine commune. Il faut faire une large place à la civilisation de mieux en mieux connue des provinces du monde romain jusqu'à Justinien, afin de pouvoir caractériser les étapes d'un droit qui n'est pas le droit romain pur, mais qui rejoint le droit romain pur pour former le droit des Institutes, du Digeste et du Code. Il ne faut jamais perdre de vue que le droit de Justinien ne sera compris profondément que si l'on en fixe l'harmonie avec la civilisation de son temps et des pays qu'il devait régir.

Bien plus, cette œuvre paraîtra sans doute à quelques-uns la tâche fondamentale et c'est à elle que le tome Ier de nos « Études » est consacré. Afin de mieux pénétrer l'esprit qui a présidé aux innovations personnelles de Justinien et aux retouches des compilateurs, il était indispensable de s'attaquer en première ligne au *Caractère oriental* d'une législation faite pour l'Empire d'Orient, rédigée par des Orientaux et héritière en partie d'une longue pratique et d'une longue culture doctrinale en Orient.

Dès ce tome Ier donc, la méthode proprement historique, celle qui allie les destinées du droit à l'histoire générale, la méthode sociologique qui replace les institutions et les règles juridiques dans le milieu social, seront largement employées. Jusqu'ici, dans la doctrine courante répandue par l'enseignement et les manuels, des notions précises ne se sont pas encore introduites pour formuler les idées directrices qui dominent la codification justinienne, ni pour en apprécier l'esprit et la valeur propres à l'aide d'une pénétration aiguë de sa formation et de ses sources orientales. Nous sommes à peu près renseignés sur l'état social des peuples primitifs, sur les condi-

tions politiques, économiques et sociales de la République
et du Haut-Empire, sur leurs relations avec le progrès du
droit. C'est à peine si quelques auteurs se sont avisés
de nous montrer les rapports avec le droit byzantin d'une
civilisation dont on connaît cependant aussi bien les caractéristiques et l'état social, grâce surtout à Karl Krumbacher, le plus illustre des savants qui se sont attachés
à la littérature byzantine en Allemagne, à D. C. Hesseling
en Hollande, à M. Ch. Diehl, l'éminent représentant en
France des études d'histoire et d'art byzantins, l'élégant
écrivain de la vie de Justinien.

Notre ouvrage entrera dans la voie ouverte en France
aussi par M. Monnier, qui, s'il avait poursuivi des
publications malheureusement trop fragmentaires, eût
rendu inutile tout autre travail général. Il continuera
en partie l'œuvre commencée par M. Mitteis, en 1891,
dans son livre aujourd'hui classique, *Reichsrecht und
Volksrecht in den östlichen Provinzen des römischen
Kaiserreichs*, si riche de révélations sur tout une phase
inconnue avant lui du développement juridique de
l'Orient.

Notre tome Iᵉʳ a été en quelque sorte préparé par ces
travaux et en particulier par l'ouvrage de notre collègue de
Leipzig. Mais lui-même, s'appliquant surtout à marquer la
persistance de l'hellénisme en Orient et l'orientalisation
progressive de la législation des Empereurs qui ont précédé
Justinien, commente peu le droit de Justinien, parce que,
comme nous le verrons en détails, l'origine en est — encore
plus que le « droit populaire » — le « droit savant » de
l'Orient qui n'entrait pas dans son plan d'études.
D'autre part, M. Mitteis ne traite que des institutions

qu'il peut rattacher au droit de l'Orient par l'intermédiaire de textes grecs ou orientaux de diverses natures ou par l'interprétation judicieuse et perspicace de constitutions intéressantes.

Pour déterminer les caractères généraux de la codification de Justinien, et surtout son principal caractère spécifique, son caractère oriental, pour jeter quelque lumière sur la place qu'elle peut occuper dans l'histoire du droit romain, nous élargirons le problème en cherchant à découvrir toutes les sources où les Byzantins ont puisé leurs réformes. Les documents n'abondent pas, aucune notation précise de l'élaboration quotidienne accomplie par les commissaires n'a été dressée comme il en existe sous la forme de travaux préparatoires pour les Codes et les lois modernes. Le mystère planerait souvent sur les origines de l'œuvre justinienne, si l'historien n'avait, pour le percer, l'aide précieuse des enseignements que peuvent lui fournir, avec quelques textes, l'histoire générale, l'art, la vie byzantine, les idées morales et religieuses, la psychologie des professeurs, leur façon de sentir et de raisonner, en un mot tout cet ensemble de choses séparées et pourtant solidaires qui font la culture, la civilisation d'une époque, au milieu de laquelle évolue le droit.

Des idées générales, il y aura lieu de descendre, pour mieux connaître d'importantes réformes de Justinien, dans un domaine moins philosophique et plus juridique. La civilisation générale n'explique pas tous les détails du droit ou ne les explique que de très loin. C'est ainsi que le tome II de ces « Études », consacré à la *Nature des actions et des autres voies de droit*, ne s'accommoderait qu'imparfaitement d'une explication sociologique. Ici, ce sont d'autres rapports qui entreront en jeu. Il plane aussi une sorte de mystère au-dessus de l'importante matière des actions, des exceptions, des *querelae* dans l'œuvre de Justinien. Les auteurs ne parviennent pas à les présenter en pleine lumière parce que, ici encore, ils ne se sont pas assez plongés dans le milieu byzantin, plus spécialement dans la procédure byzantine si mal connue encore. En rétablissant l'harmonie entre les voies de droit et la procédure par libelle — comme l'a indiqué déjà l'avertissement de ce tome II publié en 1909 sous le titre : *La* Natura actionis *dans l'œuvre de Justinien et ses rapports avec le libelle* — il y a lieu d'espérer que les choses s'éclairciront.

La matière trouvera une explication nette et. logique par le fait qu'au lieu de rester en quelque sorte abstraite, elle rentrera, elle aussi, dans la sphère juridique byzantine.

Le lecteur jugera jusqu'à quel point ces explications demeurent hypothétiques et jusqu'auquel les conclusions peuvent être regardées comme décisives. Toujours est-il que ces « Études », dont les résultats seront obtenus par la démonstration la plus rigoureuse possible, ne s'inspirent que de la pure méthode historique. Elles ne prétendent qu'à éclairer la connaissance du droit de Justinien et nullement à le remettre au pinacle au détriment du droit classique.

III. — Pourtant, conçues avec cette méthode, les recherches ont abouti presque nécessairement à un résultat apologétique, à une œuvre de justice, la réhabilitation partielle de l'entreprise de Justinien, de Tribonien et de ses auxiliaires. Cette conséquence devait se produire du moment que changeait l'angle sous lequel le droit romain était envisagé, comme elle se produit chez les érudits qui examinent les différents aspects du byzantinisme, en se libérant de la prévention qui règne contre lui traditionnellement[1].

On a vu comment la science moderne, en s'attachant à fouiller les origines du droit romain ou en pénétrant à fond les théories classiques, s'était écartée de l'étude du droit du vi⁰ siècle, et comment les importantes découvertes de notre temps avaient conduit à l'abaissement du droit de Justinien.

Est-il donc nécessaire de louer les unes au détriment des autres? Cette coutume qui est devenue courante de rabaisser le mérite de Justinien, parce qu'il a confectionné son œuvre en mutilant celles des jurisconsultes ou en altérant les textes classiques, doit passer comme tant d'autres appréciations qui, elles aussi, ont été de mode. Elle rappelle la faute de jugement qu'un historien de l'art signalait récemment à propos du discrédit où tombent à un moment donné certaines écoles trop louangées jadis :

« C'est un effet de l'impossibilité où le goût et l'érudition se trouvent d'embrasser toutes choses à la fois; c'est aussi l'effet d'idées générales et de la métaphysique altière qui régente le goût moderne, l'attache aux seuls ouvrages des écoles tâtonnantes, et lui impose l'horreur de tout mérite acquis, de toute adresse professionnelle, comme d'un abus

---

1. Sur le byzantinisme en général, comment et pourquoi il ne faut pas le prendre en mauvaise part, voy. Ch. Diehl, *Introduction à l'histoire de Byzance*, dans *Études byzantines*, Paris, 1905, p. 1 et s.

et d'un signe de décadence. Ce préjugé contre l'avancement de l'art, contre les écoles chargées d'ans, de recettes et d'expérience, règne à l'heure qu'il est sans partage... »[1].

Cette formule peut se transporter sans rien perdre de sa vérité au droit de Justinien. Il a été trop vanté, il est aujourd'hui trop méprisé[2]. On dit trop de mal de son œuvre et des œuvres doctrinales des professeurs byzantins. Pourquoi n'arriverions-nous pas à estimer à leur valeur réelle, c'est-à-dire à des degrés différents, tous les ouvriers du progrès du droit romain, à quelque âge qu'ils appartiennent, vieux pontifes, préteurs plus ou moins connus, grands et petits juristes, Empereurs de Rome et de Byzance, professeurs de Beyrouth et de Constantinople? Nos contemporains adouciront peut-être leur jugement sur les juristes du vi[e] siècle, s'ils se rendent mieux compte — comme les y aideront ces « Études » — de la portée de leur œuvre personnelle et de l'intelligence avec laquelle ils l'ont accomplie malgré les défaillances inhérentes à l'humaine nature.

Considérons en effet, de très haut et sans insister, le dessein que Justinien se proposait de faire réaliser par Tribonien et ses collaborateurs (les mots « complices » ou « acolytes » sont des mots de polémistes). Désireux de s'immortaliser — et il faut convenir que son nom n'est pas près de périr —, il voulut promulguer une législation applicable aux peuples de races variées qui vivaient sous la loi de l'Empire d'Orient, en prenant

---

1. L. Dimier, *Un mot sur l'École napolitaine* (*Les Arts*, mars 1909, p. 19).

2. « L'art byzantin, de même, a été fort attaqué tour à tour et fort prôné » constate M. Diehl (*Ét. byz.*, p. 181) après M. Ch. Bayet.

pour matériaux les textes du droit romain antérieur à lui et principalement les textes des jurisconsultes classiques. Cette base donnée à son œuvre était la meilleure qu'il pût prendre, car, dans l'état de décadence où se trouvait la science du droit, jamais il n'aurait eu le moyen de faire rédiger directement par les commissaires une codification d'une valeur égale à celle à laquelle il a laissé son nom. Mais, à raison même de la base choisie, les matériaux qui entrèrent dans la composition de la codification, et particulièrement dans le Digeste, ont dû être transformés, — comme les pierres anciennes servant dans une construction nouvelle sont retaillées et recimentées —, pour être mis en harmonie avec les exigences d'une civilisation plus jeune de trois siècles au moins, et avec les besoins d'un Empire, l'Empire d'Orient, dont les limites ne concordaient plus avec celles de l'*orbis romanus* au temps de Gaius ou d'Ulpien. Cette adaptation a nécessité l'emploi constant d'un instrument adéquat, l'interpolation. Pour déterminer la valeur de l'œuvre byzantine, il est indispensable de tenir compte des résultats des interpolations autant que des créations de Justinien opérées par les constitutions de réforme. Et, avant tout, il faut se faire une opinion sur la façon dont les compilateurs ont utilisé cet instrument.

A cet égard les modernes, préoccupés surtout du droit classique, sont les ennemis jurés des retouches qui les empêchent de retrouver le droit du Haut-Empire dans l'œuvre du vi⁰ siècle. Ils les jugent, en nombre considérable, superflues et stupides. Ils accusent formellement Justinien d'avoir dénaturé les textes classiques aujourd'hui méconnaissables sous leur masque byzantin et nous verrons, en détails, à propos de la « Nature des actions » le bilan des reproches sous lesquels on accable Tribonien et ses auxiliaires.

L'emploi plus constant de la méthode historique, le désir continu d'apercevoir la relation entre le droit et la civilisation byzantine conduiraient des auteurs moins fascinés par le seul droit classique à des jugements moins absolus et moins rigoureux. Sans doute, par rapport aux textes originaux du Ier au IIIe siècle, le droit présenté par la législation de Justinien est déformé. Cela n'a rien d'extraordinaire. L'évolution générale elle-même n'est-elle pas une déformation incessante ? Le droit de Napoléon a déformé, lui aussi, le droit ancien ; les lois futures déformeront le droit actuel. Toute adaptation d'un droit à un état de civilisation postérieur impose une déformation. Et cette déformation ne nous apparaît-elle pas d'autant plus grande que les deux états de civilisation sont plus éloignés l'un de l'autre, sont séparés par un changement aussi considérable que la Révolution française dans l'histoire moderne ou le déplacement de l'axe du monde romain depuis Constantin dans l'histoire ancienne ! Rien ne sert de s'irriter devant les changements qu'ont dû subir les textes classiques pour devenir la substance juridique de l'Empire d'Orient au VIe siècle. La seule question vraiment importante quand on étudie l'œuvre de Justinien est de savoir si elle répond aux besoins de son temps, dans quelle mesure elle réussit à les satisfaire, si elle est adaptée utilement aux exigences des justiciables, si elle cadre logiquement avec les autres composantes politiques ou économiques de l'état social, si une institution donnée ne jure pas avec telle autre — car une législation

est un corps dont les membres se commandent l'un
l'autre. En résumé, pour juger de la valeur de la législation de Justinien, pour juger en particulier des interpolations, il ne faut pas prendre comme but la découverte du
droit classique à travers une codification qui n'a pas
pour objet direct d'enseigner le droit classique; il faut
étudier l'œuvre à la lumière de la civilisation générale à laquelle elle devait s'adapter? De ce point de vue
qu'obtient-on?

Les modernes, chez qui la première conception prédo-
mine, ne trouvant pas dans le Digeste, le Code et les
Institutes le droit classique ou l'y trouvant dénaturé,
remanié et « byzantinisé », ne se résignent pas à leur
déconvenue; plutôt que de changer leur manière de voir
ou, tout au moins, d'en accepter en même temps une
autre, certains préfèrent dénigrer l'entreprise de Justinien
sans chercher à en saisir l'économie et l'esprit réels. Ils
aboutiraient, par la méthode historique, à un jugement différent. Certes, il est permis de critiquer le
procédé de l'Empereur qui a consisté à faire une œuvre
nouvelle sur un fonds ancien au lieu de créer une législation originale comme les Codes; mais, étant donné le
mode choisi, il est assez facile de montrer aux juristes
modernes que les compilateurs ont réalisé, dans un temps
très court, avec leur méthode personnelle, leur intelligence évidemment inférieure à celle d'un Papinien, une
œuvre d'une valeur pourtant supérieure au droit classique
à deux points de vue.

Au point de vue relatif, d'abord, — c'est-à-dire en considérant les nécessités du temps et du pays où ils opéraient,
— leur codification est bonne pour des raisons autres

que celles qui font les qualités des livres classiques. Elle l'est principalement à nos yeux, parce que, dans les parties où ils empruntent au droit classique — dont ils conservent beaucoup de règles utiles — comme dans les constitutions personnelles de Justinien et dans les interpolations, les commissaires ont produit, malgré les difficultés de la tâche, une œuvre qui, sans être exempte de contradictions et d'obscurités, convenait mieux aux populations de leurs pays que les admirables chefs-d'œuvre classiques. On peut même affirmer qu'en soi elle était trop forte encore pour les esprits juridiques peu cultivés auxquels elle s'adressait. En Orient, elle n'a pas réussi, semble-t-il, à détrôner le Coutumier syro-romain, pourtant moins savant qu'elle, on en conviendra. En Occident, elle n'est entrée dans la pratique que sous la forme de gloses qui restèrent médiocres jusqu'à la poussée donnée à l'étude du droit de Justinien par l'école de Bologne. L'œuvre qu'il importe de ramener à l'échelle de la culture du vi^e siècle, avant de la juger, était donc très satisfaisante pour le temps et bien supérieure aux travaux contemporains de l'école et de la pratique qui subsistent.

Et même, au point de vue absolu, si l'on compare les recueils de Justinien aux traités des grands jurisconsultes, on ne doit pas se borner à mettre en relief les infériorités de tout genre qu'il est inutile de rééditer une fois de plus. Il faut, pour être juste, ne pas dénier non plus à l'œuvre byzantine une supériorité dont nos « Études » feront ressortir toute la portée. C'est celle qui résulte du progrès général accompli dans le domaine moral et juridique grâce à l'hellénisme et au christianisme, progrès général dont les commissaires réformateurs ont constamment tenu compte, sans y manquer, dans leur tâche immense. Or, qui pourrait nier que dans l'échelle des civilisations la civilisation composite — romaine, hellénique, orientale et chrétienne — qui règne au temps de Justinien est plus élevée de beaucoup que la civilisation correspondante de l'Occident et même que la civilisation romaine et païenne du IIIe siècle? Il y a plus : les textes classiques ne seraient pas devenus eux-mêmes la source du droit moderne, s'ils n'avaient passé par la refonte d'une civilisation dont la nôtre est à tant d'égards l'héritière. Cette seule et importante raison devrait contribuer à rendre plus modéré le jugement qu'on porte sur la codification.

Pour en revenir aux interpolations qui sont aujourd'hui le gros grief de l'école critique, il faut les envisager aussi en relation avec la destination de l'œuvre. Il ne faut pas les regarder uniquement dans leur forme souvent faible, ni s'arrêter comme à plaisir devant celles qui sont stupides ou insignifiantes. S'il y en a de stupides, il y en a, en plus grand nombre, de nécessaires et d'utiles. C'est de celles-ci qu'il faut considérer le motif et c'est d'après elles qu'il faut apprécier les réformes byzantines. On s'apercevra alors que les rédacteurs ont manié l'instrument d'adaptation, d'abord avec une habileté digne d'éloges, une habileté telle qu'ils nous trompent sans doute souvent encore, et ensuite avec la volonté constante et légitime de le faire servir à enregistrer, législativement, la supériorité du droit vivant de l'Orient sur le droit ancien de Rome.

Donc, loin de s'offusquer du nombre toujours grandissant des interpolations révélées, l'historien doit s'en réjouir, à la fois parce que toute interpolation démontrée fait apparaître par contre-coup un petit morceau nouveau du droit classique, et parce qu'elle fournit, si elle n'est pas de qualité inférieure, une nouvelle preuve de la valeur de l'œuvre personnelle des Byzantins. Loin de leur en tenir rigueur, comme font les admirateurs impénitents du seul droit classique, on se félicitera de voir signaler de jour en jour plus complètement les marques de l'activité intense des collaborateurs de Justinien dans la poursuite du dessein voulu par l'Empereur, — dessein dont l'exécution avait échappé en partie à ses apologistes d'autrefois puisqu'ils ne pouvaient pas en mesurer la portée totale.

Ainsi les Byzantins retrouveront dans les présentes « Études » un peu des mérites qu'on leur concédait naguère avec trop d'exaltation et que, par une réaction trop vive, on leur dénie maintenant avec trop de sévérité. Qu'on sache bien d'ailleurs que je ne prétends pas par là enlever la moindre parcelle de gloire aux grands jurisconsultes classiques qui garderont toujours la première place dans notre admiration.

De même, en essayant sur quelques points de porter la connaissance du droit romain plus loin que ne l'ont fait mes prédécesseurs, j'entends ne ravir aucun mérite à ceux qui ont façonné les doctrines courantes et forgé les instruments scientifiques modernes. Dans la collaboration continue à la même œuvre, toutes les générations sont solidaires. Aussi, personne n'est libre de se soustraire au devoir de reconnaissance envers les maîtres qui l'ont instruit par la parole ou par le livre. Les divergences d'opinions, condition nécessaire du progrès, ne changent rien aux sentiments intimes de gratitude que chacun doit professer pour les vieux juristes comme pour ses maîtres directs.

Je tiens aussi à remercier du précieux concours qu'ils m'ont donné dans la confection du tome Ier, mes amis et collègues, MM. P. JOUGUET, professeur d'Histoire ancienne et de Papyrologie à l'Université de Lille, F. PICAVET, directeur à l'École pratique des Hautes-Études, L. MITTEIS, J. DUQUESNE, L. BOULARD, J. PARTSCH, professeurs de Droit romain ou d'Histoire du droit français.

Lille, 19 mars 1912.

LE CARACTÈRE ORIENTAL

DE

L'ŒUVRE LÉGISLATIVE DE JUSTINIEN

ET LES

DESTINÉES DES INSTITUTIONS CLASSIQUES

EN OCCIDENT

INTRODUCTION

La matière traitée dans ce volume forme une sorte d'Introduction à l'étude historique du droit de Justinien tout entier, puisqu'il a pour objet de mettre en relief l'un des caractères généraux les plus remarquables de l'œuvre byzantine, son caractère oriental. Les destinées des institutions classiques en Occident qui sont indiquées en seconde ligne dans le titre ne figurent ici que pour l'opposition. Si elles sont mêlées constamment à notre exposé, elles n'y entrent que pour jouer un rôle secondaire, d'une utilité semblable à celle du tracé des ombres accusant plus nettement les parties lumineuses. On verra bien vite de quelle manière elles peuvent servir à mieux caractériser par contraste le droit de Justinien, mais on comprendra aussi que, fixant notre attention sur ce droit pour en reconnaître les traits orientaux, c'est vers l'Orient surtout que nous tournerons les yeux. La direction donnée à nos

<table><tr><td>C.</td><td align="right">1</td></tr></table>

recherches s'impose d'autant plus que, comme il a été déjà indiqué dans la Préface, la doctrine courante néglige de considérer les choses sous cet aspect.

Le problème consiste à déterminer d'aussi près que possible quelle place tient l'orientalisme dans les innovations de Justinien, soit dans les innovations introduites expressément par les constitutions de réforme de 528 à 534 au Code, par leur résumé aux Institutes et par les Novelles, soit dans les changements opérés dans les textes classiques par voie d'interpolation aux Institutes, au Digeste et au Code. Personne ne conteste que toutes les différences qui séparent le droit de Justinien du droit classique n'ont pas pour origine unique l'évolution, comme on dit, du droit romain entre le IIIe et le VIe siècle. Mais, dans ces différences, quelle part la doctrine attribue-t-elle respectivement à l'origine romaine et à l'influence orientale? En d'autres termes, de quoi se compose à l'heure actuelle le bilan des réformes ou changements de source non romaine dans les recueils de Justinien?

A cette question, dont on ne peut nier l'importance fondamentale au point de vue historique, les meilleurs traités ne répondent que d'une façon imprécise[1].

En fait, les auteurs ne manquent jamais d'indiquer que Justinien a subi l'influence orientale par la raison évidente qu'il était le maître de l'Empire d'Orient, par la raison connue aussi que la législation des Empereurs s'était progressivement orientalisée depuis Constantin[2]. Mais quand

---

1. Les historiens de Justinien ne sont pas plus explicites; cela se conçoit, ce n'était pas à eux à faire la besogne des romanistes. A ce propos, il vaut mieux prévenir de suite que le seul ouvrage historique utilisé par nous sera celui de Ch. Diehl, *Justinien et la civilisation byzantine au VIe siècle*, Paris, 1901, in-4°. L'ouvrage de W. G. Holmes, *The Age of Justinian and Theodora, a history of the sixth century A. D.* (2 vol., Londres, 1905-1907) peut être négligé pour la partie juridique, comme les ouvrages anciens de Gibbon et autres.

2. Par exemple, Cuq, t. II, p. 770-771; Ferrini, p. 2-4.

ils passent aux détails des institutions particulières, ils ne se soucient pas de déterminer pour chaque cas la mesure dans laquelle les changements révélés par la compilation du vi[e] siècle procèdent effectivement du caractère oriental. Ils mentionnent en petit nombre quelques exemples notables de l'influence byzantine pure. Cependant, en règle générale et presque absolue, dans les innovations ils donnent la prépondérance à l'élément romain. Les auteurs reviennent instinctivement aux rapports de l'œuvre de Justinien avec le droit romain antérieur. Ils déclarent que Justinien a eu surtout le désir de faire revivre le droit classique[1] ou, tout au moins, la volonté de transporter législativement dans son Empire le droit classique modifié suivant les besoins du temps. Ils lui attribuent donc, dans la très grande majorité des innovations, le désir de mettre le droit en harmonie avec les changements accomplis entre le iiie et le vi[e] siècle, soit par les constitutions de Constantin, Théodose ou autres Empereurs, soit par l'évolution même du droit s'opérant en quelque sorte automatiquement. La pensée des auteurs se découvre complètement à propos des constitutions de réforme du Code et plus encore à propos des remaniements apportés aux textes classiques par voie d'interpolation; pour eux, les unes et les autres tendent à faire passer en lois les modifications réalisées dans la pratique par le droit romain entre l'époque classique et celle de Justinien.

Les conséquences qui découlent logiquement de ces prémisses, concourent à former de l'esprit de la législation justinienne la conception stéréotypée qu'on connaît; à part quelques traits de l'influence byzantine marqués dans quelques constitutions ou Novelles peu nombreuses, l'œuvre de Justinien représente surtout l'enregistrement du droit romain de son temps, aussi bien du droit romain de l'Occident que de l'Orient, d'où l'on tire l'idée que la

---

1. Cuq, t. II, p. 773.

codification du vi⁰ siècle peut utilement servir de répertoire pour fixer les destinées des institutions classiques
après le iii⁰ siècle dans les deux parties de l'ancien monde
romain. Dans l'histoire générale du droit romain, la
législation de Justinien continue le droit classique ; elle
est le point d'aboutissement du droit antérieur[1] ; elle
est une nouvelle étape du droit romain après l'époque
classique, la dernière avant le Moyen Age. Ce droit
romain continué dans le Digeste ou les Institutes est
de même nature romaine que le droit des jurisconsultes. En un mot, l'ensemble des œuvres de Justinien
représente le *Corpus iuris romani* du vi⁰ siècle comme les
Codes de Napoléon sont le « Corps du droit français »
du xix⁰ siècle.

Ces idées traditionnelles ne nous semblent justes que
pour partie. Elles ont surtout le tort de ne fournir aucun
critère pour séparer les éléments orientaux des éléments
romains qui entrent dans la codification. Aussi allons-
nous aborder le problème d'un point de vue tout différent,
avec l'aide de la méthode historique.

Pour arriver à déterminer les caractères propres de
l'œuvre de Justinien et à en dégager les éléments orientaux, il faut commencer par abandonner la conception
trop absolue du caractère unitaire du droit romain.
Les auteurs modernes suivent encore trop fidèlement
sur ce point l'ancienne école, et nous avons dit dans
la Préface sous l'influence de quelles idées ils le faisaient.

M. Mitteis adressait aux romanistes, à propos de leur
méconnaissance du droit particulier des provinces orientales, le reproche « d'accepter dans son interprétation litté-

---

1. Ce sont les termes mêmes de M. Mitteis, cités dans la *Préface*,
p. I.

rale le dogme de l'unité juridique de la monarchie de Dioclétien et de Constantin »[1]. On peut étendre ce même reproche au « dogme de l'unité » que la doctrine établit dans toute l'histoire du droit romain, des origines à Justinien.

Chose curieuse, l'école la plus nouvelle méprise le droit postérieur à Dioclétien parce que ce n'est plus du droit romain pur, parce que le droit du Bas-Empire est un droit de décadence. Mais, ayant à étudier ce droit (en soi aussi digne d'étude qu'un autre, même s'il est moins pur), elle néglige de tenir compte des raisons pour lesquelles elle le regardait comme impur, elle persiste à en faire une suite dénaturée du droit classique.

Nos développements reposeront sur une autre conception. Nous ne partirons pas de l'idée traditionnelle que le droit de Justinien est le prolongement du droit romain antérieur, car, pour une meilleure connaissance de ce droit, il s'agit précisément de déterminer en quelle mesure il est cela ou autre chose. Nous partirons de l'idée qu'il est un droit « byzantin », et nous éviterons de lui appliquer l'épithète de « romain » sans la préciser.

En effet, la difficulté de principe où la doctrine s'embarrasse vient en grande partie du sens qu'elle attribue au mot « romain ». Sans doute, le droit impérial de tout le Bas-Empire est encore du droit romain, et, comme nous ne manquerons pas de le dire, le droit de Justinien, par sa composition même, l'est plus que le droit de Constantin et de Théodose. Mais le mot « romain » appliqué au droit de ces Empereurs conserve-t-il son sens normal?

Dans l'usage ordinaire, cet adjectif se rapporte toujours à un droit qui régit tout l'*orbis romanus*, aussi bien Rome, l'Italie et l'Occident que l'Orient. Peut-on le prendre, quand on parle du droit post-classique, dans la même acception

---

1. Mitteis, p. 1.

où on le prenait quand on visait le droit « romain » classique usité dans toutes les régions de l'Empire? L'identité
de sens n'est pas admissible. Par suite de l'intrusion dans
la législation du Bas-Empire d'éléments non romains, d'éléments orientaux, que chacun reconnaît, le droit impérial
du Bas-Empire n'est romain que de nom. Le sens du mot
après Dioclétien a changé. Le mot « romain » est donc essentiellement amphibologique. Comme c'est son emploi qui
entraîne des confusions, sur lesquelles nous aurons naturellement à insister, comme on ne sait jamais s'il désigne,
après Dioclétien, le droit de Rome et de l'Italie ou aussi le
droit propre des Empereurs de Constantinople, il faut y
renoncer.

L'adjectif qui seul convient à la législation de Constantin
et de ses successeurs, et en particulier à celle de Justinien,
c'est le terme « byzantin »[1]. Il n'y a pas là d'ailleurs de
chicane de mots. Les deux termes, « romain » et « byzantin », doivent être distingués comme des termes désignant
deux états différents de la civilisation romaine au sens
large, l'un antérieur, l'autre postérieur à Constantin, l'un
profondément imbu des idées purement romaines, c'est-
à-dire des idées de Rome, l'autre s'éloignant de plus en plus
de la vieille civilisation de Rome au contact de l'Orient. Et
puis, non seulement ces deux termes séparent deux civilisations dans le temps, ils les séparent encore dans l'espace,
car l'un continue à désigner très exactement la culture de
l'Italie et même de l'Occident entier, l'autre convient uniquement à celle de Constantinople et de l'Orient.

L'emploi du terme « byzantin » pour qualifier l'œuvre
de Justinien permet donc d'éviter l'amphibologie. Assuré-

---

1. Karl Krumbacher, *Geschichte der byzantinischen Litteratur*, 2ᵉ éd.,
Munich, 1897, p. 1-2, démontre qu'il n'y a pas lieu de faire commencer le
byzantinisme à Justinien seulement; il a proposé (p. 11) avec beaucoup de
raison de donner le nom de « Haut-Byzantinisme » (*frühbyzantinische
Zeit*), à la première période du byzantinisme qui va de Constantin à la
mort d'Héraclius (324-640).

ment, il ne suffit pas de l'employer pour que cette œuvre en soit mieux connue. Il n'a pas par lui-même la vertu magique de tout éclairer. Si ce terme est plus significatif en soi que le mot « romain » parce qu'il éveille l'idée d'orientalisme, encore faut-il savoir ce qu'il recouvre, ce qu'est au juste le byzantinisme de l'œuvre de Justinien et quels en sont les éléments constitutifs; ce sera l'objet de la Section I de notre Introduction.

Mais il ne suffit pas non plus de reconnaître que Justinien a subi l'influence de l'Orient comme ses prédécesseurs de Constantinople; il faut de toute nécessité déterminer la nature de cette influence et en établir la portée en indiquant dans quelles innovations juridiques particulières elle se révèle. Nature et portée de l'influence orientale formeront la Section II et la Section III de notre Introduction; et ces démonstrations générales nous conduiront tout naturellement à exposer dans la Section IV le plan du volume.

I

CARACTÈRE BYZANTIN DE L'ŒUVRE DE JUSTINIEN

Pour arriver à faire ressortir les éléments orientaux de la législation de Justinien, nous devons donc l'envisager, non comme une œuvre « romaine », mais comme une œuvre « byzantine ». Personne ne conteste qu'elle soit réellement « byzantine »; cependant, parce que la doctrine courante, tout en le reconnaissant, en fait plutôt le *Corpus iuris romani* du VIe siècle et laisse dans l'ombre son caractère byzantin, il n'est pas inutile d'insister sur l'importance du changement de qualificatif.

La conception régnante envisage l'œuvre de Justinien comme une étape du droit romain, et, à première vue, il semble bien qu'elle ait raison.

Si l'on met de côté les Novelles qui représentent pour tout le monde une œuvre proprement byzantine, car elles sont écrites en grec et ne se rattachent pas au droit romain antérieur, comment en effet les trois recueils de Justinien ne passeraient-ils pas pour des œuvres romaines du VIᵉ siècle? Est-ce que toutes les apparences extérieures ne concordent pas pour produire l'impression nette qu'ils sont le prolongement des recueils classiques?

D'abord, les trois recueils se présentent à nous sous l'aspect des œuvres romaines puisqu'ils sont écrits en latin.

Ensuite, leur composition interne semble leur donner le même caractère. Tous trois ont été confectionnés à l'aide de fragments empruntés aux jurisconsultes ou aux Empereurs (du Haut-Empire surtout); au Digeste et au Code, les textes ont conservé leur aspect original de morceaux d'ouvrages juridiques romains ou de morceaux de constitutions impériales romaines; aux Institutes, la matière originale est moins reconnaissable parce qu'elle est fondue dans un ouvrage qui se suit, mais le juriste n'hésitera jamais à y voir une œuvre romaine analogue à celle de Gaius. Si même les rédacteurs ont introduit au Code des constitutions du Bas-Empire à la suite de celles du Haut-Empire, si partout ils ont interpolé et remanié les matériaux dont ils faisaient usage, leur œuvre pourtant n'offre extérieurement aucune différence avec les œuvres juridiques incontestablement romaines.

Enfin, les trois recueils de Justinien figureront encore mieux le *Corpus iuris romani* du VIᵉ siècle, si l'on prend soin de renforcer les apparences par des arguments d'ordre historique. D'après la volonté même de Justinien, dira-t-on, et dans la pensée des politiques de Byzance, l'Empire d'Orient ne continue-t-il pas l'Empire romain, n'est-il pas le véritable Empire romain, depuis que l'Occident n'a plus d'Empereur à sa tête? Tous les peuples de races diverses qui vivent sous la loi de Constantinople ne se parent-ils pas du nom de « Romains », « Ῥωμαῖοι », même les Grecs et les Orientaux? Et, comme argument final en faveur du caractère romain de l'œuvre de Justinien, l'interprête ne peut-il légitimement invoquer certains textes de la compilation, ceux où persistent expressément quelques allusions à Rome et à l'Italie, telles que *utraque Roma* ou *regiae urbes* ou telles que *Italicae res?*

Pourtant, malgré ces arguments, les trois recueils de Justinien ne nous semblent pas pouvoir être qualifiés d'œuvre « romaine » au même titre que les recueils antérieurs. La conception traditionnelle s'en rapporte trop aux apparences, et elle y est conduite par l'application au droit de Justinien de la seule méthode dogmatique, déjà dénoncée dans la Préface.

L'insuffisance de la méthode entraîne l'imperfection de la conception. Car, à prendre les textes de Justinien du dedans, du point de vue simplement juridique et uniquement en vue d'une systématisation, selon le procédé ordinaire de la méthode ancienne, il est bien vrai qu'ils apparaissent comme des textes romains, romains d'un autre genre que les textes classiques, moins parfaits, moins purs, etc., cela va de soi, mais romains tout de même ; de ce point de vue, le Digeste de Justinien est bien une œuvre romaine, au même titre que les ouvrages des grands classiques, le Code, une œuvre romaine aussi comme les Codes précédents, et les Institutes, le pendant du manuel romain de Gaius.

Mais si l'on change de méthode, si l'on ne regarde plus la compilation en elle-même et du point de vue juridique, si, conformément à la méthode historique, on l'envisage du dehors, en tenant compte de tous les éléments historiques et autres qui permettent de la caractériser, elle ne peut plus passer pour une œuvre « romaine » au même titre que les œuvres ou les recueils romains antérieurs, elle cessera de pouvoir être qualifiée de *Corpus iuris romani* du VIe siècle, et le droit de Justinien ne sera plus le prolongement du droit romain classique.

En effet, l'œuvre de Justinien est plus romaine en apparence qu'en réalité, ou, pour parler autrement, les appa-

rences qui lui confèrent extérieurement le caractère d'œuvre
« romaine » sont des apparences trompeuses auxquelles
les juristes se sont longtemps laissé prendre. Si l'on va
au fond des choses, l'œuvre de Justinien est « romaine »
seulement par une partie de ses éléments et, j'ajouterai de
suite, par ses éléments les moins caractéristiques. Par les
autres, elle ne l'est pas. C'est ce que nous allons démontrer.

L'œuvre de Justinien est « romaine » seulement par deux
de ses éléments : d'un côté, la langue latine employée
presque exclusivement pour les trois recueils en dehors des
Novelles, et de l'autre, les matériaux romains utilisés dans
la confection de ces trois mêmes recueils. Pour la langue,
cela s'explique parce que le latin, quoiqu'il ait perdu beaucoup de terrain en Orient, est resté, à l'époque de Justinien, la langue officielle de la monarchie et la langue juridique par excellence [1]. Quant aux matériaux romains, il
n'est pas nécessaire d'insister longuement sur leur rôle.
Il suffit de rappeler que, par suite du procédé adopté par
Justinien dans sa codification, une quantité considérable
de matériaux véritablement romains est entrée dans son
œuvre. C'est par là que Justinien conserve et prolonge le
droit romain classique. Pas plus que ses prédécesseurs
de Constantinople, il n'a songé à rompre avec le droit
romain tel qu'il s'est constitué jusqu'à son avènement au
trône. Il se rattache même au droit classique plus encore
qu'au droit de ses prédécesseurs immédiats et les auteurs
modernes ont raison de dire que son ambition principale
est de faire revivre le droit classique.

Mais ce procédé de confection entraîne-t-il la conséquence
que l'œuvre de Justinien est une œuvre romaine ? En aucune
façon et pas plus que l'emploi du latin ne l'entraînait.

Car, ce qui peut servir à caractériser exactement l'œuvre

-----

1. Diehl, *Justinien*, p. 256. — Sur le latin dans l'Empire d'Orient, Krumbacher, *op. cit.*, p. 3-4, et les aperçus synthétiques de Hesseling, *Essai sur
la civilisation byzantine*, Paris, 1907, p. 37-43.

originale de Justinien, ce ne sont pas les éléments qui viennent des temps classiques, ce sont au contraire les éléments qui ne sont pas des éléments d'emprunt, ceux qui appartiennent en propre à l'Empereur, c'est-à-dire l'ensemble de ses innovations personnelles replacées dans les conditions dans lesquelles elles ont été conçues.

Or, ces éléments, seuls caractéristiques, nous mettent en présence d'une œuvre « byzantine » et non pas romaine.

Laissons pour le moment les innovations de Justinien (on comprendra que la fixation de leur caractère spécifique ne puisse être faite qu'après la résolution du problème général à l'étude). Considérons les conditions dans lesquelles elles ont été conçues ; cela revient à discuter les arguments donnés plus haut en faveur du caractère romain des trois recueils latins.

L'Empire de Justinien se qualifie d'Empire romain, dit-on d'abord. Il le fait à juste titre puisqu'il succède à l'Empire de Rome. Mais pour déterminer la nature du droit qui va régir cet Empire, n'est-il pas indispensable de fixer d'abord les limites géographiques dans lesquelles il s'appliquera ? N'est-il pas nécessaire de savoir si la législation impériale s'étendra à Rome et à l'Italie ou s'inspirera du droit de Rome et de l'Italie, la vraie patrie du droit romain ?

Les interprètes du droit de Justinien, raisonnant trop en juristes et pas assez en historiens, ne se préoccupent guère du domaine d'application de la codification. Or, il est extrêmement important de remarquer qu'à l'époque de la rédaction des trois recueils latins (528-534), Justinien ne possède plus directement un pouce de territoire en Italie. Il conserve seulement un droit de suzeraineté sur ce pays, où le roi des Ostrogoths n'a jamais été autre chose que « le délégué du *basileus* et l'instrument de la politique impériale »[1], ce qui permet aux chroniqueurs byzantins

---

1. Diehl, *Justinien*, p. 130. Mommsen écrit même que « l'Italie sous les

de mettre dans la bouche de l'Empereur, au moment où
il se décide à porter la guerre chez les Goths, le pronom
possessif « notre » (Italie), « Ἰταλίαν τὴν ἡμετέραν »[1]. Mais
cette suzeraineté n'entraîne pas la conséquence que Justinien légifère pour l'Italie. Et la preuve en est que sa législation s'y introduira seulement au fur et à mesure de la
conquête. D'abord elle y pénétrera sous la forme de
quelques Novelles isolées en 538 et 539[2]; puis le Digeste,
les Institutes et le Code y seront applicables entre ces
années et l'année 554[3], date à laquelle la Pragmatique
sanction *Pro petitione Vigilii* y rend exécutoires, après la
conquête définitive, les Novelles publiées jusque-là[4].

Sans doute Justinien parle dans ses ouvrages de l'Italie,
de l'*utraque Roma*, des *regiae urbes*, des *Italicae res*.
Peut-on soutenir fermement qu'il écrit ces mots parce qu'il
tient un compte réel, dans sa législation, des intérêts de
l'Italie et parce qu'il entend s'inspirer du droit de Rome?
Peut-on même se contenter de penser qu'il les emploie
parce qu'il songe à reconquérir l'Italie? Justinien a certainement projeté, peu de temps après son avènement, la
reprise de l'Italie et s'y est ménagé des moyens d'intervenir
dès avant 535[5]; mais ce n'est pas là une raison suffisante
pour penser que son œuvre a en vue les intérêts de Rome et

---

rois ostrogoths est regardée comme partie intégrante de l'État romain »
(*Ostgothische Studien*, art. du *Neues Archiv*, 1889, dans *Ges. Schrift.*,
t. VI, Berlin, 1910, p. 378) (Cf. dans le même sens, A. Gaudenzi, *Sui rap-
porti tra l'Italia e l'imperio d'Oriente fra gli anni 476 e 554 d. C.*,
Bologne, 1888).

1. *Bell. Goth.*, p. 27 (cité par Diehl, p. 131).

2. Nov. 69, 73, 79, 81. — Ces Novelles sont envoyées aux préfets du prétoire d'Italie qui sont nommés par Justinien à partir de 538.

3. En vertu d'un édit qui date sans doute de 540 ou 541 (Calisse,
Il governo dei Bisantini in Italia; Riv. stor. ital., 1885, p. 274) [cité par
Diehl, *Études sur l'administration byzantine dans l'exarchat de Ravenne*
(568-751), Paris, 1889, p. 83, n. 3].

4. Sur tout cela, P. Krueger, *Hist. des sources du droit romain*, trad.
J. Brissaud, Paris, 1894, p. 474.

5. Diehl, *Justinien*, p. 181.

de l'Italie et qu'à cet égard elle peut passer pour romaine. Les mentions de l'Italie et les autres mentions s'expliquent très facilement sans cela[1]. D'ailleurs, la preuve contraire résulte aussi nettement que possible du fait que Justinien n'a appelé aucun Romain, de Rome, dans ses commissions législatives.

Enfin, il est bien inutile d'appuyer sur le peu d'importance qu'a en notre question le mot « Ῥωμαῖοι » pour désigner les sujets de l'Empereur. Il a tout juste la portée que, encore à l'heure actuelle et par hérédité du terme grec, l'adjectif « Roumis » présente dans la bouche des Orientaux, pour désigner tous les peuples civilisés qui les visitent, Anglo-Saxons, Russes ou Tchèques aussi bien que Latins. Les habitants de l'Empire de Justinien se font une gloire du beau titre de Romains ; ils méprisent le terme d' « Ἕλληνες » qui, d'après Justinien lui-même, est devenu synonyme de païen[3] ou de « Γραικοί » que les Goths leur donnent par dérision pour les opposer aux Romains d'Occi-

---

1. Pour les *Italicae res*, l'explication sera développée plus tard (Chap. III, Sect. I) ; nous la baserons sur le fait qu'on peut entendre par là les *Italicae res* existant en Orient par suite du *ius Italicum*. — Pour l'Italie et les *regiae urbes* (ou l'*utraque Roma*), l'explication est donnée depuis longtemps par Heimbach (*Basilic.* t. VI, *Prolegom.*, p. 1) combattant une opinion de Mortreuil : l'Italie et Rome, aux mains des Barbares, sont encore pour ainsi dire tenues de l'Empire, nous venons de le rappeler. Mais, ajouterons-nous, ce qui prouve bien que l'allusion à Rome n'a chez Justinien qu'une valeur théorique, c'est que la constitution *Omnem* qui, au § 7, vise par deux fois les *urbes regiae* à côté de la cité ou métropole de Beyrouth, ne mentionne plus aux §§ 9 et 10 que Constantinople et Beyrouth. — Quant à l'adresse de la constitution de 534 *de caducis tollendis* (C. 6, 51, un.) *Se iatui urbis Constantinopolitanae et urbis Romae*, ces trois derniers mots n'existaient pas dans la version originale ; ils proviennent d'une interpolation de la *Summa Perusina*.

2. Encore aujourd'hui les Grecs de Grèce conservent la vieille dénomination de « Roméens » dans beaucoup d'expressions (Krumbàcher, *op. cit.*, p. 3 : Hesseling, *op. cit.*, p. 23).

3. *Bell. Pers.*, p. 104, 131 ; C. 1, 11, 10 (Cf. Diehl, *Justinien*, p. 551 ; Hesseling, *op. cit.*, p. 22).

dent[1]. Mais il n'est pas moins vrai que, dans le fond, la grande majorité des sujets de l'Empire au temps de la codification n'est pas de race romaine, et que, sous un nom d'emprunt, continuent à vivre des populations réellement orientales et principalement grecques[2].

Ainsi, l'idée directrice de notre étude se précise. Elle conduit à faire rentrer le droit romain de Justinien dans les limites territoriales de son Empire au moment de la codification, limites qui excluent formellement Rome et l'Italie. Elle mène à l'interprétation de ce droit d'après sa destination, l'applicabilité à des peuples d'Orient, et d'après ses origines qui ne peuvent qu'être orientales au sens large. Elle se propose de réunir le facteur territorial, dont on ne fait pas suffisamment état, aux autres facteurs, chronologique, social, moral, chrétien, qui ont agi sur les innovations de Justinien. C'est en cela qu'elle se soumet entièrement à la méthode historique qu'il n'y a aucune raison de ne pas suivre pour le droit byzantin comme pour les autres parties du droit romain.

Si, en effet, le dogme de l'unité juridique de la monarchie ne peut être accepté à la lettre pour le temps de Dioclétien et de Constantin[3], il est rigoureusement exact d'en parler pour le temps de la codification de Justinien. La seule période de l'histoire du Bas-Empire où il puisse être vraiment question de trouver l'unité, c'est celle où il n'y a plus d'Empire d'Occident, celle où, dans ce qui reste de l'Empire romain, les seules provinces qui jouent un rôle sont les provinces grecques de l'Empire d'Orient.

Une conclusion importante se dégage immédiatement de cette remarque. Si même on persiste à regarder l'œuvre

---

1. Par exemple *Bell. Goth.*, p. 93, 313, 366, 368, 581 (Cf. Hesseling, *op. cit.*, p. 111).

2. Krumbacher, *op. cit.*, p. 3.

3. Cf. ci-dessus, p. 4-5.

de Justinien comme une œuvre « romaine », il faut convenir qu'elle ne peut être « romaine » au sens propre du mot, puisqu'elle n'a pas été faite en vue de Rome et de l'Italie, puisqu'elle n'est pas faite pour s'appliquer principalement à des Romains de race. Elle ne serait « romaine » que dans la mesure où l'Empire de Justinien est lui-même romain, c'est-à-dire au titre oriental, car, jusqu'à la reconquête de l'Italie, l'Empire de Justinien n'est que l'Empire d'Orient. En d'autres termes, on ne peut conserver à la compilation la qualification de *Corpus iuris romani* du VIe siècle qu'à la condition de prendre l'adjectif dans un autre sens que le sens classique, c'est-à-dire sans que la compilation puisse être regardée comme destinée à régir tout l'*orbis romanus* dans ses limites anciennes, et en définitive sans qu'elle soit vraiment le prolongement du droit classique.

On aperçoit maintenant l'importance considérable qu'il y a à transformer l'épithète à donner à l'œuvre de Justinien. Puisqu'il est indispensable de restreindre la portée de l'adjectif « romaine » couramment employé en lui ajoutant « d'Orient », autant et mieux vaut dire que l'œuvre de Justinien est une œuvre byzantine. Cette épithète a l'avantage de dissiper toute confusion, toute amphibologie. Elle nous conduit plus sûrement à l'intelligence de l'influence orientale qui s'est exercée sur la codification, parce qu'elle nous permet de replacer l'œuvre de Justinien dans le cadre de la civilisation dont elle est issue en la comparant avec les autres manifestations caractéristiques de cette civilisation.

II

NATURE DE L'INFLUENCE ORIENTALE
DANS L'ŒUVRE LÉGISLATIVE DE JUSTINIEN

Les diverses manifestations du byzantinisme montrent qu'il a pour trait essentiel de ne pas offrir, comme la civi-

lisation romaine de l'Occident, un caractère relativement
simple. Le byzantinisme est, par nature, essentiellement
complexe. Il se présente comme le mélange de plusieurs
cultures, la culture romaine, la culture hellénique et la
culture orientale, toutes les trois s'imprégnant de plus en
plus de christianisme[1]. Plus exactement même, le byzantinisme représente la réaction des éléments de l'Orient, et
particulièrement de l'élément grec, sur l'élément romain
prépondérant, politiquement parlant, lors de la fondation
de Constantinople; ou mieux encore, il représente la
transformation des éléments orientaux, qui jusque-là
n'étaient que provinciaux, en éléments impériaux, entre
Constantin qui est un Empereur romain régnant dans une
ville romaine et Justinien qui est un Empereur oriental
régnant sur un Empire d'Orient. Car, lorsque le byzantinisme remplaçant définitivement le monde gréco-latin
atteint son apogée sous le règne de Justinien, lès éléments orientaux sont devenus à leur tour prépondérants
dans les principales manifestations de la vie publique et
privée, la politique, la langue, l'enseignement, la littérature, l'histoire, l'art[2]. Le « romanisme » n'est plus que
l'enveloppe, la surface apparente du byzantinisme.

Mais il ne suffit pas de rappeler ces idées connues.
Pour en préparer l'application au droit, il importe au plus
haut point de saisir la nature et l'origine des éléments
orientaux qui entrent dans le byzantinisme.

D'une façon générale, c'est l'élément hellénique qui
domine en toute matière. Quoique le rôle de l'Hellade
ait considérablement diminué au Bas-Empire, quoique

---

1. Bien que ces idées générales soient très connues, il n'est pas inutile
de renvoyer aux pages synthétiques de l'Introduction de Krumbacher,
spécialement, p. 7 et 24. — Hesseling, *op. cit.*, p. 101, écrit très justement:
« La fusion de la pensée romaine avec la pensée grecque et chrétienne trahit
l'apparition d'un peuple nouveau ».

2. Hesseling, *op. cit.*, chap. II, p. 71 et s.

l'hellénisme soit combattu énergiquement dans son foyer primitif par Justinien qui supprime les écoles d'Athènes suspectes d'entretenir le paganisme, quoique le mot « Hellènes » soit devenu, comme nous l'avons déjà dit, synonyme de païen, l'hellénisme répandu en Orient depuis des siècles acquiert sous d'autres noms après le IVe siècle un regain de puissance immense, grâce surtout aux progrès de l'Église chrétienne dont le grec est la langue[1].

Ce développement de l'hellénisme au détriment du romanisme est depuis longtemps reconnu pour quelques-unes des branches les plus représentatives de la culture byzantine, celles dans lesquelles le fait était le plus facile à constater, comme la langue, la littérature ou la politique.

Mais dans les matières plus complexes, comme l'art, l'étude de la question aura coûté plus d'efforts. Sa solution toute récente a cependant pour nous le grand mérite de fournir d'utiles points de comparaison, parce que, mieux que les idées générales indiquées plus haut, les vues particulières des spécialistes précisent nettement et sûrement les origines orientales de l'art byzantin, partant celles du byzantinisme en général desquelles on parle toujours en termes si vagues.

Il va de soi qu'il ne s'agit point de rééditer ici, même de la façon la plus sommaire, les pages des Manuels d'archéologie et d'art consacrées à la question ; il suffira de leur emprunter quelques idées maîtresses.

Les plus notables représentants de l'histoire de l'art byzantin ou de l'archéologie chrétienne[2] se sont ralliés,

---

1. Diehl, *Justinien*, p. 551-564; Hesseling, *op. cit.*, p. 13-14, 22, 37 et s.

2. Je ne cite naturellement ici que les études ou ouvrages d'ensemble sur la question : G. Millet, *L'art byzantin* (dans A. Michel, *Histoire de l'Art*, t. I, Paris, 1905, p. 127-301); Dom H. Leclercq, *Manuel d'archéologie chrétienne*, 2 vol., Paris, 1907 ; le même, art. *Art byzantin* (dans Dom Cabrol,

avec quelques réserves, aux idées générales qui peuvent se
résumer ainsi. Le rôle de l'art romain a été singulièrement exagéré quand on l'a représenté conquérant l'Orient,
s'y implantant, y remplaçant la vieille culture hellénistique
et y devenant la base de l'art byzantin. Ce n'est pas à Rome
qu'il faut aller chercher les origines de l'art byzantin[1].
Cet art procède du grand mouvement qui, durant les trois
premiers siècles de l'ère chrétienne, se développa dans les
grandes villes hellénistiques d'Égypte, de Syrie et d'Asie
Mineure, Alexandrie, Antioche et Éphèse, mouvement
combiné avec un autre déterminé par la réaction produite
sur les pays jadis hellénisés par l'esprit oriental venu de
l'arrière-pays au contact de la Perse sassanide[2]. Mais dans
la formation de l'art byzantin, il faut également faire sa
part à la capitale de l'Empire oriental, à Constantinople. Si,
au début et durant tout le cours du ive siècle, les provinces
asiatiques avec leur long passé de civilisation l'emportèrent
en importance sur la nouvelle ville impériale, pourtant,.
dès le ve siècle, le nouveau centre qui grandissait dans la
capitale commença à prendre la direction dans les choses
d'art. Et cela s'explique aisément, dit M. Diehl. « Admirablement située au point où l'Europe et l'Asie se rencontrent, la ville de Constantin, par le magnifique développement de son commerce, se trouvait en relations avec tous
les peuples de l'univers. Cité neuve, sans traditions séculaires, elle était toute prête à accueillir tout ce que lui
apportaient les civilisations les plus diverses. Capitale de
la monarchie, centre de l'orthodoxie et de l'hellénisme,

Dictionnaire d'archéologie chrétienne, t. II, Paris, 1909) et surtout Ch. Diehl,
Manuel d'art byzantin, Paris, 1910. Il convient cependant de citer au
moins les noms des deux spécialistes qui ont réagi vigoureusement contre
l'hypothèse des « romanistes », Aïnalof dans ses *Origines hellénistiques de
l'art byzantin* (russe, 1900) et Strzygowsky « dans un ouvrage retentissant,.
intitulé de façon significative, *Orient oder Rom* » (1901).

1. Leclercq, p. 80; Diehl, p. 15-16.
2. Diehl, p. 16-18.

elle attirait naturellement à elle toutes les forces du monde chrétien. Nul terrain n'était plus propice pour combiner les traditions diverses des civilisations de la Grèce et de l'Orient, nul milieu ne se prêtait mieux à accepter les méthodes et les procédés qui lui venaient du monde persan ou du monde hellénistique; nulle cité n'était enfin plus capable de coordonner ces formules diverses, de façon à les fondre en un style nouveau. C'est sous « la triple constellation », comme dit Strzygowsky, d'Alexandrie, d'Antioche et d'Éphèse, que Constantinople naquit et grandit. Mais si, comme l'écrit le même savant, « l'art byzantin s'est préparé en Asie Mineure, en Syrie et en Égypte, s'il a grandi dans les centres hellénistiques, à Antioche en particulier, c'est pourtant seulement à Constantinople, au ve et au vi^e siècle, qu'il a atteint sa pleine croissance et trouvé son unité, et c'est de là seulement qu'il a réussi à exercer sa suprématie sur l'ensemble du monde civilisé »... C'est à Constantinople, au vi^e siècle, que, par la volonté de Justinien, l'art byzantin a trouvé sa pleine expression et sa formule définitive; et c'est de là que son influence, durant ce premier âge d'or où il brilla d'un éclat incomparable, a rayonné sur le monde entier »[1].

Étant donné la solidarité qui unit, à un même moment d'une civilisation, ses différentes manifestations, il n'est pas excessif de penser que les influences orientales se sont exercées sur le droit comme sur l'art ou la littérature, et personne ne manque d'y faire allusion. Mais par comparaison avec les résultats déjà acquis dans les autres branches du byzantinisme, peut-on parvenir à déterminer exactement la nature des éléments orientaux qui ont agi sur l'œuvre législative de Justinien, « pleine expression et formule définitive » du droit byzantin, réalisée, elle aussi, à Constantinople au vi^e siècle? Peut-on songer à arriver

---

1. Diehl, p. 18-20.

pour le droit à des précisions égales à celles obtenues par les historiens de l'art?

Tout d'abord, il faut écarter une idée qui joue son rôle en matière d'art. Les innovations qui, dans l'œuvre de Justinien, viennent de l'Orient ne sont certainement pas orientales au sens strict. Par caractère oriental, il ne faut point entendre ici une influence de l'arrière-pays, de la Perse principalement. Il n'entre nullement dans notre intention de rattacher l'orientalisme de Justinien à des origines perses, babyloniennes, syriennes ou juives, pas plus qu'à des origines égyptiennes. Si certaines de ces influences se sont exercées sur le droit romain — et l'on sait combien il est difficile de le préciser, — cela n'a pu se produire que longtemps avant l'époque byzantine. Dans ses recueils législatifs, Justinien a marqué une opposition trop vigoureuse aux coutumes des peuples non chrétiens pour qu'il leur ait emprunté quelque chose. Et puis, argument décisif, les innovations juridiques où nous percevons l'influence de l'Orient marquent un tel progrès du droit que, malgré l'état avancé des droits orientaux au sens strict, il est bien difficile de penser qu'ils aient atteint ce degré de perfection dans des institutions d'ailleurs peu conformes à leur génie.

Si les innovations de caractère oriental dans le droit de Justinien ne peuvent venir de l'influence orientale au sens strict, il est incontestable au contraire qu'elles dérivent, au moins en partie, de l'influence qui s'est exercée si fortement dans le byzantinisme tout entier, l'influence hellénique (ou hellénistique) qui représente l'influence orientale au sens large.

L'hellénisme qui, depuis des siècles, a recouvert les civilisations indigènes sans les détruire complètement et sans trop se contaminer à leur contact, continue, même après les conquêtes romaines et sous le vernis romain, à donner sa note caractéristique à la culture de la Méditerranée orientale, et principalement à celle des pays qui seront les plus belles possessions de l'Empereur d'Orient.

C'est le regain de l'hellénisme qui fait le byzantinisme. Justinien, latin d'origine[1] et de langue[2] et si imbu des idées romaines, ne saurait se soustraire dans sa législation à la poussée du flot oriental, qui monte surtout depuis qu'il y a un Empire d'Orient et pour les mêmes raisons qui ont fait créer cet Empire.

Dioclétien avait déjà subi l'influence de l'Orient hellénique, plus d'ailleurs dans ses constructions de Spalato que dans sa législation qui forme le répertoire le plus abondant du droit classique tel qu'il se trouve fixé après les grands jurisconsultes. Constantin fut le premier qui introduisit dans son droit des réformes directement empruntées aux coutumes helléniques[3]. On dressera peut-être un jour le bilan des apports de la même source qui sont entrés dans les constitutions de Théodose, de Léon, d'Anastase ou de Justin. Mais il est de toute évidence que Justinien s'est abandonné plus qu'aucun de ses prédécesseurs à l'influence hellénique et s'y est abandonné pour des motifs beaucoup plus complexes que le motif unique dont s'était inspiré Constantin, par exemple, c'est-à-dire le christianisme en lutte contre le paganisme[4].

A ce point de vue, l'accentuation de l'orientalisme de Justinien s'explique par plusieurs considérations : d'abord, parce que l'Empire est plus fortement hellénisé que jamais au moment où le byzantinisme est définitivement constitué; puis, parce que son œuvre est une refonte complète et

---

1. La ville de Tauresium en Dardanie, dont l'empereur est originaire, se trouve dans une des provinces latines de l'Empire d'Orient.

2. Le passage de la Nov. 7, c. 1, où Justinien explique pourquoi il a rédigé cette loi οὐ τῇ πατρίῳ φωνῇ..., ἀλλὰ ταυτῇ δὴ τῇ κοινῇ τε καὶ Ἑλλάδι est susceptible de deux interprétations; ou bien il fait allusion au latin, langue de ses pères, ou au latin, langue « nationale de la monarchie », comme dit M. Diehl, *Justinien*, p. 256, n. 4. Les autres passages cités (Nov. 15, praef. et 66, c. un., §§ 1 et 2) auxquels on ajoutera les Nov. 13, praef., 22, c. 2, 25, praef. et 166, c. 1, ne sont pas moins amphibologiques.

3. Mitteis, p. 204-205 et Beilage III.

4. Mitteis, p. 204.

savante du droit romain privé où les occasions d'introduire
des innovations d'inspiration orientale sont plus nombreuses
que dans les réformes détachées de Constantin et de Théodose; ensuite, parce qu'elle est destinée à régir des populations en très grande majorité hellénisées qui ont conservé leur droit indigène (grec), même après la conquête
romaine et même après la constitution de Caracalla
(M. Mitteis l'a démontré d'une façon irréfutable), tandis
que le Code Théodosien devait s'appliquer en Occident
comme en Orient; et enfin, parce que les commissaires, à
qui l'Empereur a confié la mission de réformer le droit
romain, sont pénétrés à fond de l'esprit grec.

Mais le caractère oriental de l'œuvre de Justinien n'est
pas non plus purement hellénique. C'est que le droit
byzantin n'est pas, comme l'art, seulement une combinaison
d'éléments orientaux. Il offre, par la combinaison d'éléments romains et orientaux, une complexité encore plus
grande que les autres manifestations du byzantinisme,
quelque complexes qu'elles soient par définition. La
législation de Justinien est essentiellement composite,
parce que le fond en est toujours formé par des matériaux romains, et parce que, même dans leurs innovations, les rédacteurs subissent puissamment l'influence
romaine en même temps que l'influence orientale, comme
tous ceux qui ont été mêlés au mouvement du droit romain
en Orient. On ne peut négliger cette influence romaine,
mais il faut lui reconnaître, à elle aussi, un caractère
oriental, puisque le droit romain de l'Orient avait pris une
physionomie particulière, — le fait est aujourd'hui incon-
testé. En définitive, les origines helléniques et les origines
qu'on pourrait appeler romano-orientales se sont combinées
pour former l'orientalisme de la législation byzantine.

Nous allons le vérifier en développant l'idée que les rédacteurs étaient eux-mêmes soumis à cette double influence.
La nature de l'orientalisme sera mieux connue par la
pénétration plus intime de leur personnalité.

Les historiens de l'art byzantin sont parvenus à en localiser les origines hellénistiques dans la triple influence
d'Alexandrie, d'Antioche et d'Éphèse à laquelle s'est jointe
aux ve et vi^e siècles celle prépondérante de Constantinople.
Ils y sont parvenus quoiqu'ils n'eussent pas, pour les guider, les renseignements précis analogues à ceux que nous
possédons sur les auteurs de la codification de Justinien.
Mieux partagés qu'eux, n'allons-nous pas pouvoir user de
notre avantage pour arriver à un résultat équivalent ?

D'après les Préfaces des trois recueils latins, les commissaires désignés par l'Empereur peuvent être rangés, par
ordre de professions et de résidences, en quatre classes :
fonctionnaires (ou anciens fonctionnaires) de Constantinople, professeurs de Constantinople, professeurs de
Beyrouth, avocats près la préfecture d'Orient à Constantinople. Quelle a pu être au juste la part de chacun de
ces groupes ou de chaque individu dans la confection des
recueils, personne ne pourra jamais le dire, mais il est
naturel de penser que, pour le droit privé, le rôle des professeurs et des avocats a été plus grand que celui des
fonctionnaires.

L'important est de constater que deux villes uniquement
sont représentées ici : Constantinople et Beyrouth. Les
autres écoles de droit n'ont aucun délégué. Rome n'y
figure pas et c'est pourquoi le droit de la compilation n'est
pas à proprement parler du « pur droit romain »[1]. Alexandrie, Césarée ou Athènes sont laissées de côté pour la raison
que Justinien a, comme on sait, supprimé nominativement
les deux premières universités, et probablement supprimé
aussi l'école de droit d'Athènes en même temps que l'école
de philosophie[2]. Ces suppressions ont eu lieu, dit l'Empe-

---

1. Cette observation a son intérêt et c'est pourquoi elle est répétée ici
après avoir été faite déjà, p. 13.

2. Sur la suppression de l'école d'Athènes, fait important regardé comme
marquant la fin de la culture purement grecque, voy. en particulier Diehl,
Justinien, p. 552-564. Malgré le témoignage positif de Malalas (éd. Bonn),

reur[1], parce que ces écoles sont suspectées d'enseigner une *adulterina doctrina,* c'est-à-dire, a-t-on supposé, le droit local au lieu du droit romain[2]; nous ferons bientôt notre profit de ce motif éminemment instructif.

Il résulte de tout cela que, seules, ont joué un rôle dans la codification et la refonte des textes romains, la capitale et l'école de droit de Beyrouth. Le rôle donné à la capitale se conçoit tout naturellement; celui de Beyrouth représente l'apport de la Syrie où le mouvement intellectuel et artistique est si développé aux ve et vi[e] siècles[3]. La première seule exerça son influence pour le Code puisque aucun professeur de Beyrouth n'y a pris part. Pour les Institutes, l'influence de Constantinople encore a pu dépasser celle de Beyrouth, car Théophile semble en avoir fait sa chose. Mais, pour le Digeste, le plus important et le plus compliqué des trois recueils, il ne serait pas invraisemblable de supposer que Beyrouth a eu la prépondérance, à raison de la supériorité même de l'enseignement de cette *legum nutrix* et de son ancienneté. En tout cas, au point de vue territorial, ce sont les idées juridiques de Constantinople et de Beyrouth qui comptent seules, tandis qu'en art le mouvement est de plus vaste envergure.

Que, d'ailleurs, les origines des idées juridiques soient limitées à ces deux villes, dans lesquelles le droit pratique

---

XVIII, p. 451, suivi par Mitteis, p. 203, M. Otto Seeck ne mentionne pas les professeurs de droit; il pense que, sur les sept professeurs chassés d'Athènes, trois auraient appartenu à la rhétorique et quatre à la philosophie (*Geschichte des Untergangs der antiken Welt*, Anhang z. vierten Band, Berlin, 1911, p. 466).

1. C. *Omnem*, § 7.

2. Mitteis, p. 203. Sur l'*adulterina doctrina*, voy. nos hésitations, p. 33, n. 1. — Les professeurs de ces écoles n'étaient pas institués par l'État et c'est peut-être la raison véritable de leur suppression.

3. Diehl, *Justinien*, p. 585. M. Diehl se trompe en comptant Théophile et Stéphane parmi les professeurs de Beyrouth; ils enseignaient à Constantinople.

n'était pas pareil sur tous les points[1], c'est ce qu'il importe de ne jamais perdre de vue ; et, comme ces villes sont au vi[e] siècle éminemment représentatives, l'une plus spécialement de l'esprit byzantin, composite par essence, l'autre de l'esprit hellénique qui y survit fortement, le droit introduit dans la codification sous le nom de droit romain par les innovations de l'Empereur et des commissaires participe largement de ce mélange de romanisme oriental et d'hellénisme qui caractérise le byzantinisme, dont on ne fait presque jamais ressortir les éléments de composition étrangers au droit romain ancien.

III

PORTÉE DE L'INFLUENCE ORIENTALE

En effet, la portée de l'orientalisme dépasse de beaucoup les limites qu'on lui assigne ordinairement.

L'influence orientale se manifeste en première ligne d'une façon qu'on peut qualifier d'extérieure, qui est reconnue par tous et qu'il suffit de rappeler. Elle se manifeste d'abord dans la langue : le latin des Byzantins est plein d'hellénismes, de mots archaïques, de faiblesses de syntaxe, révélant qu'il est pour eux une langue d'emprunt dont les particularités sont devenues des critères d'interpolation. L'influence orientale se reconnaît ensuite dans les passages où les recueils latins rapportent les textes antérieurs autorisant l'emploi de la langue grecque ou d'une langue quelconque dans les actes. Enfin, elle apparaît encore lorsque les rédacteurs empruntent aux Empereurs précédents leurs réformes déjà pénétrées d'idées orientales[2].

Quant au fond, la portée de l'orientalisme est plus considérable et elle est moins connue en général. Nous la

---

1. Voy. en particulier le Chap. I, Sect. VI et le Chap. III, Sect. III.
2. C'est le cas pour les diverses constitutions de Constantin qui portent la

fixerons en prenant pour point de départ le dessein que se proposait Justinien. L'Empereur voulait réformer le droit en décadence de son Empire, non seulement en remettant en honneur le droit classique trop oublié dans la pratique, non seulement en profitant des innovations successives de ses prédécesseurs, mais encore en perfectionnant le droit antérieur à lui. Ce dernier objet était naturellement celui qui avait le plus de prix à ses yeux, celui sur lequel les commissaires devaient concentrer leur effort principal.

Pour accomplir leur mission de la meilleure façon et le plus largement possible, les commissaires avaient à leur disposition deux moyens qu'ils ont employés, comme les rédacteurs modernes le feraient encore : d'une part, ils devaient compléter ou changer le droit romain en l'accommodant aux résultats déjà obtenus en fait dans la pratique ou dans l'enseignement, de l'autre ils devaient perfectionner le droit recueilli dans leur œuvre à l'aide des conceptions théoriques et idéales en progrès sur le présent que tout législateur imagine pour l'avenir. L'influence orientale s'étend aux deux ordres de réformes.

Si nous commençons par les conceptions du second ordre, les conceptions « idéales », elles ne peuvent être en effet que byzantines de nature, elles sont au plus haut degré caractérisques du byzantinisme, car elles sont les vues personnelles des hommes les plus représentatifs de

marque grecque (*suprà*, p. 21) ; c'est le cas pour la célèbre constitution de Théodose et Valentinien (428) sur le pacte légitime de dot qui paraît bien être d'origine grecque (Cf. Chap. III, Sect. III). Cependant Justinien est loin d'avoir adopté toutes les réformes de ce genre sans réserve : par exemple la constitution de Gratien, Valentinien et Théodose (380) (C. Th. 4, 19, *de usur. rei iud.*, un.) sur la condamnation à la moitié en plus de la dette du *iudicatus* récalcitrant, qui rappelle l'ἡμιολία ou ἡμιόλιον du droit gréco-romain d'Égypte, n'a pas été acceptée par Justinien (C. 7, 54, *de usur. rei iud.*) qui a fait au condamné une situation plus douce (Mitteis, p. 514).

leur temps, dans l'administration, le barreau ou l'école. Comment leur refuser le caractère byzantin et que seraient-elles sans cela? Elles ne peuvent être romaines, au sens normal du mot, puisque ces réformes ne sont pas réalisées à Rome, ne sont pas faites par des Romains de Rome et ne sont même pas destinées à s'appliquer de prime abord à l'Italie. C'est dans cette classe qu'on peut ranger les réformes des Novelles en général et aussi celles opérées dans les trois recueils latins pour le droit de famille, les successions et les legs, même probablement aussi plusieurs autres réformes qu'on regarde d'ordinaire comme une conséquence de l'évolution du droit romain. Les plus importantes ne font d'ailleurs qu'achever le mouvement commencé par les Empereurs antérieurs du Bas-Empire sous l'influence des idées nouvelles.

On peut y faire entrer aussi les constitutions qui tranchent des controverses entre jurisconsultes classiques. Ces textes paraissent refléter autant la pensée doctrinale des rédacteurs que l'interprétation du droit romain par leurs contemporains. En tout cas, ceux qui proviendraient de cette interprétation rentreraient aussi bien que les autres dans le droit romain de l'Orient, car personne n'aurait l'audace d'argumenter des constitutions de Justinien pour prétendre que la controverse aurait été tranchée dans le même sens au VIe siècle, chez les Romains de Rome et de l'Occident.

Quelque intéressants que soient les textes de cet ordre pour la pénétration de l'intelligence juridique des Byzantins, pour la connaissance complète de la législation de Justinien, pour l'appréciation des progrès de cette œuvre sur le droit romain pur et partant pour la fixation de sa valeur absolue, ce ne sont pas eux qui doivent nous retenir. Ils sont depuis longtemps commentés et jugés; leur caractère byzantin est hors de conteste; ce serait refaire en pure perte des travaux très bien faits que d'y consacrer une partie de ce volume dont l'objet est nettement déterminé.

Un intérêt plus grand s'attache aux changements du
premier ordre, ceux qui, dans les recueils latins, devaient
mettre le droit classique au niveau du droit du vi^e siècle,
ceux qui ont entraîné la grande majorité des interpolations.
C'est à leur propos que nous allons nous trouver en face
de la question la plus grave, déjà posée à plusieurs
reprises et dont la réponse devait être préparée de longue
main : ces changements marquent-ils réellement l'évolu-
tion du droit romain entre le iiie et le vi^e siècle, comme
l'affirme sans discuter la doctrine courante? La compi-
lation de Justinien est-elle réellement l'enregistrement du
droit romain de son temps?

A cette question, tous les développements précédents
montrent qu'il ne faut pas hésiter à répondre par la
négative, si l'on doit entendre, avec la doctrine ordinaire,
par « droit romain » le droit romain dans son sens classique, celui de Rome et de l'Italie aussi bien que celui de
l'Orient. Si, au contraire, comme nous y invite l'histoire,
on resserre le sens du mot « romain » dans les limites
territoriales de l'Empire de Justinien, si le droit romain
devient synonyme de droit romain d'Orient, alors on peut
répondre par l'affirmative. Mais, pour être complet, il
faut ajouter ceci : en vérité on doit voir dans les innovations de la codification l'enregistrement, non pas seulement du droit romain de l'Orient, mais, d'une façon plus
large, l'enregistrement du droit vivant de l'Orient, tout
entier, romain ou hellénique, dans la mesure où les commissaires jugent bon de s'approprier les institutions, les
formes ou les règles juridiques existant déjà dans la pratique et l'enseignement de l'Orient, pour en faire les lois
de l'Empire devant régir toutes les populations de l'Empire, même celles non hellénisées (celles de l'Afrique, par
exemple, ou celles des provinces latines de l'Europe orientale) et plus tard les Romains de l'Italie.

N'est-il pas naturel que ces fonctionnaires de Constantinople, la plupart attachés au Palais, ces avocats près la

préfecture d'Orient, et surtout ces professeurs de Constantinople et de Beyrouth corrigent, suivant les instructions du *basileus*, les fragments classiques, dont ils forment les éléments de fond de la codification, par des emprunts au droit vivant qu'ils connaissent, qu'ils pratiquent ou qu'ils enseignent, sans se soucier des destinées du droit romain à Rome ou en Italie, destinées qu'ils ne sont même pas capables de connaître puisque, ne voulant pas les faire plus savants qu'ils ne sont, nous avons peine à les croire au courant du droit romain comparé? Cette idée si simple, si évidente quand on regarde leur œuvre par ce qu'elle a d'humain plutôt que par ce qu'elle a de purement juridique, c'est elle qui va nous permettre de dégager les sources de l'orientalisme dans les remaniements de fond considérables opérés sur le droit classique.

En restant encore provisoirement dans le domaine des idées générales qui préparera l'étude des textes, nous découvrons facilement quatre sources de l'orientalisme dans le droit vivant de l'Orient au VIe siècle : l'influence directe de l'hellénisme, l'influence du droit romain spécial à l'Orient ou droit romain hellénisé, la double influence qu'on peut qualifier de « négative », provenant du fait que certaines institutions romaines ne se sont jamais adaptées à l'Orient, et du fait que le temps a amené la désuétude de certaines institutions romaines en Orient et en Orient seulement.

L'ensemble de ces influences représente parfaitement l'état du droit vivant — en tant qu'il diffère du droit romain pur de l'Italie — dans les régions qu'habitent les commissaires, dans celles qui forment la partie la plus importante de l'Empire où la législation de Justinien doit s'appliquer dès sa promulgation, régions où, répétons-le encore une fois, le droit romain n'a été qu'un droit d'importation et où les usages, la culture et la mentalité sont restés profondément helléniques.

I. — L'influence directe de l'hellénisme se découvre d'abord dans la présence au Code, au Digeste, aux Instituts et aux Novelles de quelques formes d'actes ou d'institutions grecques en nombre assez considérable. Empruntées aux coutumes des populations helléniques, elles se rattachent au droit que M. Mitteis a appelé le « droit populaire » (*Volksrecht*) pour l'opposer au « droit impérial » (*Reichsrecht*). Ce sont elles qui, à première vue, représentent le mieux le caractère oriental de l'œuvre byzantine. Pourtant, mises trop en vedette, elles risqueraient de changer sa nature fondamentale, en faisant de la codification, dans ses éléments de provenance orientale, un recueil des coutumes helléniques.

Or, la codification est autre chose : elle est au premier chef une œuvre doctrinale et savante ; elle ne ressemble en rien au Livre syro-romain qui est réellement un coutumier, à l'usage de la Cour du patriarche d'Antioche, probablement antérieur à Constantin dans son noyau[1]. Tout sépare les deux œuvres. Comme on l'a remarqué plus haut[2], il n'y a pas d'éléments purement orientaux (orientaux au sens strict) dans l'œuvre byzantine, tandis qu'il est possible qu'ils occupent une certaine place dans le Livre syro-romain[3]. Comme nous le verrons, il y a dans l'œuvre totale de Justinien proportionnellement moins d'éléments helléniques qu'il n'y en a dans le Livre syro-romain, lequel est loin d'embrasser tout l'ensemble des matières juridiques. D'ailleurs le fait que les institutions du Livre syro-romain se retrouvant aussi dans le

---

1. C'est l'opinion la plus récente de Ed. Sachau, *Syrische Rechtsbücher*, t. I, Berlin, 1907, in-4º, p. ix-x ; cet ouvrage contient les trois manuscrits syriaques découverts au Vatican (R. I, R. II, R. III), après l'édition de quelques autres manuscrits par K. G. Bruns et Ed. Sachau, *Syrisch-römisches Rechtsbuch*, Leipzig, 1880, in-4º.

2. Ci-dessus, p. 20.

3. La question est du reste encore très discutée ; l'opinion de M. Mitteis est que le Livre syro-romain ne contient que du droit romano-hellénique.

Code et les Novelles sont très rares[1] prouve. suffisamment
que la codification byzantine a peu de rapports avec l'œuvre
coutumière. Le Livre syro-romain a pu être rédigé à
Antioche, dans cette Syrie où l'école de Beyrouth était si
florissante ; il n'existe cependant aucune analogie entre
l'ouvrage pratique et simplifié destiné à la Cour ecclésias-
tique et les produits juridiques et savants de l'école
syrienne, dont nous allons mieux nous rendre compte
à propos de la deuxième influence de l'hellénisme.

II. — L'influence de l'hellénisme sur l'œuvre de Justinien a été, quoique aussi importante, indirecte seulement
dans la mesure où les commissaires ont accueilli le droit
romain particulier à l'Orient et déjà pénétré de l'esprit
grec.

C'est un fait aujourd'hui complètement établi qu'il s'est
formé dans les provinces un droit romain particulier dont
les différences avec le droit romain de Rome et de l'Italie
s'expliquent, comme le démontrent les papyrus d'Égypte et
le Livre syro-romain, par la répercussion de la tradition ou
des conceptions juridiques locales. Ce droit romain provincial, nous le connaissons mieux pour l'Orient que pour l'Occident à cause de l'abondance des sources. Il a eu aussi plus

---

1. Si Bruns (dans Bruns et Sachau, *op. cit.*, p. 337) croyait à l'existence d'un plus grand nombre de points de contact entre le Livre syro-
romain et le droit de Justinien, c'est qu'il ne tenait aucun compte du classement des manuscrits. Les passages du Livre syro-romain concordants
avec le droit de Justinien dans les manuscrits postérieurs à sa rédaction
proviennent d'interpolations; les deux manuscrits antérieurs à Justinien, le
manuscrit syriaque de Londres (L) le plus ancien de tous et celui plus jeune
de Rome (R. II), les seuls qui aient de l'importance pour nos études, ne
contiennent, sauf erreur, que quelques exemples de la concordance, qu'on
trouvera indiqués dans le Chapitre I. — Sur le classement et la date des
manuscrits, voy. Mitteis, *Reichsrecht und Volksrecht*, Beilage II, p. 543-547 ;
le même, *Ueber drei neue Handschriften des syrisch-römischen Rechtsbuchs*
dans *Abhandl. der kgl. Preuss. Akademie der Wissenschaften*, 1905 ;
Sachau, *op. cit.*, p. xi-xvii; Riccobono et Ducati, *Font. iur. rom.
anteiust.*, 2e part., p. 676-677.

d'importance en Orient parce que le droit romain s'y est trouvé en contact avec une culture plus avancée qu'en Occident, la culture hellénique. Comme c'est l'hellénisme qui lui a imprimé sa marque la plus forte, on en revient par une voie indirecte à retrouver dans un droit, qui est pourtant romain, l'influence grecque.

L'idée générale qui vient d'être rappelée éclaire, comme on sait, les origines des institutions du droit romain provincial les plus importantes, l'hypothèque, les pactes et stipulations en matière de servitudes, la *longi temporis praescriptio*, la procédure extraordinaire, selon toute vraisemblance, — institutions dont, pour la plupart, la fortune a grandi à mesure que le rôle de Rome et de l'Italie dans la politique générale de l'Empire diminuait au profit de celui des provinces d'Orient.

Il ne s'agit pas pour nous d'évaluer l'importance de la répercussion que l'hellénisme a pu avoir sur les origines du droit romain provincial. Mais il est du plus haut intérêt de rappeler qu'il a maintenu son emprise sur le droit romain, même après la constitution de Caracalla, et d'indiquer de quelle façon son influence se manifestait à l'époque immédiatement antérieure à Justinien. Par là, on pourra saisir comment l'hellénisme s'insinue dans la codification sous une seconde forme.

Au Ve siècle, l'influence grecque n'a plus pour effet d'introduire dans le droit romain des institutions; le droit romain provincial est définitivement constitué et paraît s'être peu augmenté depuis les premiers siècles de l'Empire. Mais l'esprit grec travaille plus activement que jamais sur les institutions romaines en général.

Cet esprit grec qui, pour des raisons déjà notées, acquiert une puissance nouvelle après le triomphe du christianisme, pénètre de plus en plus le droit, en imprégnant la pratique judiciaire et l'enseignement des écoles d'Orient dont l'éclat atteint son apogée à Constantinople et surtout à Beyrouth, au moment où le byzantinisme va atteindre lui-même son plein épanouissement, sous le règne de Justinien. Avocats et professeurs, Grecs de nationalité en général, cultivaient probablement encore plus le droit romain hellénisé que le droit romain pur. S'ils ne se croyaient pas autorisés à corrompre dans la codification le droit classique par l'*adulterina doctrina*[1], ils n'éprouvaient pas le même scrupule à l'égard du droit romain provincial qui, après tout, était encore du droit romain. C'est donc scientifiquement que l'hellénisme influencera le droit byzantin comme il avait déjà influencé les théories de certains juristes des IIe et IIIe siècles, en particulier Scevola et Papinien.

Son influence se manifeste sous diverses formes reconnues déjà ou que nous signalerons nous-même au cours du volume.

La première est l'abus de la réglementation (c'est là une caractéristique des plus significatives du byzantinisme, produite par l'esprit grec de la basse époque). Ses effets directs se reconnaissent soit dans la prévision de toutes les hypothèses possibles (*si quidem...*, *si vero...*, commandant d'autres subdivisions en *si quidem...*, *si vero...*), soit dans l'indication d'exemples limitatifs (comme les cas d'indignité en matière de *querela inofficiosi testamenti* prévus par la Nov. 115). Sur cette réglementation sortant du rôle du législateur et empiétant sur celui de la jurisprudence, il n'est pas nécessaire de s'arrêter. La seconde forme, plus louable, est l'amour de la construction et de la généralisation des théories qui procède de la philosophie aristotélicienne ou plotinienne. La troisième est l'invention de règles juridiques en discordance complète avec les règles

---

1. Cependant ils l'ont fait maintes fois en acceptant les institutions coutumières des Grecs dont il a été question plus haut. Mais l'*adulterina doctrina* est-elle vraiment le droit local, comme le pense M. Mitteis (cf. ci-dessus, p. 23)?

romaines, règles nouvelles s'inspirant de l'esprit subtil, mais nullement formaliste de l'hellénisme.

Par ces divers procédés, par les deux derniers plutôt, les professeurs de l'Orient continuent à faire progresser le droit romain, tandis que leurs confrères d'Occident n'ajoutent guère au droit classique. Sans doute, les professeurs de Beyrouth et de Constantinople travaillent d'une façon différente des Romains, avec l'instrument propre aux Grecs, la scolie, avec la méthode des Grecs, raisonneuse, métaphysique et théologique (on les en excusera, puisqu'ils étaient Grecs). Mais il n'en reste pas moins acquis que, dans les scolies, paraphrases, indices, catalogues d'actions, parvenus jusqu'à nous en nombre encore infiniment trop restreint pour qu'on puisse juger complètement leurs auteurs, il y a, par rapport au droit classique, quantité d'éléments nouveaux susceptibles d'être réunis en doctrines. Dans les œuvres fragmentaires des ἥρωες et de leurs successeurs, imbues de l'esprit nouveau, de l'esprit byzantin (qu'il ne s'agit ni de trop louer, ni de trop blâmer), règnent des conceptions nouvelles, plus en harmonie avec la civilisation de leur temps, plus larges, plus souples, plus adéquates aux besoins de leurs pays, et, par leur largeur et leur souplesse, en plein progrès sur le droit contemporain de l'Occident. Et ces conceptions sont un des éléments les plus remarquables de la formation du droit de Justinien.

III. — L'influence de l'Orient se marque enfin dans le droit vivant du vi^e siècle d'une façon négative. Nous entendons par là que certaines institutions romaines ont été rayées de la législation de Justinien, ou parce qu'elles n'avaient jamais paru en Orient ou parce qu'elles n'y existaient plus. On conçoit sans difficulté que toutes les institutions romaines ne se soient pas adaptées aux provinces dont la population n'était pas romaine de race ou romanisée suffisamment, ni aux provinces plus nombreuses dont les terres n'avaient

pas le caractère italique. On conçoit encore plus aisément
que toutes celles qui s'y sont introduites n'aient pas duré
intégralement jusqu'au vi^e siècle, la désuétude ayant dû
faire son œuvre dans le droit romain de l'Orient comme
en Occident.

Il est nécessaire de développer ces idées d'une façon
connexe, en portant notre principal effort critique sur les
limites à assigner à la désuétude. Car, comme on le sait, la
doctrine courante ne faisant état que de la désuétude lui
donne une portée considérable et lui attribue tous les cas
où Justinien a rejété les institutions antérieures. Nulle
part elle ne donne de place à la non-adaptation des institutions en Orient, nulle part elle ne s'occupe de localiser la
désuétude à telle ou telle partie de l'Empire.

C'est parce que nous tenons compte de ces deux éléments
que la contradiction avec la doctrine courante éclatera ici
d'une façon plus complète que sur les autres matières.
La divergence d'opinions repose tout entière sur la signification qu'il convient de donner à l'abrogation ou à la
radiation de certaines institutions classiques dans l'œuvre
byzantine. Comme nous touchons au problème le plus
étendu, le plus complexe et le plus mal connu encore
de toute l'histoire du droit romain, les destinées des
institutions classiques après le iiie siècle et l'appoint
qu'offre pour leur connaissance l'œuvre législative de
Justinien, l'exposé de nos idées directrices doit avoir une
certaine ampleur.

On sait combien sont nombreux les passages où Justinien a effacé maintes institutions classiques et a en conséquence interpolé les textes qui s'y référaient. De ces institutions, il abroge les unes expressément au Code ou aux
Institutes, en déclarant qu'elles sont vieillies ou tombées
en désuétude. Pour d'autres, il ne leur fait pas l'honneur
d'une constitution de réforme, ni même d'une brève mention aux Institutes; Tribonien et ses collègues se conten-

tent de rayer leurs noms des matériaux utilisés au Digeste,
au Code ou aux Institutes, en les remplaçant par ceux
des institutions similaires. Quel que soit le motif allégué
par Justinien, quelle que soit l'institution effacée, la doctrine courante n'hésite pas à enseigner que ces nombreuses
réformes ou retouches sont provoquées par une cause
unique, la désuétude des institutions sans distinction
aucune qui en font l'objet. Qu'il s'agisse d'actions expressément déclarées en désuétude par Justinien, comme les
actiones furti concepti, oblati, prohibiti et *non exhibiti,* ou
l'*actio recepticia;* qu'il s'agisse de choses déclarées par
lui seulement vieillies, comme la distinction des *res
mancipi* et des *res nec mancipi;* qu'il s'agisse d'institutions
simplement passées sous silence, comme la mancipation,
l'interdit fraudatoire ou la *dictio dotis*, la théorie de la
doctrine est toujours la même. Elle les regarde toutes
comme n'existant plus dans le droit romain universel, ni
en Occident, ni en Orient. Pour elle, leur désuétude générale est la règle; c'est là ce qui explique la conduite de
Justinien à leur égard.

Cette conclusion absolue vient de ce que la doctrine ne
tire ses enseignements historiques que de la seule compilation, de ce qu'elle persiste à considérer le droit de Justinien comme le prolongement du droit romain et à y voir
écrites les destinées du droit classique après le IIIe siècle.

Pour fixer l'histoire du droit romain post-classique, on
ne tient guère compte que du Code Théodosien et des
recueils de Justinien. On néglige les documents de l'Occident et les lois romaines des Barbares, on ne s'occupe que
vaguement de la situation exacte du droit romain en Italie
et on délaisse, pour ainsi dire, son histoire particulière en
Orient. Cette façon de voir résulte de l'emploi abusif
de la méthode dogmatique.

Pour nous, nous procéderons d'autre manière. Les
exigences de la méthode historique nous forcent, avant de

conclure à la désuétude générale, à contrôler les textes de
Justinien par les documents contemporains, puisqu'il est
contraire à la critique d'établir l'état du droit romain
universel au VIe siècle d'après une source unique, quand
on en possède d'autres. La méthode historique nous
conduit tout naturellement à chercher les destinées du
droit romain post-classique en Occident dans les documents et les lois de ces régions et non dans l'œuvre d'un
Empereur byzantin qui ne règne plus que sur l'Orient[1].

Nous utiliserons donc par comparaison ces textes pour
en tirer l'état réel des désuétudes dans l'une et l'autre
moitié de l'ancien Empire et spécialement pour fixer la
mesure dans laquelle l'œuvre de Justinien porte à cet
égard la marque de l'orientalisme.

Nous avons rappelé plus haut que c'est d'ordinaire du
seul élément chronologique que les auteurs modernes se
servent pour expliquer les différences entre le droit classique et le droit de Justinien. Il faut reconnaître à leur
décharge qu'ils sont invités par les textes de Justinien
eux-mêmes à accepter l'idée que les réformes étaient néces-
sitées, en grande partie, par le désir de mettre le droit classique en harmonie avec les besoins du VIe siècle. Les rédacteurs déclarent souvent, en termes formels, qu'ils corrigent le droit antérieur parce que telles institutions sont
vieillies, telles autres tombées en désuétude, telles autres
inutiles et même abusives. En conséquence de ces réformes, les commissaires retouchent les passages classiques
des Institutes, du Code et surtout du Digeste, et les inter-

---

1. Nous traiterons des destinées des institutions classiques en Occident postérieurement aux grands juristes uniquement dans leurs relations
avec l'œuvre de Justinien, puisque c'est dans cette mesure seule qu'il est
utile d'y toucher ici. Un ouvrage spécial consacré à la matière serait indispensable et, d'après la connaissance générale que j'ai prise du sujet avant
de rédiger le présent volume, possible à faire grâce aux travaux de détails
déjà publiés, surtout par les savants italiens. Ici, comme en beaucoup d'autres cas, c'est une synthèse — même si elle doit être provisoire — qui nous
manque.

polations provoquées par elles sont très nombreuses. Ou bien, sans y consacrer de constitution expresse, les rédacteurs corrigent indirectement les textes classiques par voie d'interpolation. Comme dans la première hypothèse, les romanistes justifient tout naturellement les modifications de ce genre par la marche du temps aussi.

Ce sont ces modifications dans leur ensemble qui représentent, dit-on toujours, l'évolution du droit romain entre le IIIe et le VIe siècle, ses désuétudes, ses altérations ou ses perfectionnements qui sont l'œuvre du temps. Et naturellement, par « droit romain » les interprètes entendent le droit romain de l'Occident, en particulier celui de l'Italie, aussi bien que le droit romain de l'Orient. Peut-on accepter sans réserves ces conclusions et accorder aux déclarations expresses ou aux remaniements de Justinien le sens qui leur est prêté communément?

La réponse générale faite précédemment peut servir ici encore. Personne n'hésiterait à y découvrir ce qu'on y voit d'habitude si Justinien avait régné à Rome et si des commissaires pris à Rome avaient été chargés par lui de mettre le droit romain du IIIe siècle au courant des besoins du VIe siècle. Dans ces conditions, en effet, il y aurait eu constance absolue dans le caractère romain du droit et seulement variation dans le temps. Mais Justinien légifère en Orient et pour l'Orient; entre le droit romain du IIIe siècle qui constitue la matière à réformer et le droit romain du VIe siècle qu'il s'agit de décréter, il n'y a pas seulement la différence résultant de la séparation des époques, il y a encore, il y a surtout, la différence des domaines d'application : le droit classique était fait pour l'*orbis romanus* tout entier, mais principalement pour Rome et l'Italie, le droit de Justinien est fait pour l'Empire romain de son temps, pour les peuples de l'Orient, non pas pour Rome et l'Italie.

Cette opposition qui découle de l'histoire même, suffit à indiquer l'angle sous lequel il faut considérer les réformes expresses de Justinien ou les retouches des commissaires. Ici encore l'élément territorial ne doit pas être négligé comme il l'est toujours; il doit servir à colorer, si l'on peut dire, l'élément uniquement mis en relief, l'élément chronologique. Tous ceux qui, en véritables historiens (et il ne suffit pas de faire de la critique de textes juridiques pour l'être), s'appuieront sur l'histoire de l'Empire romain, sur sa situation géographique entre le IIIe et le VIe siècle et sur l'état des connaissances positives des commissaires de Constantinople et de Beyrouth, ne pourront pas, je crois, refuser d'accepter l'idée fondamentale suivante, à savoir que les changements opérés dans les textes classiques ne peuvent avoir pour origine que les données du droit vivant de l'Orient et non celles du droit romain universel.

En conséquence il faut restreindre de deux côtés la notion courante et trop absolue de la désuétude : d'un côté, en ce sens que les désuétudes prouvées par l'œuvre de Justinien ne valent que pour l'Orient; de l'autre, en ce sens que la suppression de certaines institutions ou leur omission par Justinien s'explique quelquefois aussi par leur non-adaptation à l'Orient.

Cela serait vrai déjà si l'on ignorait l'état de telle institution en Occident, car les destinées du droit de l'Italie, par exemple, ne peuvent être écrites dans une œuvre orientale[1].

Cela est vrai surtout si l'on se trouve en face d'institutions absentes de l'œuvre de Justinien et encore pratiquées

---

1. Il ne s'ensuit pas d'ailleurs que des changements de même nature n'aient pu s'opérer en Occident et, principalement, que la désuétude n'ait pas pu atteindre une institution dans toutes les régions de l'ancien Empire romain à la fois. Pour ne parler que des institutions en désuétude visées plus haut, il est clair que les actions *furti* en relation avec la *perquisitio lance licioque* ont disparu aussi bien en Occident qu'en Orient, et cela est vrai de bon nombre d'institutions, sans aucun doute. Mais le juste départ entre les désuétudes qui se sont produites en Occident et celles qui se sont produites en Orient est une nécessité impérieuse pour qui se préoccupe du point de vue historique dans l'étude du droit romain.

en Occident. On est alors forcé de conclure qu'elles sont rayées de son œuvre pour une autre raison que celle de la désuétude générale. La raison de leur suppression se trouve dans le dilemme, ou qu'elles ne se sont jamais adaptées à l'Orient ou qu'elles y sont tombées en désuétude tandis qu'elles survivaient en Occident. Dans un cas comme dans l'autre, il faut tenir compte de l'orientalisme du droit introduit dans la compilation, il faut en revenir une fois de plus à l'idée que l'œuvre de Justinien représente, non une œuvre romaine invocable pour la connaissance du droit romain universel, mais seulement une œuvre byzantine ou romano-orientale.

La conséquence directe des vues présentées dans cette Section tout entière, c'est que l'orientalisme au sens le plus large du mot, réunion composite d'éléments helléniques et romano-orientaux, s'étend si loin que toutes les innovations de Justinien, quelles qu'elles soient, procèdent du caractère oriental. Car, théoriques ou pratiques, édictant le droit de l'avenir ou enregistrant le droit du présent, elles reflètent les conceptions ou la science de commissaires orientaux. Il n'y a de romain, au sens propre du mot, que les éléments de fond empruntés aux classiques et aux Empereurs et que la langue employée.

Pour suivre dans son entier développement le caractère oriental de la codification, il faudrait donc, en conformité avec ces vues, examiner une à une toutes les innovations de Justinien. Notre intention, cela va de soi, n'est pas d'entreprendre une si vaste tâche, inutile sur tant de points définitivement fixés : nous nous bornerons à justifier les idées générales exposées jusqu'ici dans l'Introduction par une série d'exemples particulièrement démonstratifs.

IV

PLAN DU VOLUME

Avant d'arriver à tracer le plan à suivre dans la détermination des principales manifestations du caractère oriental, il est nécessaire de revenir sur la méthode qui permettra d'obtenir autre chose que des résultats hypothétiques.

De quelque côté qu'on se tourne dans l'étude du droit du Bas-Empire, du côté de Rome ou du côté de Constantinople, notre science est toujours bornée faute de textes et partant cette science sera toujours largement flottante. Encore convient-il d'user des matériaux dont nous disposons de la façon la plus propre à réduire un peu l'incertitude de nos conclusions.

D'ordinaire, comme on croit trouver dans l'œuvre de Justinien du droit romain, comme on en fait le témoin des destinées du droit romain post-classique, on ne se sert pour ainsi dire pas d'autres documents pour fixer l'état du droit romain au vi⁰ siècle. Nous cherchons autre chose dans la codification byzantine; nous y cherchons ce qu'il peut nous donner, du droit romain de l'Orient seulement, et nous voulons reconnaître son caractère oriental à des signes aussi peu trompeurs que possible.

Donc, dans notre dessein, la compilation ne peut être prise comme juge et partie. La critique commande qu'elle soit soumise à l'épreuve de la comparaison. Pour connaître la qualité d'un métal, il faut user d'une pierre de touche ou d'un réactif. Notre matériel auxiliaire remplira le même office.

En premier lieu, ce matériel comprendra le droit romain de l'Occident au vi⁰ siècle. Ce sera d'abord le droit romain de la *Lex romana Visigothorum* (Bréviaire d'Alaric) et des autres lois romaines des Barbares. Quand l'état de transmission des documents le permettra, ce sera de préférence le droit romain de l'Italie elle-même, par exemple celui des Papyrus de Ravenne ou des chartes lombardes. Nulles sources, en effet, ne peuvent être aussi bonnes que celles-là pour découvrir ce qu'était devenu le droit romain pur. Dans ces textes, on est sûr de rencontrer réellement du droit romain dérivant du droit classique par évolution. Malheureusement, on sait combien est misérable l'état des sources du droit romain à cette époque en Occident. Nous tirerons de la comparaison ce que nous pourrons. Quelque imparfaits que soient les résultats obtenus, il ne serait pas conforme à la critique de ne pas en profiter.

En second lieu, le matériel comprendra le droit romain de l'Orient. Ici aussi, l'on peut déplorer la pauvreté des sources, en particulier la rareté des ouvrages des juristes antérieurs à Justinien. Le Livre syro-romain et les Papyrus d'Égypte ne comblent pas la lacune. Pourtant, grâce à ces textes d'ordre doctrinal, coutumier ou pratique, quelques institutions orientales de l'œuvre byzantine seront mises en pleine lumière. Il y a en effet plus qu'une vraisemblance en faveur de l'origine orientale d'une institution ou d'une forme d'acte qu'on trouve dans le Coutumier syro-romain ou dans les Papyrus d'Égypte et qu'on ne trouve pas dans les sources de l'Occident.

Enfin, si les sources directes nous manquent pour établir des points de comparaison, si sur certaines matières nous sommes réduits aux seuls renseignements de la compilation et que nous voulions pourtant en pénétrer le caractère, pourquoi hésiterions-nous à faire appel aux données générales sur l'esprit des compilateurs ou sur la civilisation de leur temps? Ces données générales qui ont été largement exposées plus haut[1] suffisent à faire ressortir nettement l'opposition entre les deux parties de l'ancien monde romain, et à dégager le caractère propre des créations de la science orientale.

---

1. Voy. *suprà*, p. 15-25, 32-34.

Quant au plan du volume nous l'établirons tout naturellement en trois Chapitres. Chacun comprendra une manifestation du caractère oriental correspondant à l'une des trois influences mises en relief dans la Section précédente et qu'il est nécessaire de rappeler : — *l'influence directe de l'hellénisme, — l'influence du droit romain hellénisé — et l'influence « négative » provenant du double fait que certaines institutions romaines ne se sont pas adaptées à l'Orient et que le temps a entraîné la désuétude de certaines institutions romaines en Orient.*

Les deux premières influences, bases des Chapitres I et II, fournissent la preuve « positive » que Justinien n'a pu puiser ses idées de réformes qu'à des sources orientales et qu'il ne les a pas empruntées au droit romain universel, car on peut démontrer que l'Italie n'a jamais connu les institutions, les formes, les règles ou les constructions qui entrent dans ces Chapitres. Les interpolations provoquées par de telles réformes proviennent donc de l'opposition entre le droit « positif » de l'Orient et le droit « négatif » de l'Occident.

La troisième influence, base du Chapitre III, fournit la preuve que, si Justinien a effacé de sa législation certaines institutions (c'est en quoi le signe de ses réformes devient négatif), comme d'une part ces institutions persistent en Occident et comme d'autre part elles sont inconnues de l'Orient au vi⁰ siècle, ce n'est pas non plus pour mettre les textes classiques au courant du droit romain universel qu'il l'a fait, mais pour les mettre en harmonie avec les habitudes de l'Empire d'Orient, influence évidente encore de l'orientalisme. Les interpolations proviennent ici de l'opposition entre le droit « positif » de l'Occident et le droit « négatif » de l'Orient.

La division adoptée sera donc la suivante :

Chapitre I. — *Formes et institutions introduites dans*

*l'œuvre de Justinien sous l'influence des coutumes hellé-
niques.*

CHAPITRE II. — *Institutions, règles et constructions juridiques introduites dans l'œuvre de Justinien sous l'influence
du droit romain hellénisé.*

CHAPITRE III. — *Remplacement dans l'œuvre de Justinien
d'institutions romaines non adaptées à l'Orient ou tombées
en désuétude en Orient.*

CHAPITRE I

PREMIÈRE MANIFESTATION
DU CARACTÈRE ORIENTAL

FORMES ET INSTITUTIONS INTRODUITES
DANS L'ŒUVRE DE JUSTINIEN
SOUS L'INFLUENCE DES COUTUMES HELLÉNIQUES

CHAPITRE I

PREMIERE MANIFESTATION DU CARACTÉRE ORIENTAL

FORMES ET INSTITUTIONS INTRODUITES
DANS L'ŒUVRE DE JUSTINIEN
SOUS L'INFLUENCE DES COUTUMES HELLÉNIQUES

La première manifestation du caractère oriental apparaît dans une série d'innovations introduites par Justinien sous l'inspiration des coutumes helléniques. C'est la source que M. Mitteis a appelée le « droit populaire » et dont il a donné d'instructives applications. Mais, comme il a été déjà dit[1], son exposé l'a rarement mené jusqu'à Justinien, parce que, loin de tracer le tableau complet des institutions particulières, il se limite à quelques matières très importantes en soi, mais où Justinien a eu peu de réformes à faire[2].

Sans prétendre épuiser le sujet, les innovations que nous rapporterons à l'influence hellénique directe sont en

---

1. Préface, p. XXI-XXII.

2. M. Mitteis rattache à des origines helléniques les dispositions suivantes de la législation personnelle de Justinien : la forme de l'émancipation (C. 8, 48, *de emanc. liber.*, 6) (Mitteis, p. 216), en matière de dot profectice, l'exclusion du droit de retour du père donateur lorsqu'il n'a plus la fille en sa puissance (C. 5, 13, *de rei uxor. act*, un., 13 c.) et en matière de dot adventice, la reconnaissance à la femme de l'*utilis rei vindicatio* et d'une quasi-propriété (C. 5, 12, *de iure dot.*, 30) (Mitteis, p. 254-255).

nombre assez imposant et se rattachent pour la plupart à des sujets qui ne sont pas le moins intéressants du droit romain.

Les exemples les mieux connus jusqu'à présent concernent les changements opérés expressément par l'Empereur dans les *formes de certains actes;* le rajeunissement et la simplification de ces formes peuvent être rapportés d'une façon certaine à l'Orient et à l'Orient seul, la preuve directe ressort des textes de l'Orient opposés à ceux de l'Occident. En matière d'adoption et d'émancipation entre autres, l'origine grecque est mise hors de tout conteste par le témoignage du Coutumier syro-romain.

Dans un second groupe, l'influence grecque sur l'œuvre de Justinien doit être acceptée aujourd'hui sans plus de difficulté; car les institutions qui le composent apparaissent de plus en plus clairement comme venant des coutumes grecques de la partie orientale de l'Empire tandis que le droit romain pur les ignorait. On peut ranger dans ce groupe: les *arrhes* dans leur fonction pénitentielle, le *dépôt irrégulier* qui, déjà en droit romain classique, semble avoir pris sa source à la pratique grecque, la *mutua fideiussio et l'extension du bénéfice de division aux* ἀλλη-λέγγυοι par la Novelle 99, *la défense d'aliéner faite par le créancier gagiste ou hypothécaire au débiteur, l'égalité de là dot et de là donation propter nuptias* exigée par la Novelle 97. Ces institutions et ces règles seront, avec la vraisemblance la plus forte, déclarées grecques d'origine, par la raison qu'elles se rencontrent avant Justinien, soit dans le Coutumier syro-romain, soit surtout dans de nombreux Papyrus d'Égypte. L'étude plus approfondie et encore toute récente de ces derniers documents a permis aux érudits contemporains de montrer la relation étroite qui unit la codification byzantine au droit pratique des Grecs vivant dans l'Empire d'Orient. Ils ont mis en lumière, d'une façon pénétrante et en multipliant sans cesse les exemples, l'intérêt considérable que présente pour la meilleure connaissance de la formation du droit byzantin le droit des Papyrus d'Égypte, dont les éléments sont — sauf de notables particularités — voisins de ceux du Coutumier syro-romain et, sans doute aussi, de ceux du droit grec en vigueur en Asie-Mineure et en Thrace. Nous rassemblerons les résultats des études spéciales consacrées à la démonstration de cette idée en les confirmant et en les précisant, en en laissant aussi de côté volontairement[1]. Nous y joindrons naturellement les résultats de notre enquête personnelle.

Enfin, nous croyons pouvoir découvrir l'influence de la pratique grecque dans un dernier exemple, plus fameux que les précédents, la *litterarum obligatio* des Institutes. L'origine orientale servira, croyons-nous, à défendre l'insertion de l'obligation littérale dans les Institutes contre l'opinion courante peut-être mal assise, quoique à peu près unanime. La démonstration de son caractère oriental ne sera jamais aussi décisive que celle établie pour les autres cas, à raison même de la nature de l'institution, plus théorique sans doute que pratique, à cause aussi de l'absence de renseignements positifs venant des jurisconsultes byzantins en dehors de Théophile. Néanmoins, comme la *litterarum obligatio* a quelque chance de paraître moins singulière si on la replace dans le milieu juridique gréco-romain, nous tenterons de lui rendre au moins sa raison d'être en justifiant la conduite des commissaires à son égard.

---

1. C'est ainsi que l'examen de la clause par laquelle le créancier gagiste ou hypothécaire interdit au débiteur d'aliéner (indiquée dans le passage célèbre de Marcien, *lib. sing. ad form. hypothec.*, D. 20, 5, *de distr. pign. et hyp.*, 7, 2), n'a pas été repris dans notre livre, quoique son origine grecque, démontrée par les papyrus, devienne de plus en plus incontestable. Il suffira de renvoyer à l'excellent résumé de l'état actuel de la question donné avec la bibliographie par J. Duquesne (compte rendu des *Studi economico-giuridici... della Facoltà di Giurisprudenza della R. Università di Cagliari*, t. II, 1910; *N. R. H.*, t. XXXV, 1911, p. 577-578).

Par contre, nous n'acceptons ni toutes les tentatives quelconques faites pour établir une relation entre le droit des Papyrus d'Égypte et celui de Justinien[1], ni tous les rapprochements qui, à première vue, éveillent l'idée d'une origine grecque dans ce droit[2].

L'ordre suivi dans la présentation des matières conservées sera celui-ci :

SECTION I. — Les formes des actes.

SECTION II. — La *litterarum obligatio*.

SECTION III. — Les arrhes.

SECTION IV. — Le dépôt irrégulier.

SECTION V. — L'extension du bénéfice de division aux ἀλληλέγγυοι.

SECTION VI. — L'égalité de la dot et de la donation *propter nuptias*.

---

1. Par exemple, il est impossible de faire rentrer dans la série le bénéfice de discussion de la Novelle 4. L'essai d'attribution d'une origine grecque à cette Novelle proposée par S. Brasslof, *Zur Kenntniss des Volksrechtes in d. romanisirten Ostprovinzen des röm. Kaiserreiches*, Weimar, 1902, p. 22-25, 65-69, a été combattu avec succès par G. Bortolucci, *La fideiussione nell'Egitto greco-romano* (*B. I. D. R.*, t. XVII, 1905, p. 284-300), suivi par B. Frese, *Aus dem gräko-ägyptischen Rechtsleben*, Hallé a. S., 1909, p. 31).

2. Pour la *plena pubertas*, l'âge de dix-huit ans, dont le rôle est certainement plus grand sous Justinien qu'à l'époque classique, il est difficile de se prononcer sur la réalité de son origine grecque ; car, si chez les anciens Grecs cet âge a eu une grande importance (c'est l'âge normal de l'éphébie, c'est l'âge de l'ἀγέλη de la loi de Gortyne), il tient aussi sa place chez les Romains. Justinien se réfère même positivement au droit ancien de Rome dans un passage de ses Institutes, 1, 6, *qui ex qu. caus.*, 7 (Voy. sur la *plena pubertas*, mes *Contributions à l'hist. du dr. rom.*, I, *La puberté et la plena pubertas*; *N. R. H.*, t. XXIV, 1900, p. 381-384; tir. à part, p. 16-19).

SECTION I

LES FORMES DES ACTES

Les réformes opérées par Justinien dans la « célébration des actes » ont pour objet la simplification des formes ou la substitution de l'écrit aux solennités, aux rites, aux paroles du vieux droit quiritaire. Il n'est pas douteux que le mouvement en ce double sens soit parti du droit classique lui-même, tel que le constatent déjà Gaius et Ulpien. La création de termes techniques spéciaux pour les pérégrins, l'extension des formules des actes aux gens de langue grecque ou de langues étrangères en général, la substitution en fait et même en droit des actes écrits aux actes oraux remontent haut dans l'histoire romaine, à la République même et au Haut-Empire. Le mouvement a été continué par les Empereurs du Bas-Empire, directement influencés par l'Orient. Ce sont là des faits connus qu'il est inutile de reprendre. Il s'agit ici seulement de quelques réformes tendant soit à reconnaître en droit les formes accoutumées en pratique (c'est le cas du *receptum arbitri*), soit surtout à moderniser ce qui restait encore des derniers vestiges du formalisme archaïque des Quirites dans les formes de l'*adoption* ou de l'*émancipation*. Justinien les a simplifiées de la manière connue que nous allons indiquer bientôt. A quelle source a-t-il puisé les formes nouvelles? S'est-il inspiré de la pratique de l'Occident, du droit romain pur, qui aurait évolué en continuant le mouvement signalé plus haut? S'est-il au contraire inspiré des coutumes orientales? La réponse est certaine ; elle est fournie par deux arguments opposés dont l'un sert de contre-épreuve à l'autre. Car d'une part, il est certain qu'il a accueilli les pratiques de l'Orient qui se trouvent déjà dans le Coutumier syro-romain ; de l'autre, il est non moins certain qu'au début du vi[e] siècle, le Bréviaire d'Alaric, dans la mesure où il nous renseigne, ne connaissait pas d'autres formes que les formes classiques.

§ I. — Les Formes de l'adoption.

L'adoption qui, dans le droit romain traditionnel, exigeait l'emploi de trois mancipations et de deux affranchissements pour le fils (une seule mancipation pour les autres *liberi*) subsistait probablement encore du temps de Justinien avec ses complications d'un autre âge.

L'Empereur a, comme on sait, aboli toutes ces formalités archaïques :

Just. (530), C. 8, 47 (48), *de adopt.*, 11[1] :

> Veteres circuitus in adoptionibus, quae per tres emancipationes et duas manumissiones in filio aut per unam emancipationem in ceteris liberis fieri solebant, corrigentes sive tollentes censemus licere parenti, qui liberos in potestate sua constitutos in adoptionem dare desiderat, sine vetere observatione emancipationum et manumissionum hoc ipsum actis intervenientibus apud competentem iudicem manifestare, praesente et eo qui adoptatur et non contradicente, nec non eo qui eum adoptat.

Cette constitution réduit les conditions de forme au

---

1. Résumé aux Inst. 1, 12, *quib. mod. ius potest. solv.*, 8.

minimum en demandant simplement aux deux pères de se présenter avec l'enfant à adopter devant le juge compétent, d'y faire les déclarations nécessaires et de faire transcrire l'acte aux registres du greffe.

L'Empereur ne se donne pas la peine de détailler les déclarations nécessaires que Théophile[1] ramène à une formule des plus simples, au prononcé par le père naturel des mots :

τόνδε δίδωμι εἰς θέσιν τῷδε (hunc ego illi in adoptionem do).

Le silence de Justinien à cet égard n'est-il pas la preuve décisive qu'il entend se référer entièrement à la pratique[2] ? Or la pratique érigée par lui en règle obligatoire est uniquement celle de l'Orient.

Le fait est incontestable que ces formes, si simples à côté de celles du droit romain, n'ont rien de romain et ne révèlent pas un progrès du droit romain lui-même. Le changement est venu — pour l'adoption comme pour l'émancipation — de la coutume de l'Orient que l'Empereur a rendue légale[3]. C'est ce que montre de la façon la plus claire la comparaison du Code avec le Coutumier syro-romain[4].

Le Coutumier exige la présence de l'ἡγεμών, le président de province (c'est le *iudex competens* du Code), une

---

1. Théoph., *Paraphr. Inst.* 1, 12, 8 (éd. Ferrini, p. 61, l. 31).

2. Bruns (dans Bruns et Sachau, *Syr.-röm. Rechtsbuch*), p. 223.

3. Bruns, *op. cit.*, p. 223; Girard, p. 191; et surtout C. Gunnar Bergman, *Beiträge zum röm. Adoptionsrecht* (Lunds Universitets Årsskrift), Lund, 1912, p. 10 et s.

4. Livre syro-romain, L. 52 = R. II 100 (textes antérieurs à Justinien); Ar. 99 et Arm. 98 présentent quelques variantes dérivant du droit local (le passage manque dans P). Voici la traduction de L. 52... : *Si vero persuaserit vir socio suo ut det sibi filium unum ex liberis eius, decet eum coram* ἡγεμόνι *dare eum filium suum, dum solvit eum a manu sua et subditum facit eum in* νόμῳ *liberorum ei, cui dat illum. Et scribuntur testationes, quae vertuntur* ὑπομνήματα, *et erunt ratae scripturae utrique parti. Sine vero rege vel iudice non ratae habentur scripturae de hoc negotio* trad. Ferrini, *Font. iur. rom. anteiust.*, 2ᵉ part., p. 654).

déclaration de mise hors de la main [1], d'émancipation, par le père naturel et une déclaration de soumission au père adoptif [2] d'après la « loi des enfants » [3] (c'est à tout cela que Justinien fait allusion en termes vagues par les mots *hoc ipsum manifestare*), l'enregistrement aux ὑπομνήματα, c'est-à-dire au registre du greffe du président de province (ce sont les *acta intervenientia* du Code) [4].

Par contre, Justinien, en opérant sa réforme, s'est mis volontairement en opposition complète avec le droit romain véritable, celui de l'époque classique et celui du vi[e] siècle encore, lequel, selon toute vraisemblance, continuait à pratiquer le formalisme compliqué et archaïque de l'adoption (le commencement de la constitution même de réforme montre, croyons-nous, ce formalisme ancien encore usité en Orient) [5]. Il est regrettable que nous ne puissions pas faire la contre-épreuve par le Bréviaire d'Alaric, comme la facilité en est donnée pour l'émancipation dont il va être question.

---

1. Cette périphrase désigne techniquement l'émancipation, comme on le verra au § II.

2. La double déclaration d'émancipation et de soumission semble avoir été orale (Cf. Théoph., *loc. cit.*). Il est probable que, pour la preuve, chacun des deux pères recevait une copie des ὑπομνήματα, des *acta*. Ar. 99 le déclare expressément. C'est sans doute ce que veulent dire L. 52 et R. II 100, dans la phrase : « Les documents sont valables pour les deux parties ».

3. La « loi des enfants » indique évidemment que le père adoptif traitera l'adopté comme son fils propre : cette « loi des enfants » est tout à fait une expression grecque (Cf. κατὰ τὸν τοκῶν νόμον, κατὰ τὸν παραθηκῶν νόμον et le νόμος τῶν ἀρραβόνων dans les papyrus). Elle apparaît non point en nom, mais en fait dans le seul acte d'adoption conservé, le P. Lips. 28 (an. 381), ll. 18-19 (Mitteis, *A. P. F.*, t. [III, p. 173 et s.; *Grundzüge*, t. II, 1, p. 274-275; 2, n° 363) contrat privé d'adoption selon le droit grec.

4. Le terme ὑπομνήματα est pris ici comme synonyme de ὑπομνηματισμοί, ce qui n'est pas contraire à l'usage des papyrus (U. Wilcken, Ὑπομνηματισμοί, *Philologus*, t. LIII, p. 103).

5. La discussion du texte viendra plus loin, Ch. III, Sect. I, § 1.

§ II. — **Les Formes de l'émancipation.**

Les formes de l'émancipation, dont le cérémonial consistait en trois émancipations et trois affranchissements pour le fils (en une mancipation et un affranchissement pour les autres *liberi*), sont complètement changées par la constitution connue de

Just. (531), C. 8, 48 (49), *de emanc. liber.*, 6 [1] :

> Cum inspeximus in emancipationibus vanam observationem custodiri et venditiones in liberas personas figuratas et circumductiones inextricabiles et iniuriosa rhapismata, quorum nullus rationabilis invenitur exitus, iubemus huiusmodi circuitu in posterum quiescente licentiam esse ei, qui emancipare vult, vel ex lege Anastasiana hoc facere vel sine sacro rescripto intrare competentis iudicis tribunal vel eos adire magistratus, quibus hoc facere vel legibus vel ex longa consuetudine permissum est, et filios suos vel filias, nepotes vel neptes vel deinceps progeniem in potestate sua constitutam a sua manu dimittere et legitima iura omnimodo habere, etsi non specialiter haec sibi servaverit, et peculium donare vel alias res liberalitatis titulo in eos transferre, et eas res, quae adquiri indignantur, per usum fructum secundum nostrae constitutionis modum detinere et omnia facere, vana tantummodo secundum quod dictum est observatione sublata.

Voulant réaliser le même dessein de simplification que dans l'adoption, Justinien supprime d'abord les solennités anciennes qu'il juge avec raison trop compliquées et sans portée, et sur lesquelles nous ne nous arrêterons pas

---

1. Résumé aux Inst. 1, 12, *quib. mod. ius potest. solv.*, 6.

pour le moment[1]. Il établit à leur place, dans le cas où l'on ne recourt pas à l'Empereur, une forme très simple, plus simple même que celle de l'adoption. Il suffira au titulaire de la puissance de se présenter au tribunal du juge compétent ou d'aller trouver les magistrats accoutumés, et de faire devant eux la déclaration d'émancipation que le texte désigne par les termes techniques *a sua manu dimittere*.

Ici encore comme pour l'adoption, l'Empereur ne décrit pas la forme de la déclaration. Théophile[2] indique qu'elle consiste dans les paroles suivantes :

> τόνδε ποιῶ emancipaton καὶ τῆς ἐμαυτοῦ ἀφίημι χειρός
> (hunc emancipo meaque manu dimitto).

Il est possible aussi qu'elle prenne souvent en pratique la forme de l'acte écrit, auquel la constitution fait allusion sous le nom de *liberalitatis titulum* que Justinien n'oblige pas d'ailleurs à transcrire dans les *acta* du magistrat[3], à la différence de l'adoption. C'est dans ce *titulum* que le don du pécule ou les autres donations sont insérés.

L'origine orientale de la solennité nouvelle de l'émancipation est incontestable et incontestée; la preuve formelle résulte de la comparaison entre les décisions de Justinien et le Coutumier syro-romain[4]. Comme en matière

---

1. Voir *infrà*, Ch. III, Sect. I, § I.

2. Théoph., *Paraphr. Inst.* 1, 12, 6 (éd. Ferrini, p. 61, ll. 5-6).

3. La rédaction écrite de l'émancipation est déjà visée par Dioclétien, C. 8, 48 (49), 2 (291) et 4, 21, 11 (294). Mais l'écrit sert uniquement de preuve (Cf. C. 4, 21, 11) et ne pourrait remplacer la « solennité de l'acte » [Cf. Diocl., C. 8, 48 (49), 3 (293)]. M. Mitteis, p. 216, interprète la c. 11, C. 4, 21 (déjà citée deux fois) comme si elle contenait une allusion à une « lettre de franchise » (*Friebrief*) adressée au grec Theagenes qui, l'ayant perdue, douterait de la validité de son émancipation; en réalité la c. 11 vise la perte des *acta*, c'est-à-dire des registres du greffe. M. Mitteis a le tort de confondre les *acta* et l'*instrumentum* que la c. 11 distingue elle-même avec soin [Voy. encore Diocl. Max (290), C. 8, 47 (48), 4].

4. Bruns, *loc. cit.*, p. 183-184; Girard, p. 191; Ferrini, *Font. iur. rom. anteiust.*, 2ᵉ part., p. 642, n. 2. M. Mitteis, p. 216-217, porte son attention

d'adoption, on croirait que la constitution de réforme copie
le texte même du Coutumier [1].

En effet, la présence du juge est exigée par les deux textes
à la fois. En revanche, ni l'un ni l'autre n'exigent la
transcription aux *acta ;* l'émancipation dans les deux textes
s'effectue par un écrit (le *liberalitatis titulum* du Code) où
sont contenues les donations reproduisant la lettre de franchise, d'origine indubitablement grecque, dans laquelle
prennent place normalement les dons faits à l'émancipé
devant le juge. Ici encore on peut observer que si Justinien
n'expose pas le libellé du *titulum* [2], c'est qu'il lui plaît de se
référer tacitement à la pratique dont le Coutumier syro-
romain est le fidèle témoin.

D'ailleurs, pour corroborer les données précédentes, la
contre-épreuve est possible. Non seulement la constitution
jure avec le droit romain classique, mais même elle s'oppose nettement au droit romain encore en-vigueur au
VIe siècle, tant en Orient (ainsi qu'il résulte du commencement du texte) qu'en Occident où le Bréviaire d'Alaric [3]

---

sur l'origine grecque du passage du Coutumier et néglige les rapports connus
avec la législation de Justinien.

1. Le passage en question est contenu dans L. 3, R. II 21, P. 23, Ar. 21,
Arm. 15. La traduction de l'alinéa de L. 3 qui nous intéresse est la suivante : *Si velit vir liberare filium suum vel filium filii sui vel filios suos
vel filios filiorum suorum scribit <coram iudice> eis liberationes, his
testando « in omni re eos honore se esse prosecutos et in omni voluntate sibi
famulatos fuisse et se pro tali honore eos solvere a subiectione, qua sunt
sub manibus suis, coram iudice, ut liberi sint ob omni famulatu », et si
velit dare eis dona, coram iudice dat eis...* (trad. Ferrini, *Font. iur. rom.
anteiust.,* 2ᵉ part., p. 642). Les deux mots *coram iudice* que nous rétablis-
sons ont été omis par le scribe de L; ils se trouvent dans R. III 3, manuscrit de la famille de L, dans R. II, manuscrit antérieur à Justinien comme L,
et dans les autres manuscrits. Il n'est pas inutile de rappeler qu'avant de
traduire le ms. L, Ferrini avait traduit le ms. P (*Beiträge zur Kenntniss
des sog. röm-syr. Rechtsbuches, Z. S. S.,* t. XXIII, 1902, p. 114-143). Ces
deux traductions du regretté savant italien seront toujours suivies par nous
de préférence à celle de Sachau, à raison de sa parfaite connaissance du droit.

2. Sur les analogies du contenu de la lettre de franchise avec les décrets
de proxénie, cf. Mitteis, p. 217.

3. *Epitome Gai,* 1, 6, 3. — Voy. *infrà,* Ch. III, Sect. I, § II.

continue à mentionner les formes archaïques de l'émancipation, cependant accommodées aux temps nouveaux. Il paraît donc inutile d'insister sur l'origine orientale de la réforme byzantine.

§ III. — Les Formes du « receptum arbitri ».

Une constitution expresse de Justinien sur le *receptum arbitri*, le compromis, déclare de la façon la plus nette qu'il s'approprie la coutume des Grecs relative aux formes de cette convention.

Just. (529), C. 2, 55 (56), *de receptis*, 4, 6 :

> Si quis autem post arbitri definitionem subscripserit ἐμμένειν vel στοιχεῖν vel πληροῦν vel πάντα ποιεῖν vel διδόναι (Graecis enim vocabulis haec enarrare propter consuetudinem utilius visum est), etsi non adiecerit ὁμολογῶ, et sic omnimodo per actionem in factum eum compelli ea facere quibus consensit, qualis enim differentia est, si ⸴ huiusmodi verbis etiam ὁμολογῶ adiciatur vel huiusmodi vocabulum transmittatur?

Ce texte n'appelle pas de commentaire[1]. Il suffit de faire remarquer qu'il cadre bien avec la pratique, car les termes grecs les plus expressifs visés par l'Empereur en première et en seconde ligne, ἐμμένειν et στοιχεῖν, se rencontrent dans les quelques Papyrus byzantins qui contiennent un compromis[2].

---

1. G. Ferrini, *La degenerazione della stipulatio* (*Atti del R. Istit. Veneto*, etc., t. LXIX, 1909-1910, 2e partie, p. 758-759), confondant πληροῦν « accomplir » et πληροφορεῖν croit à tort que ce terme se réfère à la *notificatio epistulae* (Cf. déjà C. Karsten, *Die Lehre vom Vertrage bei den ital. Iuristen des Mittelalters*, Rostock, 1882, p. 83).

2. Mitteis, *Grundzüge*, t. II, 1, p. 276, cite : P. Lond., 2, p. 335; 3, n° 992 (p. 253) (an. 507) (Mitteis, *op. cit.*, t. II, 2, n° 365, p. 408) (le titre des arbitres σχολαστικοὶ φόρου Θηβαίδος correspond au titre latin *scholastici fori Thebaïdis*); B. G. U. 309 (an. 602) et 315 (ép. byz.).

SECTION II

LA « LITTERARUM OBLIGATIO »

A la différence des formes précédentes dont l'origine
hellénique est mise hors de conteste par l'étude plus
approfondie des coutumes de l'Orient, la *litterarum obligatio* mentionnée aux Instituts de Justinien n'a pas
bénéficié du progrès de nos connaissances sur ce terrain.
La doctrine, sauf quelques exceptions notables[1], continue
à repousser l'existence d'un contrat se formant *litteris*
chez les Byzantins et à regarder le passage des Instituts
comme une méprise volontaire de ses rédacteurs. Chose
surprenante, elle n'a pas changé de position, quoique les
découvertes récentes établissent de la façon la plus formelle que, dans le droit grec et dans le droit gréco-égyptien,
l'écrit[2] obligeait par lui-même en vertu de la fiction du
δάνειον, d'une façon abstraite[3].

---

1. Nous faisons allusion aux articles de MM. Ferrari et Binder, signalés
plus loin, p. 60, n. 1.

2. Sur les différentes formes des titres juridiques (*Urkunden*) en usage dans
le monde grec, gréco-romain et byzantin, voy. aujourd'hui les pages excel-
lentes et la bibliographie copieuse de Mitteis, *Grundzüge*, t. II, 1, p. 47-89.

3. Le caractère abstrait des actes mis en lumière par Mitteis, *Reichsrecht u. Volksrecht*, p. 459-485, est maintenant reconnu par la grande
majorité des auteurs; voy. le résumé du même savant, *Grundzüge*, t. II, 1,
p. 116-117; ajouter à la bibliographie, Frese, *op. cit.*, p. 22-24.

La question rentre tout à fait dans notre sujet de savoir si, en harmonie avec ces découvertes nouvelles, le texte de Justinien ne peut pas recevoir une explication qui lui donne un sens dans le système général du droit byzantin, c'est-à-dire d'un droit qui n'est ni le dernier terme du droit romain, ni l'aboutissement du droit hellénique, mais qui, suivant les expressions très justes de M. Ferrari[1], « élaboré par des Grecs dans le milieu hellénisé de l'Orient et peu adapté à une défense heureuse du droit romain dans sa pureté classique » représente sur la question en jeu « une tentative de conciliation entre les droits des deux nations civilisées de l'antiquité ». Pour faire comprendre la *litterarum obligatio*, la tâche fondamentale consiste précisément à établir dans quelle mesure la conciliation s'est produite entre le droit romain et la pratique grecque.

Le passage qui nous intéresse est, comme on sait, le texte des

Inst. 3, 21, *de litt. oblig.*, un. :

Olim scriptura fiebat obligatio, quae nominibus fieri dicebatur, quae nomina hodie non sunt in usu. Plane si quis debere se scripserit, quod numeratum

---

1. Nous empruntons ces expressions à l'essai de justification qui concorde avec le nôtre et qui vient d'être présenté par Giannino Ferrari, libero docente à Padoue, dans une communication sur *L'obbligazione letterale delle Istituzioni imperiali* faite le 3 juillet 1910 au R. Istituto Veneto (*Atti del R. Istituto Veneto*, etc., t. LXIX, 1909-1910, 2ᵉ partie, p. 1195-1242). Cette étude est inséparable de deux autres travaux de l'auteur, un important volume (qui forme le 4ᵉ cahier du *Byzantinisches Archiv*), *I documenti greci medioevali di diritto romano dell'Italia meridionale e loro attinenze con quelli bizantini d'Oriente e coi papiri greco-egizii* (Leipzig, 1910), et une première communication faite le 13 février 1910 au R. Istituto Veneto, *La degenerazione della stipulatio nel diritto intermedio e la clausola « cum stipulatione subnixa »* (*Atti*, même vol., p. 743-796). Récemment aussi le sujet a été repris par J. Binder, *Das justinianische Litteralkontrakt*, dans les *Studi in onore di Biagio Brugi*, Palerme, 1910, p. 339-363 ; mais cet article peut être négligé par nous, car il cherche plutôt à démontrer l'existence d'un contrat littéral général confondu avec le contrat verbal qu'à interpréter le passage des Institutes.

ei non est, de pecunia minime numerata post multum
temporis exceptionem opponere non potest : hoc
enim saepissime constitutum est. Sic fit, ut et hodie,
dum queri non potest, scriptura obligetur : et ex ea
nascitur condictio, cessante scilicet verborum obligatione..... ·

L'Empereur commence par constater que le contrat
litteris des Romains n'est plus en usage. Mais il reconnaît
cependant que, de son temps, l'écriture peut obliger encore
dans un cas unique : lorsque l'écrit qui constate le prêt ne
peut plus être attaqué par la *querela non numeratae pecu-*
niae. Le débiteur qui a laissé passer le délai de deux ans
sans protester est passible de la *condictio,* quoiqu'il n'ait
pas promis par stipulation.

Il n'est pas douteux que ce cas particulier, où le débiteur
se trouve tenu par l'écriture, est en opposition complète
non seulement avec le droit romain classique dans lequel,
en dehors du vieux contrat *litteris,* l'écriture n'a jamais
pu obliger *contra fidem veritatis*[1], mais aussi avec le droit
de Justinien lui-même qui est demeuré conforme en principe au droit romain classique. Cela n'a rien qui doive sur-
prendre. Deux raisons rendent compte de l'antinomie.
D'une part, la *litterarum obligatio* constitue une obligation
exceptionnelle, dérogeant au droit commun, et, d'autre
part, les considérations de textes comme la connaissance
plus complète des actes de pratique s'accordent pour
montrer que la *litterarum obligatio* de Justinien ne se
rattache pas au droit romain, mais qu'elle cadre mieux
avec la conception grecque de l'acte écrit[2]. Nous reviendrons sur le premier point après avoir insisté comme il
convient sur le second.

---

1. Alex. Sev. (229), C. 4, 31, 6 = C. 5, 21, 1 et C. 8, 32 (33), 2 (s. d.).
2. Sur les deux conceptions opposées qui se relient aux conceptions
mêmes de la source du contrat (forme chez les Romains, volonté chez les
Grecs), cf. Ferrari, *loc. cit.,* p. 1197-1198.

I. — Le lien entre les Institutes et le droit grec ressort nettement de leur comparaison avec le passage connu visant le droit des pérégrins (Grecs) de

Gaius, 3,134 :

> Praeterea litterarum obligatio fieri videtur chirographis et syngraphis, id est si quis debere se aut daturum se scribat; ita scilicet si eo nomine stipulatio non fiat. Quod genus obligationis proprium peregrinorum est.

Les Institutes de Justinien n'ont fait que reproduire les éléments essentiels de Gaius[1]. Dans l'un et l'autre texte, le contenu de l'acte écrit est le même : le débiteur reconnaît *se debere* en dehors d'une stipulation. Il importe peu que la double forme du chirographe et de la συγγραφή de Gaius (c'est-à-dire sans doute la forme subjective et la forme objective) ait été réduite dans le texte de Justinien à la forme du chirographe, la seule pratiquée chez les Byzantins[2], la seule que Théophile[3] indique comme toujours employée par le débiteur :

> ἐδανεισάμην ἐγώ..... παρὰ τοῦδε καὶ ταῦτα ἐποφείλω
> (mutuum accepi..... ab illo, et haec illi debeo).

A première vue, le fondement et l'origine de la *litterarum obligatio* des Institutes sont donc incontestablement helléniques.

Pourtant, le concept des Byzantins diffère profondément du concept des Grecs et cela à deux égards. D'abord, tandis que le chirographe et la συγγραφή de Gaius sont des actes abstraits, au sens le plus moderne du mot, c'est-à-dire des

---

1. La même impression résulte de la comparaison avec le fameux passage du Pseudo-Asconius (*In Verr.* 2, 1, 37), autant, du moins, que ses commentateurs y ont apporté un peu de clarté (Cf. Mitteis, p. 468-469).

2. Mitteis, *Grundzüge*, t. II, 1, p. 87.

3. Théoph., *Paraphr. Inst.* 3, 21, un. (éd. Ferrini, p. 349, ll. 14-16) (Cf. Ferrari, *loc. cit.*, p. 1200-1201).

actes pouvant enfermer toutes les promesses possibles, l'acte
dont traite Justinien est un acte qui ne contiendra jamais
qu'un prêt écrit[1]; en ce sens, il sera concret, quoiqu'obligeant
sans cause. En second lieu, tandis qu'en droit grec l'obligation résultant de l'écrit naît *de plano* à la charge du débiteur, l'obligation, en droit byzantin, naîtra seulement si le
débiteur a négligé de mettre en mouvement la *querela non
numeratae pecuniae*.

Ce sont ces deux différences profondes qui constituent
l'originalité du droit de Justinien et qui montrent qu'il ne
continue pas purement et simplement le droit hellénique.
D'où provient son originalité caractéristique?

Il est aisé d'en découvrir la source dans l'influence du
droit romain, et plus précisément dans la réaction de la
querela sur la pratique grecque[2]. Par là seulement on peut
expliquer les restrictions que la conception grecque de la
force obligatoire de l'écrit a subies dans les deux sens où
nous la voyons limiter : d'une part, à l'égard des contrats
qui engendrent l'obligation littérale, — puisque Justinien
n'applique sa théorie qu'au seul contrat de *mutuum*, —
d'autre part, à l'égard du temps, — puisque le débiteur n'est
obligé qu'à l'expiration du délai de deux ans.

Les deux innovations se comprennent en effet si l'on
tient compte à la fois du fait fondamental que la *querela*,
produit du droit romain provincial inconnu du droit grec
et postérieur à Gaius, s'applique dans sa fonction la plus
ancienne, sous le nom de *querela non numeratae pecuniae*, au contrat de prêt uniquement, et du fait fondamental
aussi que notre texte a pour objet d'étendre au chirographe
de prêt sans stipulation la disposition du droit de Justinien
— purement romaine celle-là — relative à la stipulation de
prêt[3]. En d'autres termes, la *litterarum obligatio* des Insti-

---

1. Ferrari, *loc. cit.*, p. 1201-1202.
2. Cette répercussion de la *querela* n'est pas développée par M. Ferrari.
3. Inst. 4, 13, *de except.*, 2.

tutes représente exactement la conciliation entre le concept grec de l'écrit et la théorie romaine de la *querela* ou, si l'on préfère, l'acceptation par Justinien en une matière unique, le prêt, du principe grec de l'écrit obligatoire *in abstracto* tempéré par l'adoucissement de la *querela*.

Le processus historique des changements survenus en notre matière entre Gaius et Justinien peut vraisemblablement se reconstituer ainsi. Le droit impérial du Haut et du Bas-Empire n'a pas pu étouffer, malgré ses efforts connus[1], la conception hellénique de l'écrit obligatoire. Tout ce qu'il a pu faire pour sauvegarder le débiteur, c'est de lui appliquer le bénéfice de la *querela* imaginée d'abord en faveur de débiteurs traités aussi rigoureusement que lui, les débiteurs engagés par stipulation, suivant le droit romain. Faute de pouvoir extirper la conception grecque qui répugnait au droit romain, le droit impérial a transigé avec elle et a étendu aux chirographes sans stipulation, ou aux συγγραφαί δανείου formelles, la protection romaine de la *querela*, comme plus tard la *querela non numeratae dotis* sera accordée contre les *syngraphae nuptiales* avec reçu fictif[2].

C'est cette conciliation entre la tradition grecque indéracinable et l'innovation romaine qu'enregistre législativement Justinien dans un texte qui, pour être compris, est inséparable de ses précédents historiques grecs ou romains.

II. — Mais, qu'on le remarque bien, le fait même que l'instrument de la réforme a été la *querela non numeratae pecuniae* suffit à montrer le caractère exceptionnel de la *litterarum obligatio* apparaissant dans un exemple unique. De même que cette obligation ne représente pas la tradition grecque complètement, de même elle ne ressuscite pas le vieux contrat *litteris* des Romains. L'erreur des anciens auteurs, comme Saumaise, et celle des rares modernes qui le suivent encore, c'est de tirer des

---

1. Voyez les constitutions citées par Frese, *op. cit.*, p. 23, n. 78.
2. Ferrari, *loc. cit.*, p. 1203-1204.

Institutes un « nouveau contrat *litteris* » d'envergure illimitée, aussi large que celle du contrat *litteris* romain. Cette exagération compromet leur thèse; nous nous garderons d'y retomber. Nous adhérons, au contraire, complètement aux principes posés par les auteurs les plus nombreux du temps présent, qu'il n'y a pas de « nouveau contrat *litteris* » dans les Institutes, que le fait seul de l'écriture ne suffit pas à engendrer une dette *litteris*, que le chirographe byzantin n'est qu'un simple acte probatoire, même le chirographe constatant un prêt quand le souscripteur a pris soin de faire la *querela*. Nous irons même plus loin qu'eux dans l'ordre des preuves en affirmant que cette doctrine, formulée par le Digeste et le Code, est confirmée par le texte des Institutes sur la *litterarum obligatio*, pour la raison qu'il prévoit un cas d'exception, naturellement dérogatoire à la règle générale.

Cependant, comme sur ce cas spécial nos idées vont directement à l'encontre de la doctrine régnante en se proposant de dissiper la prétendue confusion volontaire de Justinien entre la preuve et la source de l'obligation, nous n'estimerions pas suffisant, à l'exemple de M. Ferrari, de les asseoir sur la base du processus historique indiqué plus haut. Notre propre opinion n'acquerra toute sa force qu'après un examen critique des arguments historiques ou rationnels sur lesquels la doctrine dominante s'appuie pour repousser le témoignage formel des Institutes.

La doctrine générale, à la suite de Gneist, croit arriver à détruire la base même du texte de Justinien en enlevant toute autorité au texte parallèle de Gaius. Elle déclare que, quoi qu'en dise Gaius, les chirographes et les *syngraphae* des pérégrins ne sont pas assimilables au contrat *litteris* des Romains, et ne sont que de simples titres probatoires[1]. Sur cet argument historique il n'y a pas lieu de s'arrêter longtemps parce que l'interprétation du texte

---

1. Cf. Girard, p. 501-502.

fondamental de Gaius n'est plus aujourd'hui dans l'état où Gneist l'avait mise. M. Mitteis[1] l'a reprise avec une compétence souveraine, et, par sa connaissance profonde des sources grecques et des papyrus, il a fait tomber le système de Gneist. Il en revient donc à rendre à Gaius et au Pseudo-Asconius leur autorité touchant le caractère obligatoire de l'écrit en droit grec. On pourrait penser qu'en conséquence de ces idées M. Mitteis restituerait au texte de Justinien la base qui lui avait été indûment enlevée. A défaut de lui-même qui n'examine pas le droit de Justinien, ceux qui acceptent ses vues sur le droit classique et le droit grec devraient, semble-t-il, ne pas reculer devant le rejet de la théorie complète de Gneist comme nous nous proposons de le faire. Mais M. Mitteis s'est arrêté en chemin, et ceux qui l'ont suivi n'ont pas été plus loin que lui. S'il se sépare de Gneist au sujet du droit classique, il croit possible d'accepter sa conception pour le Bas-Empire; il méconnaît, comme Gneist, l'existence après l'époque classique de toute *litterarum obligatio* quelconque, au sens véritable du mot, c'est-à-dire d'un contrat obligeant par l'écriture même. Pour lui, en dépit des apparences, les contrats grecs obligeant *litteris*, tels que les présente Gaius, ont disparu avec la constitution de Caracalla extensive de la cité romaine aux pérégrins.

C'est donc à la thèse de M. Mitteis — qui a remplacé sur ce point celle de Gneist — qu'il faut s'attaquer aujourd'hui pour rétablir la filiation qu'elle brise entre le passage de Gaius et celui de Justinien. La base de la discussion doit être déplacée et transportée du droit classique au Bas-Empire. La matière même de la discussion change aussi, puisqu'il s'agit de se faire une opinion non plus sur la *litterarum obligatio* des Institutes que nous abandonnons pour un moment, mais sur la *litterarum obligatio* en

---

1. Mitteis, p. 468-485 (résumé dans *Grundzüge*, t. II, 1, p. 117, et dans Girard, p. 502, n. 1).

général. Nous allons avoir à démontrer que la conception de M. Mitteis relative à celle-ci n'a aucune répercussion sur la *litterarum obligatio* de Justinien, et à prouver, suivant les vues exposées plus haut, qu'en la resserrant dans les limites très étroites que lui assignent les Institutes, il n'est pas impossible de la sauver du reproche courant d'insignifiance et d'inutilité.

Le point de départ de M. Mitteis[1] est que le contrat écrit sans stipulation des pérégrins, demeuré en vigueur dans le monde oriental après la conquête romaine, disparut de la pratique par l'effet de la constitution de Caracalla. L'agent de cette décadence — ou mieux de cette transformation — fut la stipulation dont les progrès en Orient s'accentuèrent surtout après 212. Son rôle, si étendu qu'il confine à l'abus, s'explique par le fait que la stipulation ne fut pas acceptée sans modification en Orient. Elle perdit sa signification propre de contrat *verbis*, et, adjointe comme un passe-partout à toutes sortes d'actes, elle se pratiqua sous la forme d'un contrat écrit[2]. De là résultent deux choses. D'abord il s'ensuit que la force proprement obligatoire des titres écrits doit être cherchée encore après Caracalla là où elle se trouvait auparavant — sans que le nouvel « ornement », la stipulation, y change rien, — c'est-à-dire dans l'écrit qui reste toujours l'élément prépondérant, cet écrit prenant d'ailleurs de plus en plus la forme du chirographe avec souscription autographe du débiteur ; c'est en définitive le concours de trois éléments, « la volatilisation du concept de la stipulation, l'augmentation de l'importance juridique de la forme écrite, enfin la souscription de l'obligé » qui produit la renaissance de la *litterarum, obligatio* au Bas-Empire. Mais, en second lieu, dans cette renaissance, pour M. Mitteis comme pour Gneist, le fondement juridique véritable de l'obligation écrite n'est pas

---

1. Mitteis, p. 485 et s.
2. Mitteis, p. 492-498.

l'écriture, c'est toujours une stipulation réelle ou feinte. M. Mitteis croit le prouver par la confusion qui s'établit entre la stipulation et les *pacta nuda* (pourtant toujours séparés en théorie). Cette confusion, dit-il, n'est pas toujours évitée dans les actes officiels, par exemple dans une constitution de 406 où on lit : *Si quis debiti, quod vel ex fenore vel mutuo data pecunia sumsit exordium vel ex alio quolibet titulo in litterarum obligationem facta cautione translatum est... dirigat actionem...*[1]. Elle est encore beaucoup plus remarquable dans le passage où Théophile commente le titre des Instituts *de litt. oblig.* « Quoique Théophile, comme la suite même du titre le montre, sût très bien que l'élément obligatoire d'une *cautio* est la stipulation, il lui est cependant arrivé de donner du contrat littéral des temps classiques l'exemple suivant : Quand quelqu'un veut nover une dette naissant d'un prêt, d'un achat, d'un louage ou d'une stipulation en une dette littérale, on disait et on écrivait ceci : « centum aureos, quos mihi ex causa locationis debes, expensos tibi tuli »; εἶτα ἐνεγράφετο ὡς ἀπὸ τοῦ ἐνόχου ἤδη γενομένου ἐκ τῆς μισθώσεως ταῦτα τὰ ῥήματα· « expensos mihi tulisti ». καὶ ἡ μὲν προτέρα ἥτις ἦν ἐνοχὴ ἀπεσβέννυτο, καινοτέρα δὲ ἐτίκτετο, τουτέστιν ἡ litteris. αὕτη δὲ ἐκ τοῦ ἐν γράμμασιν εἶναι τὴν ὀνομασίαν ἐδέξατο.....[2] (deinde adscribebantur ab illo qui iam ex locatione antea obligatus erat haec verba : « expensos mihi tulisti », et prior quidem obligatio exstinguebatur, nova autem gignebatur, id est litteris. haec vero cum litteris conciperetur, inde appellationem duxit...). En fait, l'exposé de Théophile ne contient rien qu'une stipulation écrite; qu'il la présente comme un contrat littéral, cela prouve que la confusion était alors pour ainsi dire dans l'air »[3]. Ainsi s'exprime M. Mitteis.

---

1. Arc., Hon. et Théod., C. Th. 2, 4, *de denunt. vel edit. rescr.*, 6.
2. Théoph., *Paraphr. Inst.* 3, 21, un. (éd. Ferrini, p. 349, ll. 3-8).
3. Mitteis, p. 495-496.

Quelle est la valeur de cette doctrine? Elle est, à notre avis, trop absolue. S'il est indéniable que la stipulation écrite a joué en Orient le rôle considérable qu'a excellemment déterminé M. Mitteis, on peut contester pourtant que tout acte écrit soit regardé au Bas-Empire comme une *litterarum obligatio* ayant nécessairement pour base, à défaut d'une stipulation réelle, une stipulation feinte.

Reprenons les deux arguments qu'invoque l'auteur : la constitution de 406 et le passage de Théophile.

Pour la constitution de 406, elle montre sans équivoque possible le rapport entre la *litterarum obligatio* et la stipulation. Mais, en bonne critique, l'argument qu'il convient d'en tirer ne doit pas dépasser la portée du texte même. Comme le déclare M. Mitteis, il ne faut pas songer ici à un véritable contrat littéral; il n'entre pas dans l'esprit des Empereurs que tout écrit soit une *litterarum obligatio*. Il faut reconnaître qu'il y a là une expression abusive pour désigner la stipulation écrite et y voir simplement une « *cautio* stipulée »[1]. Cette expression ne veut donc rien dire de plus que ce qu'elle dit abusivement; elle n'a rien de commun avec la *litterarum obligatio* de Justinien qui, elle, ne s'appuie pas sur une stipulation.

Quant au passage de Théophile, il peut être aussi facilement écarté, car, quand on l'examine de près, il est impossible d'y voir ce qu'y voit M. Mitteis, c'est-à-dire une stipulation écrite. Théophile se propose de donner les formules du vieux contrat *litteris* des Romains, tombé en désuétude de son temps. Il est incontestable qu'il se trompe sur la forme même du contrat; mais, malgré ses bizarreries et ses erreurs, il est injuste de l'accabler des fautes qu'il n'a pas commises et spécialement de lui faire le reproche d'avoir confondu

---

1. Dans le même sens, P. Gide, *Études sur la novation*, Paris, 1879 p. 222, n. 1, déclare qu'il ne s'agit nullement ici de la « nature même de» l'obligation ».

le contrat *litteris* avec la stipulation écrite. Il n'y a nullement chez lui une interrogation du créancier et une
réponse du débiteur[1], ce qui eût alors supprimé l'utilité
même du contrat, la possibilité de le faire entre absents.
Théophile aurait été bien naïf de ne pas s'apercevoir de la
contradiction. Mais qu'on relise son texte et l'on s'apercevra
que le contrat *litteris* ne se fait pas, selon lui, par une interrogation et une réponse comme la stipulation. Le créancier
dit et écrit, « *centum aureos... expensos tibi tuli* », il n'in-
terroge pas; le débiteur écrit seulement : « *expensos mihi
tulisti* ». Donc ils ne sont pas en présence l'un de l'autre,
et il n'y a pas ici de dialogue comme dans la stipulation.
En outre, on n'a pas remarqué que si ces deux formules
constituaient réellement les deux parties d'une stipulation,
la prétendue stipulation de Théophile — qui se serait faite
déjà sans interrogation, chose extraordinaire — serait une
stipulation renversée ; elle serait bâtie sur un thème absolument inverse du thème normal de la stipulation, puisque
le créancier y exprime son droit à la première personne et
que le débiteur y parle à la seconde. En vérité, l'erreur
foncière de Théophile provient de son ignorance du *codex*.
En empruntant ses renseignements au seul Gaius, il s'est
imaginé que le contrat *litteris* se faisait par correspondance,
le créancier écrivant : « .... *expensos tuli* », le débiteur
répondant : « .... *expensos tulisti* ». Le procédé indiqué par
Théophile peut être qualifié à juste titre de procédé erroné ;
il n'est pas moins vrai que, dans sa bizarrerie, il diffère
totalement d'une stipulation écrite aussi bien qu'orale.

Les arguments de texte ainsi rejetés, il n'y a aucune
raison de penser qu'après 212 tout acte écrit ait été regardé
comme une *litterarum obligatio*. Il faut admettre, au
contraire, qu'au Bas-Empire encore et spécialement au
temps de Justinien, l'acte écrit, le chirographe sans stipulation, continue, suivant les principes du droit romain

___

1. Comme le croit également M. Girard, p. 499, n. 1 (*in fine*).

classique maintenus formellement par le Code, à être un simple titre probatoire [1]. Même si Justinien accorde à l'écrit, comme le Coutumier syro-romain et conformément aux usages helléniques, une place plus grande que celle qu'il tenait en droit romain, il ne s'ensuit pas qu'il en change le caractère de fond. Si l'écrit est une *cautio* — et chacun sait que l'extension de la stipulation écrite a multiplié en Orient comme en Occident le nombre des *cautiones* —, il a bien pour base la stipulation, mais la stipulation expresse. Si c'est un simple chirographe analogue à celui de Gaius et des Grecs, cet acte est resté un simple acte probatoire. Le fondement de l'obligation constatée par lui n'est pas dans la stipulation, même feinte; il n'est pas davantage dans les *litterae*. Il se prend, comme en droit romain pur, tantôt dans le *consensus* et tantôt dans la *res*. En principe donc, après la disparition du contrat *litteris*, il n'existe plus de *litterarum obligatio* générale.

Cependant un exemple de chirographe sans stipulation est déclaré par Justinien obligatoire en lui-même; c'est le chirographe de prêt, la *litterarum obligatio* très spéciale, d'application unique, dont parlent les Institutes et que nous allons examiner en détails, le terrain général étant ainsi déblayé.

Dans le passage des Institutes, la *litterarum obligatio* se présente en effet d'une façon exceptionnelle. Justinien décide que le souscripteur d'un chirographe, qui, à la suite d'une convention de prêt, a reconnu *se debere* et qui n'a rien reçu en réalité, sera obligé *scriptura*, s'il a laissé passer le délai de la *querela non numeratae pecuniae*. Contrairement au texte lui-même, la doctrine étend à ce cas la théorie

---

1. Nous n'avons pas à nous préoccuper ici du caractère obligatoire que l'écrit a pris en Occident, dans le droit romain vulgaire, puisque l'instrument de la transformation profonde opérée dans sa nature a été précisément la stipulation écrite, expresse et non feinte, la formule additionnelle *cum stipulatione subnixa.*

générale venue de Gneist qui ne voit ici qu'une application du chirographe ordinaire, de l'acte écrit ordinaire. D'après elle, l'écriture n'oblige jamais par elle-même, ni en général, ni dans notre cas particulier. Quand Justinien parle d'*obligatio litterarum*, il confond la preuve et la source de l'obligation ; en droit, le souscripteur négligent est lié, non *litteris*, mais soit par la fiction d'une stipulation, soit par le prêt, *verbis* ou *re*.

Notre conception, dont nous avons montré les origines historiques, se sépare complètement de celle-là. Il nous semble au contraire exact que, sous Justinien, il existe réellement une véritable *litterarum obligatio*, limitée du reste au cas unique des Institutes et dont la reconnaissance n'entame donc que sur un point la thèse générale exposée précédemment en concordance avec l'opinion courante.

Pour en déterminer la portée et le fondement juridique, il est indispensable de faire l'exégèse du texte. Il importe de montrer deux choses : 1° que, s'il a pris soin de protester par la *querela*, le souscripteur de l'écrit mensonger n'est tenu en aucune manière ; 2° qu'au contraire, à l'expiration du délai de deux ans, il devient par sa négligence obligé et obligé *litteris*.

Ces deux notions nous paraissent démontrées aussi nettement que possible[1], si l'on prend soin de mettre en parallèle avec notre cas le second cas d'application de la *querela* prévu aussi aux Institutes[2], le cas où l'emprunteur qui n'a rien reçu avait promis par stipulation. Dès qu'il s'est plaint dans le délai de protection, le promettant par stipulation peut dire qu'il n'est pas obligé s'il n'a rien reçu, car le caractère abstrait et formel de la stipulation — qui l'eût obligé jadis même sans cause — est précisément tempéré par la *querela*. Le promettant n'est pas obligé, puis-

---

1. Ferrari, *loc. cit.*, p. 1205, se contente de les affirmer et n'institue pas la démonstration faite par nous.
2. Inst. 4, 13, *de except.*, 2.

qu'il peut faire valoir la nullité de sa promesse stipulatoire, soit par la *condictio stipulationis* (c'est-à-dire en fait par la *condictio cautionis* ou *chirographi*, puisque la stipulation est le plus souvent écrite), soit par l'*exceptio non numeratae pecuniae*[1], ces deux moyens d'attaque ou de défense étant les applications particulières des moyens généraux qui servent à la mise en œuvre des nullités en droit romain. Mais si le promettant est resté inactif pendant le délai imparti pour l'exercice de la *querela*, il est alors obligé *verbis*, sans rémission, à l'expiration des deux ans, comme il l'aurait été *de plano* avant la création de l'exception de dol prévue par Gaius[2].

Le cas visé par les Institutes dans le titre *de litterarum obligatione* cadre avec le précédent d'une façon parfaite. Lorsque l'emprunteur a reconnu la dette par écrit, sans stipulation, *cessante... verborum obligatione*, sa situation juridique passe successivement par les deux mêmes phases[3]. S'il a protesté dans le délai de deux ans, l'emprunteur n'est pas plus obligé, ni *litteris*, ni *re*, qu'il ne l'était *verbis* dans le premier cas ; la raison est toujours qu'il pouvait faire valoir la nullité du prêt pour défaut de cause par les moyens de droit commun. En revanche, s'il a gardé le silence, il est obligé *litteris*, une fois les deux ans passés, comme, au premier cas, il l'était *verbis*[4].

---

1. Je ne parle pas de la *contestatio*, — qui représente, suivant certains interprètes, un troisième moyen de faire valoir la nullité — parce que la *contestatio* est seulement une des formes de la *querela*, c'est-à-dire de la plainte extrajudiciaire préalable aux voies de droit judiciaires énoncées au texte avec lesquelles, à mon sens, il est abusif de la confondre (Voy. sur cette matière, le t. II de ces *Études*).

2. Gaius, 4, 116ª (passage correspondant à Inst. 4, 13, 2).

3. Ce cas n'était pas indiqué par Gaius, parce qu'il n'appelait aucune remarque particulière de sa part. Si le débiteur était citoyen, son écrit n'était qu'un *nomen arcarium* ; le *mutuum* étant un contrat *re*, il n'était donc jamais obligé s'il n'avait rien reçu. Si le débiteur était un Grec, il était toujours obligé *litteris*, même s'il n'avait rien reçu.

4. Ferrari, *loc. cit.*, p. 1205, admet comme nous que l'emprunteur est obligé *litteris* après l'expiration du délai et ne l'est qu'à ce moment-là. Pour

L'exégèse du texte doit se faire, en somme, dans le cas du chirographe sans stipulation comme dans le cas du chirographe stipulatoire. Tout s'explique par l'influence et la portée de la *querela non numeratae pecuniae*, — laquelle ne se donne qu'à l'encontre d'une opération formelle —, ainsi que l'établit d'une façon évidente le parallélisme des deux seules applications de la *querela non numeratae pecuniae* indiquées aux Institutes [1].

III. — Pour achever de fonder en droit l'existence réelle de l'obligation *litteris* sous Justinien dans le cas unique du chirographe de prêt sans stipulation, il nous reste à montrer, en réfutant les opinions des interprètes, que l'emprunteur, qui a laissé passer le délai, ne saurait être tenu autrement que *litteris*.

S'il ne l'était pas *litteris*, il ne pourrait l'être que *verbis* ou *re*. Est-ce exact ? Théophile écarte déjà les deux hypothèses [2] ; voici les arguments qui permettent de les réfuter :

1° Si l'on voulait soutenir que l'emprunteur est obligé *verbis*, l'emprunteur ne devrait être tenu ainsi qu'en

---

les cas où, conformément au droit grec, il l'est de suite, voy. p. 1209-1211.

1. L'assimilation d'ailleurs s'imposait ; puisqu'en pratique la stipulation revêtait toujours la forme du chirographe, le chirographe de prêt susceptible d'engendrer la *litterarum obligatio* ne différait donc de lui que par l'absence de la simple petite phrase de la stipulation : καὶ ἐπερωτηθεὶς ὡμολόγησα. Tout en admettant que les chirographes stipulatoires sont le plus répandus, comme l'Empereur lui-même le constate dans un passage relatif aux *feneraticiae cautiones,* [C. 8, 37 (38), 14, pr. (530)], on peut cependant supposer que Justinien a visé les chirographes sans stipulation, ou bien parce que ce genre d'actes n'avait peut-être pas disparu tout à fait en Orient (les Papyrus byzantins que nous possédons proviennent à peu près exclusivement d'une seule région), ou bien parce que par prudence il prévoyait le cas où la formule aurait été omise dans un chirographe.

2. Théoph., *Paraphr. Inst.* 3, 21, un. : καὶ λέγομεν ὅτι οὐδὲ ἀπὸ τῆς re δυνατὸν ἐναγθῆναι τὸ παρὸν πρόσωπον· οὐ γὰρ γέγονεν ἀπαρίθμησις, οὐδὲ ἀπό τῆς verbis, ἐπειδὴ μὴ παρόντων τῶν δύο μέρων γέγονεν ἡ ἐπερώτησις ἢ αὐτὸ τοῦτο οὐδὲ γέγονεν ἐπερώτησις [*et dicimus neque ex re conveniri eum posse (non enim numeratio facta est) neque ex verbis, cum ne praesente quidem utraque parte stipulatio sit facta aut etiam omnino non sit facta*] (éd. Ferrini, p. 349, ll. 20-24).

vertu d'une stipulation feinte, car Justinien déclare formellement qu'il n'y a pas eu de stipulation expresse : *et ex ea (scriptura) nascitur condictio, cessante scilicet verborum obligatione,* en reproduisant presque identiquement les termes de son modèle, Gaius. Mais l'idée d'une stipulation feinte paraît difficile à soutenir en dehors de la thèse de Gneist. Si en effet tel était réellement le fondement de l'obligation, il faudrait admettre que, dans le contrat *litteris* des pérégrins dont Gaius parle le premier et qui sert de modèle à celui de Justinien, le même fondement entrerait aussi en ligne de compte. Or, si à la suite de Gneist on prétend placer le fondement de la stipulation à la base de tous les actes écrits de l'époque post-classique, il est fort peu probable qu'on ferait remonter sa thèse jusqu'au temps de Gaius, puisque, à la différence de Gneist, M. Mitteis, par exemple, n'hésite pas à reconnaître dans le *genus obligationis proprium peregrinorum* un acte du droit grec véritablement obligatoire *litteris*[1], sans qu'aucune fiction de la stipulation inconnue à ce droit n'intervienne.

Pour nous, ayant écarté toute hypothèse d'un changement de régime pendant le Bas-Empire dans les chirographes sans stipulation en général, nous pouvons renouer fortement la chaîne entre les deux textes; nous continuerons à voir dans le contrat décrit aux Institutes de Justinien un acte se passant, comme l'acte grec, de l'appui d'une stipulation, même feinte.

2° L'emprunteur est-il obligé *re* en vertu du prêt? La majorité des auteurs est forcée de l'admettre à défaut de l'obligation *litteris*. C'est ce qui ressort, suivant P. Gide[2], de l'examen du problème au point de vue rationnel d'après lequel nul n'hésitera à admettre que la créance du

---

1. Mitteis, p. 482-484.
2. Gide, *op. cit.*, p. 224-228.

porteur du billet a pour fondement le prêt et non l'écriture. Et voici ses raisons.

« Il en est ainsi assurément, c'est notre texte même qui le déclare, si j'agis lorsque le billet n'a pas encore deux ans de date ; or peut-on admettre que l'expiration de ce délai opère par elle-même une sorte de novation de ma créance, et transforme une obligation *re* en une obligation *litteris*? Que par l'expiration de ce délai le *chirographum* acquière une force nouvelle, cela se conçoit aisément ; le silence du débiteur qui, dans ce délai, eût pu protester et ne le fait point, est comme un second aveu qui vient s'ajouter à celui qui résultait déjà de l'écrit lui-même, et ces deux aveux, en se confirmant l'un l'autre, forment une preuve irréfragable. Mais qu'en résulte-t-il? c'est que le prêt est légalement présumé, c'est-à-dire qu'il *existe en droit*, lors même qu'il n'existait pas en fait. Toute la force du *chirographum* n'est donc qu'une force probante »[1].

L'argumentation de Gide a plus de force apparente que de solidité réelle. Son point de départ est manifestement inexact en deux sens. D'abord Gide commet une inexactitude matérielle en disant que, d'après la déclaration du texte, mon action aura pour fondement le prêt si j'agis dans les deux ans. Justinien ne dit rien de pareil. Du reste il ne pouvait pas le dire, parce que cela est contraire à la vérité juridique telle qu'elle est établie après l'extension de la *querela* à ce cas; c'est la deuxième inexactitude de Gide. En effet, sur quoi le prêteur qui n'a rien versé et qui agit dans les deux ans pourrait-il s'appuyer pour se dire devenu créancier? Prenons successivement les deux cas où Justinien accorde la *querela*. — Au cas le plus ordinaire, celui d'un écrit avec stipulation, le demandeur s'appuiera sur les *verba;* mais quelle valeur peut avoir son attaque? La base qu'il lui donne n'a qu'une existence extérieure; elle n'a aucune force en droit. Et la preuve incontes-

---

1. Gide, *op. cit.*, p. 225.

table, c'est que, si nous nous tournons du côté de l'emprunteur, celui-ci peut dire qu'il n'est pas obligé ; car tant qu'il se trouve dans le délai légal, ou même plus tard s'il a pris soin de porter plainte en temps voulu, il lui est permis d'anéantir ou de paralyser l'action abusive du prêteur par la *condictio* ou l'*exceptio non numeratae pecuniae*. La conclusion formelle est que si l'emprunteur n'est pas obligé, le prêteur n'est pas créancier. Soutenir dans le cas de la promesse par stipulation que l'action a pour base juridique les *verba*, c'est nier l'effet propre de la *querela*. — De même, à l'égard du chirographe sans stipulation, c'est mettre de côté la *querela* que de prétendre que le *mutuum* est la base juridique de l'action abusive du porteur. En fait, celui-ci s'appuie non sur le prêt, mais sur le billet, sur les *litterae*, comme, au premier cas, il se fondait sur les *verba*. Mais en droit son attaque est-elle mieux assise que dans l'hypothèse précédente ? En aucune manière, car le souscripteur peut légitimement et pareillement faire annuler son billet. L'action n'a donc jamais pour base juridique le prêt puisque les *litterae* ou les *verba* [1] auxquels il s'incorpore sont nuls. Partant, l'idée posée par Gide comme rationnelle est à écarter parce qu'il a négligé de tenir compte des effets de la *querela*, laquelle enlève toute force quelconque à la promesse.

Si le point de départ de Gide est faux, cela ne doit-il pas rendre très contestable l'aboutissement de sa doctrine ? S'il est inexact matériellement et juridiquement que,

---

1. Peut-être dira-t-on que si toute base manque à la poursuite, le souscripteur devrait avoir une défense au fond et non une simple exception. D'abord je ferai remarquer qu'en réalité la *querela* se donne parfaitement sous la forme d'un moyen de fond, l'attaque au fond par *condictio*, puis en second lieu que si elle fonctionne sous sa forme d'*exceptio*, c'est qu'elle a été créée pour s'opposer à une action résultant de la stipulation ; l'*exceptio* a été étendue au cas du chirographe, non dans son sens technique, mais plutôt comme synonyme de défense, Gide le déclare lui-même (p. 226-227).

pendant le délai de deux ans, l'emprunteur soit obligé *re*, — attendu qu'il n'est pas obligé du tout, — à l'expiration du délai sera-t-il obligé *re*? Gide n'a pas de peine à le reconnaître puisque, selon lui, l'emprunteur l'était déjà auparavant et qu'une novation du contrat *re* en contrat *litteris* est inimaginable. De là il conclut que le silence de l'emprunteur est un second aveu qui s'ajoute au premier, qui le rend irréfragable, et d'où il résulte que le prêt existe en droit lors même qu'il n'existerait pas en fait. « Toute la force du *chirographum* n'est donc qu'une force probante ».

Mais ce raisonnement ne s'impose en aucune manière. D'abord, il n'y a pas besoin de recourir à l'idée d'une novation pour faire naître l'obligation *litteris*; l'explication la plus simple est que l'emprunteur, qui n'aurait pas été obligé du tout s'il avait fait valoir la nullité du billet mensonger; le devient directement *litteris* à l'expiration des deux ans à raison de son silence. Cela n'a rien de contraire à la vraisemblance juridique. Ensuite, la conclusion que Gide tire de ses prémisses n'est pas contenue nécessairement dans elles. Personne ne nie que le silence constitue un second aveu à côté de celui résultant de l'écrit (ou mieux un complément d'aveu), et par conséquent que le prêt est censé exister juridiquement après les deux ans. Mais cette conséquence n'entraîne aucunement la nécessité de croire que la source de l'obligation est celle qu'on indique généralement, la *res*. Sur ce dernier point la conclusion à émettre n'est pas, suivant nous, une chose rationnelle; c'est essentiellement le produit d'une conception législative. Ce qu'il faut chercher ici, c'est comment, dans le droit positif de Justinien, l'emprunteur (dont le chirographe était pendant deux ans un acte probatoire mensonger) devient obligé s'il garde le silence. Or, la réponse est déterminée par l'examen même du moyen que reconnaît l'Empereur pour protéger temporairement l'emprunteur. S'il lui donne le bénéfice de la *querela*, inventée pour combattre les effets du formalisme de la stipulation, c'est la preuve décisive que l'obligation naît *litteris* et non *re*. La *querela* étant étendue au chirographe sans stipulation, il faut en déduire que Justinien regarde l'acte écrit de prêt comme obligatoire au même titre que la stipulation, c'est-à-dire à raison de la forme [1]. L'obligation peut être annulée si le débiteur a protesté contre le prêt qui n'a pas été versé. Faute de quoi, l'acte produit son effet obligatoire simplement retardé par la concession de l'Empereur, il le produit « formellement », c'est-à-dire *litteris*, comme il l'aurait fait dès sa rédaction sans la *querela*, conformément à la conception hellénique [2].

IV. — Mais il reste encore un argument d'apparence imposante contre le texte des Institutes.

La doctrine courante depuis Gneist prétend se débarrasser de la *litterarum obligatio* en mettant en contradiction les Institutes où elle figure avec le Code et le Digeste dans lesquels elle n'existe en aucune façon. Elle la rejette en regardant le contrat *litteris* byzantin comme un « contrat postiche » qui n'a pris place aux Institutes que pour la symétrie, suivant les propres expressions de Gide [3]. La majorité des auteurs modernes, reconnaissant le caractère simplement probatoire de tous les chirographes sans stipulation du vi^e siècle, déclare que les rédacteurs, après avoir effacé soigneusement toute trace du contrat *lit-*

----

1. Il en est exactement de même des *syngraphae nuptiales*, comme le prouve l'octroi de la *querela non numeratae dotis*.

2. Tout ce qu'on peut concéder aux partisans d'une théorie « rationnelle », c'est que, dans les législations qui reconnaissent l'obligation *litteris*, le débiteur est toujours obligé en dernière analyse par un prêt fictif (comme cela existait positivement chez les Grecs ou dans le vieux contrat *litteris* des Romains); mais cela ne veut pas dire qu'il soit obligé *re*, personne ne peut le contester pour le contrat *litteris* romain, et on le conteste de moins en moins pour l'acte écrit des Grecs.

3. Gide, *op. cit.*, p. 228.

teris au Digeste, l'ont maintenu aux Instituts uniquement pour sauvegarder en façade la division quadripartite des contrats selon l'exemple de Gaius [1].

D'après les idées qui viennent d'être soutenues, on ne sera pas surpris de trouver ici expliquée autrement l'opposition — qui est réelle — entre les Instituts et les autres recueils, ni d'y rencontrer du dessein de Justinien une interprétation qui ne sera pas la méprise volontaire qu'on dénonce toujours.

Pour y arriver, il faut écarter les derniers arguments de Gneist et de M. Mitteis, les textes du Code et du Digeste qu'ils opposent aux Instituts. Voici ces arguments tels qu'ils sont résumés par M. Girard [2] : « L'existence d'une obligation littérale produite sous Justinien par le billet où le débiteur reconnaît faussement avoir reçu un prêt (*cautio, chirographum*) a particulièrement été défendue par les auteurs anciens qui voyaient dans les *chirographa* et les *syngraphae* helléniques des contrats littéraux pérégrins. L'institution du *chirographum* n'a fait, disent-ils, que passer du droit provincial dans le droit commun de l'Empire... Mais sur ce point, la réfutation de Gneist reste toujours intacte. Ainsi qu'a pris soin de le remarquer M. Mitteis, il est certain, quelle qu'ait été la nature première du *chirographum* hellénique, que le *chirographum* romain est, au temps de Justinien comme avant, un titre probatoire et non pas une source d'obligation littérale, et il est certain qu'il n'y a pas d'obligation naissant *litteris* sous Justinien. La preuve du premier point est dans les textes qui disent que les pactes constatés dans un *chirographum* restent des pactes dénués d'action au lieu de se transformer en contrats obligatoires... La preuve du second est dans le soin méthodique avec lequel les compilateurs du Digeste y ont effacé toutes les

---

1. Girard, p. 502.
2. Girard, p. 502, n. 4.

mentions des obligations nées *litteris* (v. par ex. Gaius,
D. 44, 7, *de O. et A.*, 1, 1, rapproché de Gaius, 3, 89 et
les nombreux textes cités par Gneist...) ». Les arguments
des savants allemands s'appuyant l'un sur le Code, l'autre
sur le Digeste, sont des plus forts, nous n'hésitons pas à le
dire ; ils forment masse, ils frappent avec vigueur l'esprit
du juriste. Mais ils frappent à côté de la question. Leur
poids énorme peut servir à écraser la doctrine de ceux qui
croient encore, comme le croyaient Saumaise et les anciens,
à la force obligatoire de tout *chirographum* quelconque
chez les Byzantins ; ce n'est pas notre cas, car nous avons
justement pris la précaution de nous séparer des anciens
auteurs, et nous avons plus haut adhéré formellement à la
doctrine qui conclut à l'absence d'une obligation littérale
générale dans le droit de Justinien. Donc, à l'égard du texte
spécial des Instituts, l'argumentation soutenue à grand
renfort de textes passe à côté de lui sans l'atteindre. En
voici la preuve.

Les textes du Code[1] qui, d'après M. Mitteis, laissent les
pactes constatés dans un *chirographum* dénués d'actions, ne
se réfèrent en aucune manière au prêt par chirographe dans
sa forme simple telle que la prévoient les Instituts. Suivant la thèse générale de Justinien sur le caractère simplement probatoire de l'acte écrit en général, ils restent en
dehors du cas spécial visé par le manuel scolaire.

Les textes du Digeste, invoqués par Gneist, ne sont pas
plus décisifs. L'accumulation qu'il appelle à son aide des
interpolations destinées à effacer toute trace du contrat
litteris ne suffit pas à nous convaincre que sa manière de
voir puisse légitimement s'étendre jusqu'au texte des Institutes. Les remaniements du Digeste ne prouvent pas ce que
Gneist ou ses successeurs leur font dire par rapport à la
litterarum obligatio des Instituts. En effet, les changements
opérés montrent tout simplement que Justinien ne recon-

---

1. Signalés par Girard, p. 502, n. 4.

naît plus de contrat *litteris* général, puisqu'il en efface toute trace au Digeste; donc, ils prouvent, comme ceux du Code, que Justinien n'accorde pas au chirographe en général le caractère obligatoire et ne l'assimile aucunement au vieux contrat romain. Quand on affecte de croire que le texte des Institutes a opéré l'assimilation avec lui, c'est qu'on méconnaît volontairement la nature très spéciale de ce texte contre lequel ne peut prévaloir aucun des textes rassemblés en masse pour en imposer à ses défenseurs.

Il y a plus. Les interpolations du Digeste se retournent même contre la doctrine dominante et contre son idée qu'en acceptant une *litterarum obligatio* aux Institutes, l'Empereur confondant sciemment la formation du contrat et sa preuve a voulu uniquement conserver en façade la division quadripartite de Gaius. Car, si Justinien avait eu ce dessein étroit, pourquoi aurait-il rayé le contrat *litteris* du texte du Digeste qui correspond au texte fondamental de Gaius[1]? Il l'aurait maintenu, au contraire, comme il aurait partout ailleurs maintenu les textes anciens en substituant au vieux contrat né du *codex* le prétendu nouveau contrat littéral né du chirographe.

En résumé, tout ce que démontrent Gneist et M. Mitteis, c'est qu'il n'y a plus de contrat littéral général au Digeste et au Code. A cause de cela, ils se refusent à voir une *litterarum obligatio* spéciale aux Institutes. A cause de cela aussi, le titre 21 n'est pour les modernes qu'un titre de façade. Mais leur raisonnement ne porte pas — *specialia generalibus derogant*.

Il est donc nécessaire de substituer à l'explication aujourd'hui si répandue une autre explication qui rende compte de la divergence entre le Digeste où la division quadripartite est effacée et les Institutes où elle est maintenue. La raison de la discordance est sans doute la suivante. Si les commissaires n'ont mentionné au Digeste

---

1. Gaius, 2 *aur.*, D. 44, 7, 1, 1, cf. Gaius, 3, 89.

qu'une triple division des contrats, c'est qu'ils n'avaient pas accueilli dans cette œuvre un seul texte dans lequel la *litterarum obligatio* fût mentionnée, ni l'obligation littérale générale des Romains qu'ils effaçaient partout, ni l'obligation littérale des Grecs dont les juristes, sauf Gaius, ne parlaient pas. Au contraire, les rédacteurs des Institutes ont été amenés à maintenir la quadruple division de Gaius par le fait même que leur recueil contenait un titre sur la *litterarum obligatio*. Ce titre, il n'est pas difficile d'en trouver les sources dans la combinaison du passage de Gaius avec la doctrine de la *querela*. Or, la doctrine de la *querela non numeratae pecuniae* n'est pas exposée au Digeste qui se borne à prononcer le nom de l'*exceptio*. Elle est faite uniquement au Code où Justinien la complète et d'après lequel les Institutes la reproduisent en deux endroits, dans ses deux applications dirigées contre la stipulation et contre le chirographe sans stipulation. Étant donné que la *litterarum obligatio* de Justinien est intimement liée à la théorie de la *querela*, étant donné aussi que le manuel scolaire contenait l'exposé sommaire de la *querela* tandis que le recueil pratique ne la contenait pas, il était naturel que la quatrième source des contrats figurât aux Institutes et manquât au Digeste. Ainsi Justinien peut échapper au reproche de contradiction.

On le comprendra mieux d'ailleurs si, rompant avec la doctrine absolue de Gneist, on consent à s'en tenir au texte même des Institutes. On reconnaîtra alors que la *litterarum obligatio* des Institutes n'est en aucune manière un nouveau contrat littéral général, qu'elle est au contraire limitée à un cas unique, celui du chirographe de prêt sans stipulation (cas infiniment rare en pratique puisque le chirographe stipulatoire est la règle), et enfin qu'elle a pour origine, non le phénomène universel en Orient et en Occident de la renaissance de l'écrit obligatoire général—lequel a pour base la stipulation expresse, — mais la persistance en Orient de l'acte écrit obligatoire des Grecs révélé par Gaius auquel le progrès du droit impérial au Bas-Empire a adapté le tempérament romain de la *querela non numeratae pecuniae*. Tant qu'on restera, avec Gneist, sur le terrain des idées romaines pures, le texte des Institutes paraîtra une énigme et une méprise. Si l'on conçoit enfin le droit byzantin comme un mélange de droit romain et de droit hellénique, tout s'éclairera comme nous avons essayé de le montrer.

SECTION III

LES ARRHES

Les discussions de la doctrine sur le caractère des arrhes[1] dans la législation de Justinien sont encore plus nombreuses que celles sur la *litterarum obligatio*. Cela tient à ce que la doctrine ne s'est pas trouvée, comme dans le cas précédent, en face d'un texte unique et fort clair qu'elle rejette de parti pris comme une erreur, mais qu'en notre matière, le droit de Justinien s'exprime à la fois dans une constitution du Code en 528[2] et dans un passage des Institutes en 534[3], que manifestement ces deux textes ne concordent pas, et qu'enfin le passage des Institutes attribue

1. La principale monographie sur les arrhes est celle de E. von Jagemann, *die Draufgabe* (arrha), *vergleichende Rechtsstudie*, Berlin, 1873; mais la matière vient d'être entièrement renouvelée par une série toute récente d'articles et de volumes : Rafal Taubenschlag, *Historya zadątku w prawie rzymskiem* (Die Geschichte des Angelds im römischen Recht) [résumé en allemand dans] *Bull. intern. de l'Académie des Sciences de Cracovie*, 1910, p. 68-77; Demetrios P. Pappulias, Ἱστορικὴ ἐξέλιξις τοῦ ἀρραβῶνος ἐν τῷ ἐνοχικῷ δικαίῳ (Geschichtliche Entwickelung der Arrha im Obligationenrecht), Leipzig, 1911 (compte rendu de J. Partsch, *Götting. gelehrt. Anzeige*, 1911, p. 713-732); G. Calogirou, *Die Arrha im römischen Vermögensrecht der klassischen Zeit* (Diss. Leipzig, 1911); le même, *Die Arrha im Vermögensrecht in Berücksichtigung der Ostraka und Papyri*, Leipzig, 1911.
2. C. 4, 21, *de fide instrum.*, 17, 2.
3. Inst. 3, 23, *de empt. et vend.*, pr.

lui-même aux arrhes deux caractères, sur le cumul ou le choix desquels les interprètes se prononcent en des sens divers.

Pour préciser, les arrhes peuvent jouer en législation quatre rôles : moyen de preuve du contrat (*argumentum emptionis et venditionis*), moyen de dédit (ou pénitentiel avec peine) d'un contrat en projet (*arra contractu* ou *pacto imperfecto data*), moyen de dédit (pénitentiel avec peine) d'un contrat formé (*arra contractu* ou *pacto perfecto data*), acompte sur le prix. Justinien dans ses deux textes (si on les prend à la lettre) présente trois de ces fonctions, les trois premières : preuve du contrat pour les ventes *sine scriptis* aux Institutes, moyen de dédit d'un contrat de vente *cum scriptura* projeté au Code et probablement aux Institutes aussi, moyen pénitentiel d'un contrat de vente *sine scriptis* formé qu'on ne peut pas ne pas voir aux Institutes.

En face de ces fonctions différentes, la dogmatique depuis la Glose s'est sentie embarrassée, d'autant plus que les décisions de Justinien ne cadraient avec le droit classique que sur la première (*arra confirmatoria*). Les interprètes se résolvent à admettre la seconde aussi, l'*arra pacto imperfecto data*, à cause du texte très net du Code. Mais ils se montrent rebelles à l'acceptation de cette même fonction pour la vente *cum scriptura* aux Institutes. Ils font également ment des résistances à l'égard de la troisième indiquée pour la vente sans écrit par les Institutes, — le caractère pénitentiel dans le contrat formé, l'*arra contractu perfecto data*, étant encore plus contraire que la seconde fonction aux principes fondamentaux du droit romain.

Afin de déterminer ces différentes fonctions aussi précisément qu'on le peut en face de textes obscurs, afin aussi de découvrir plus sûrement l'origine des innovations qui séparent le droit de Justinien du droit romain pur, nous diviserons la question et passerons successivement en revue les trois rôles des arrhes dans les textes des Institutes et du Code.

§ I. — Les arrhes, moyen de preuve du contrat.

En droit classique, l'*arra* servait uniquement à prouver que le contrat était conclu, qu'on était sorti de la phase précontractuelle des pourparlers pour aboutir au contrat formé. L'*arra* était uniquement *confirmatoria*[1]. Cette fonction se conçoit d'elle-même comme la fonction la plus antique, pratiquée dans les temps où l'écriture est inconnue ou dans les pays, comme l'Italie, où l'écriture ne lie pas en principe; c'est la fonction de l'arrhe dans le folk-lore et encore dans la coutume contemporaine des peuples civilisés. Dans ce rôle, l'arrhe marque son caractère par un signe infaillible, sa modicité.

Justinien maintient ce rôle traditionnel des arrhes, mais il le restreint aux ventes *sine scriptura*. Cela est naturel dans sa législation où, d'après la réforme du Code sur les conditions de perfection de la vente *cum scriptura*, l'écrit prend une force que le droit romain pur ne lui accordait pas. Faisant aux Institutes allusion à sa réforme du Code, c'est en ce sens qu'il déclare qu'il n'a rien innové dans les ventes sans écrit[2]. Le maintien de la fonction classique montre donc la continuité du droit romain, tandis que sa limitation aux ventes sans écrit est un produit du changement du droit sous l'influence des règles nouvelles relatives à la formation du contrat de vente par écrit. Si ces règles, — l'exigence de l'écriture par les contractants en personne ou, à son défaut, l'exigence des *subscriptiones partium*, et, si la vente est écrite par un tabellion, l'exi-

---

1. Girard, p. 544.

2. Inst. 3, 23, *de empt. et vend.*, pr. : *Emptio et venditio contrahitur, simul atque de pretio convenerit, quamvis nondum pretium numeratum sit ac ne arra quidem data fuerit (nam quod arrae nomine datur argumentum est emptionis et venditionis contractae). Sed haec quidem de emptionibus et venditionibus, quae sine scriptura consistunt, optinere oportet; nam nihil a nobis in huiusmodi venditionibus innovatum est.* La première phrase est empruntée à Gaius, 3, 139.

gence d'une *completio* et d'une *absolutio* — viennent réellement d'une origine orientale[1], il faudrait voir déjà dans la restriction du rôle confirmatoire des arrhes un effet de l'influence orientale; mais un effet simplement indirect.

Nous allons en trouver de plus directs dans la suite. Avant d'entamer d'autres questions, nous ne manquerons pas de noter en faveur du caractère oriental prépondérant dans toute la matière l'opposition qui existe entre le droit byzantin et le droit de l'Occident à la même époque. Le témoin à invoquer pour connaître ce dernier, c'est la loi romaine des Burgondes (ou Papien), composée au VIᵉ siècle (?). Dans son titre XXXV § 6[2], cette loi ne décrit encore que deux fonctions des arrhes : en règle générale et normale, la fonction confirmatoire qui vient d'être signalée et, exceptionnellement, la fonction d'acompte sur le prix[3]. Cette loi continue donc la tradition pure du droit romain. Comme lui, elle ignore la fonction pénitentielle des arrhes. C'est là la preuve évidente qu'une telle fonction n'est pas née dans le droit romain post-classique par une sorte d'évolution automatique. Justinien est réellement le premier à l'avoir

---

1. Non seulement l'origine de ces différentes mesures est encore obscure à l'heure présente, mais même les romanistes et historiens du droit n'ont pas encore fixé définitivement le sens précis des exigences de Justinien. — Aux références indiquées par Girard, p. 543, n. 1, et Cuq, t. II, p. 880, n. 1, ajouter l'étude de A. Gaudenzi, *Le notizie dorsali delle antiche carte bolognesi e la formula « post traditam complevi et dedi » in rapporto alla redazione degli atti e alla tradizione degli immobili* (*Atti del Congresso intern. di scienze storiche*, Roma, 1-9 aprile 1903; vol. IX, Rome, 1904, p. 419-444, spécialement p. 425 et s.). Pour les formules des actes byzantins, Ferrari, *I documenti greci medioevali* (déjà cité), p. 86-88, et Mitteis, *Grundzüge*, t. II, 1, p. 88-89.

2. Lex rom. Burg., XXXV, 6 : *Arra pro quibuscumque rebus a vindetore accepta ab eo qui emit, vinditionem perfectam esse; precium tamen postmodum emptor vinditori impleturus, si aut inter ipsos convenerit aut virorum bonorum estimatione consteterit, secundum speciem Pauli.*

3. La deuxième phrase du texte montre en effet que ce rôle sera joué seulement quand les parties en auront ainsi décidé ou sur l'estimation d'hommes de bien. Il est probable que ces deux cas se présenteront lorsque les arrhes, au lieu d'être modiques, seront assez fortes. C'est un cas qui ne devait pas être rare, mais ce n'est pas le cas normal (la conjonction *tamen* le prouve).

fait entrer dans la législation romaine par imitation d'une pratique différente de celle de l'Occident, sous l'influence de la coutume ou de la loi de ses peuples grecs.

§ II. — Les arrhes, moyen de dédit
d'un contrat en formation (vente *cum scriptura*).

Justinien a reconnu aussi, d'une façon certaine, la seconde fonction des arrhes, à savoir qu'elles constituent un moyen de dédit d'un contrat de vente en formation. Le résultat de la rupture des pourparlers sera le suivant : l'acheteur qui les a données les perdra s'il ne poursuit pas le contrat jusqu'au bout, et le vendeur qui les a reçues les rendra au double s'il renonce à la vente. Mais, par contre, si les parties persévèrent dans leur intention de contracter, les arrhes données par l'acheteur vaudront comme une partie du prix, comme un acompte ; l'acheteur n'aura qu'à les parfaire. C'est pourquoi, en pratique, dans ce cas, les arrhes consistent en une somme importante. En somme, le rôle des arrhes liées au contrat en projet est triple : en même temps qu'un moyen de dédit ou pénitentiel permettant de se retirer du contrat, elles représentent un moyen pénal puisque, en renonçant au projet de contrat, l'une ou l'autre des parties est punie par la perte de la somme fixée à titre d'arrhes ou sa restitution au double, enfin elles forment un acompte si la vente se conclut définitivement.

La question est de savoir dans quelles sortes de vente Justinien a reconnu ce rôle des arrhes et à quelle législation il en a puisé le modèle.

Il n'est pas douteux que Justinien prévoit une vente simplement projetée dans la constitution du Code où il vise les ventes *cum scriptura* toutes seules. Mais ce texte n'est-il pas contredit par celui des Institutes dans la partie relative aux mêmes ventes *cum scriptura,* passage qui, à première vue, semble plutôt se référer à une vente parfaite ? Enfin, dans la partie du texte des Institutes relative aux ventes *sine scriptura,* s'agit-il d'une vente en formation ou d'une vente formée ? Voilà les trois propositions, — la première certaine, les deux dernières vivement controversées, — sur lesquelles il faut se faire une opinion avant de pouvoir découvrir l'origine historique du nouveau régime des arrhes en droit byzantin.

Pour faciliter l'exposé de la discussion, commençons par mettre l'un sous l'autre les deux textes fondamentaux :

Just. (528), C. 4, 21, *de fide instrum.*, 17, 2 :

> Illud etiam adicientes, ut et in posterum, si quae arrae super facienda emptione cuiuscumque rei datae sunt sive in scriptis sive sine scriptis, licet non sit specialiter adiectum quid super isdem arris non procedente contractu fieri oporteat, tamen et qui vendere pollicitus est, venditionem recusans in duplum eas reddere cogatur, et qui emere pactus est, ab emptione recedens datis a se arris cadat, repetitione earum deneganda.

Inst., 3, 23, *de empt. et vend.*, pr. :

> ... Donec enim aliquid ex his deest, et poenitentiae locus est et potest emptor vel venditor sine poena recedere ab emptione. Ita tamen impune recedere eis concedimus, nisi iam arrarum nomine aliquid fuerit datum ; hoc etenim subsecuto, sive in scriptis sive sine scriptis venditio celebrata est, is qui recusat adimplere contractum, si quidem emptor est, perdit quod dedit, si vero venditor, duplum restituere compellitur, licet nihil super arris expressum est.

I. — Le § 2 de la constitution 17 se référant, comme le commencement de la constitution, uniquement à la vente par écrit déclare que, si des arrhes au sujet d'une vente à faire (*super facienda emptione*) sont données soit par écrit, soit sans écrit (*sive in scriptis sive sine scriptis*), sans qu'il

y ait lieu de signifier quoi que ce soit sur les arrhes au cas
où le contrat ne serait pas formé (*non procedente contractu*),
pourtant celui qui a promis de vendre (*qui vendere polli-
citus est*) refusant la vente rendra les arrhes au double, et
celui qui s'est engagé à acheter (*qui emere pactus est*) se
dédisant de l'achat perdra celles qu'il aura données. Donc,
on ne peut voir là que l'expression de la fonction de dédit
des arrhes dans une vente en formation, une vente qui déjà
peut être écrite *in scheda*, mais qui n'est pas encore devenue
une vente parfaite et définitive incorporée à un *instrumentum* régulier par l'accomplissement des exigences rappelées
plus haut, mise au net de la main propre des contractants,
subscriptiones partium ou *completio* et *absolutio*.

Tous les termes du § 2, que nous avons détachés entre
parenthèses, concourent à montrer expressément le caractère précontractuel de la vente; il est inutile d'y insister.

La logique fortifie encore l'impression résultant du
texte; car la fonction de dédit des arrhes se concilie sans
difficultés, peut-on dire, avec la conception de la vente en
projet dans une législation qui, contrairement au droit
classique, permet d'effectuer l'acte en deux temps, le projet
et le contrat. S'il n'y avait pas d'arrhes données par l'acheteur, le projet pourrait être rompu de part et d'autre sans
aucun risque, *sine poena* (comme disent les Institutes qui
prévoient très judicieusement cette hypothèse la plus simple
en premier lieu). S'il y a des arrhes données et que les
parties aillent jusqu'au bout, les arrhes sont précomptées
sur le prix, cela aussi va de soi. Entre les deux hypothèses
extrêmes, si l'on suppose qu'il y a des arrhes et que le
contrat manque par la faute de l'une ou de l'autre partie, les
arrhes, ne pouvant plus jouer ici le rôle romain de preuve
du contrat, fonctionneront comme une peine pour celui
qui rompt le projet de contrat et qui s'est exposé volontairement à ce risque. Mais en même temps et à l'inverse
elles fonctionnent aussi comme un moyen de dédit; on peut
se repentir en les perdant ou les perdre en se repentant, peu

importe : *poenitentiae locus est cum poena*, pourrait-on dire en s'inspirant des Institutes.

L'économie de la constitution 17 § 2, qui marque une étape du droit romain dont nous chercherons plus tard l'origine, ne prête à aucune controverse[1]. Si ce texte était seul, la conception si logique de Justinien serait acquise définitivement à la science. Demeure-t-il aussi probant quand on lui compare les Institutes ?

II. — Le rapprochement des deux textes semble devoir ébranler la conception qui vient d'être déduite du Code. A première vue, le passage des Institutes, qui mentionne à la fois la vente par écrit et la vente sans écrit, paraît — contrairement au Code — se référer non plus à une vente en projet, mais à une vente parfaite, à un contrat formé. Comme les termes du Code s'accordaient pour faire ressortir le caractère imparfait de l'acte, à l'inverse, tous les termes des Institutes semblent concourir pour montrer une vente parfaite. *Sive... venditio celebrata est*, dit le texte ; or *celebrare*, locution favorite des Byzantins, veut dire *perficere*, « mettre la dernière main à un acte » ; Théophile traduit ce verbe par γίνεται que Ferrini rend par *facta est*. Plus loin, le texte parle

---

1. Citons seulement quelques auteurs qui ont étudié spécialement les arrhes : E. von Jagemann, *op. cit.*, p. 92 ; Bechmann, *der Kauf*, t. II, Erlangen, 1884, p. 420-425 (qui rectifie l'exposé de Savigny) ; Bruns, dans Bruns et Sachau, *op. cit.*, p. 216-221 ; Leonhard, dans Pauly-Wissowa, vᵒ *Arra*, t. II, col. 1219, 1222 ; W. Klunze, *das Wesen u. die Bedeutung der « arrha » des gemeinen Rechts*, etc. (Diss. Erlangen, 1904), p. 6-14. Cf. dans le même sens, Girard, p. 544. — Au contraire, M. Mitteis a changé d'opinion depuis sa dissertation connue de C. P. R. I, p. 70 ; aujourd'hui il pense que Justinien veut appliquer le droit de dédit avec perte des arrhes dans ses deux textes, celui du Code comme celui des Institutes, à une vente parfaite, quoiqu'il se soit exprimé d'une façon détestable, ce dont l'auteur le déclare au plus haut point blâmable à présent que nous connaissons mieux le νόμος τῶν ἀρραβόνων existant bien avant lui (*Grundzüge*, t. II, 1, p. 186, n. 4). L'opinion nouvelle de M. Mitteis ne nous paraît pas devoir être suivie en ce qui concerne le Code ; pour les Institutes et le droit des papyrus, nous y viendrons plus tard.

de *is qui recusat adimplere contractum*; le verbe *adimplere*,
familier aussi aux rédacteurs, peut-il désigner autre chose
que l'accomplissement du contrat? Enfin, on remarque que
la règle des Institutes est donnée à la fois pour les ventes *in
scriptis* et celles *sine scriptis*; comment la vente écrite (qui
seule nous occupe pour l'instant) pourrait-elle ne pas être
regardée comme définitive puisqu'elle est mise sur le même
pied que la vente sans écrit déclarée, au début du texte,
parfaite par la remise des arrhes?

Cependant, malgré les apparences, la doctrine ne se
décide pas en général à admettre que les Institutes se réfèrent à la vente écrite parfaite[1]. Elle repousse une interprétation en opposition à la fois avec la décision si nette du
Code et avec les principes mêmes du droit de Justinien sur
la force obligatoire de l'écrit. Les auteurs essayent donc de
ramener la règle des Institutes à celle du Code, en dépit
des termes différents employés; ils prétendent découvrir
dans les deux recueils pareillement le rôle des arrhes,
moyen de dédit d'une vente en projet.

Le résultat que les romanistes cherchent à obtenir est,
croyons-nous, des plus justes. Ils ont raison d'affirmer que
la pensée véritable de Justinien se trouve exprimée au Code
et que la décision des Institutes ne lui est opposée qu'en
apparence, à raison de l'obscurité de sa rédaction[2].
Mais, à notre avis, les procédés qu'ils emploient pour
démontrer leur thèse sont moins dignes d'éloges que le
but poursuivi. L'opinion la plus répandue veut sortir de
l'interprétation littérale du texte pour adopter une interprétation large; il suffit, d'après elle, de traduire *celebrata*
comme s'il y avait *celebranda* pour que la vente visée soit

---

1. Voy. plus haut, p. 92, n. 1, l'opinion exceptionnelle de M. Mitteis.

2. Certains romanistes ne semblent pas trouver ici de difficultés (Accarias, t. II, p. 270, n. 2, qui croit à tort qu'il n'y a pas controverse pour les
ventes avec écrit; Girard, p. 544, qui renvoie aux Institutes sans même
mentionner le Code autrement que par référence à sa p. 543, n. 1).

bien une vente en projet[1]. Une autre théorie moins suivie est plus radicale; ses adhérents prétendent faire sauter, tantôt sans le moindre scrupule ou tantôt avec hésitation, l'incise *sive in scriptis, sive sine scriptis venditio celebrata est*, et par cette ablation rétablir l'harmonie entre les deux textes[2].

Mais les procédés utilisés ne sont pas suffisants pour lever les difficultés. L'interprétation exégétique traditionnelle ou l'amputation moins admise se heurtent à la Paraphrase de Théophile, qui possède l'incise à expliquer et qui suit de trop près son modèle pour qu'on puisse douter du sens de ce modèle même; la traduction du *celebrata est* en γίνεται rend vaine toute exégèse de *celebrata* par *celebranda*. Théophile est bien d'accord avec les Institutes et nous force à y voir une vente écrite formée.

A notre avis, il faut arriver à appuyer l'effort louable de la doctrine favorable à la concordance, tout en respectant la lettre du texte. Or, le sens du passage en question répond très exactement au sens incontestable du Code si l'on s'en tient, avant toute chose, au contexte même, tel qu'il est fourni par la liaison entre la dernière phrase du *princ.*, celle qu'il s'agit d'éclaircir, et les deux phrases qui la précèdent, — toutes trois ont été transcrites plus haut.

Examinons donc une par une les idées du contexte.

De la phrase, *donec enim aliquis ex his deest.....*, on tire aisément la règle de principe que le dédit est possible aux deux parties jusqu'au moment où les formalités destinées à transformer le projet en contrat sont accomplies.

---

1. C'est l'opinion des anciens commentateurs, Vinnius, Pothier, Voët, Schrader, d'après G. Boissonade, *De l'effet des arrhes dans la vente sous Justinien*, *R. H. D.*, t. XII, 1866, p. 141; c'est aussi l'opinion des modernes qui ont examiné la difficulté, par ex. Bechmann, *op. cit.*, t. II, p. 424.

2. Cette théorie se trouve déjà chez Accarias, t. II, p. 270, n. 2; elle a été jadis, avec quelque hésitation, reproposée par Mitteis, C. P. R. I, p. 70, qui ne cite pas l'auteur français et qui, comme on l'a vu, a aujourd'hui changé d'avis.

L'acte n'étant parfait que par la mise au net, ou les *subscrip-tiones*, ou la *completio* et l'*absolutio*, les parties peuvent se repentir et briser la vente — qui est seulement en projet — sans risque. Cette phrase est le pendant de la constitution 17, pr., et son contenu ne prête à aucune discussion ; elle devait être rappelée cependant parce qu'elle nous semble la base nécessaire; elle donne son sens véritable à la suite du texte.

La phrase suivante arrive aux arrhes : *Ita tamen impune recedere eis concedimus, nisi iam arrarum nomine aliquid fuerit datum*. Le lien avec le principe ci-dessus, lien manifesté par *tamen*, rend impossible de comprendre cette phrase autrement que comme apportant une réserve à la décision précédente. Les parties pourront se retirer *sine poena* du projet de vente — tel est le principe — sauf si elles ont convenu quelque chose au sujet des arrhes. Cela encore est évident.

Des deux phrases réunies, la conclusion est donc que la dation d'arrhes dont s'occupent les Institutes intervient bien dans une vente *cum scriptura* en projet, et non pas dans une vente formée, puisque les formalités décisives manquent encore. C'est l'hypothèse même du Code qui se reproduit et cela n'a rien d'extraordinaire. La doctrine a raison de croire à la concordance des deux textes. Mais elle a tort de négliger d'asseoir sur ces prémisses incontestables la fin du *princ.*, le passage suspect.

Quand on arrive à ce passage, on doit l'entendre aussi d'une vente *cum scriptura* en projet, puisque la phrase, *sive in scriptis..... venditio celebrata est*, etc., est reliée aux deux précédentes par les mots *hoc etenim subsecuto*, qui signifient évidemment « une dation d'arrhes dans une vente *cum scriptura* en projet ayant eu lieu ». En résumé, si l'on s'en rapporte à l'idée générale que fournit le contexte, l'harmonie complète avec le cas prévu au Code n'est pas niable.

Mais l'interprétation déduite du contexte ne doit-elle pas céder devant la lettre même du passage, devant les termes employés? Nous ne le croyons pas. Les objections qu'on tire de la langue nous paraissent bien peu solides. — D'une part, *celebrata est* n'est pas ici synonyme de *perfecta est*, son sens est simplement *facta est*. Il y a d'abord en faveur de cette équivalence la traduction de Théophile, γίνεται. De plus le mot *celebrare* ne peut pas signifier ici *perficere* pour la raison suivante : tandis que les conditions de perfection du contrat écrit s'étaient augmentées par la volonté de Justinien, le mot *celebrare* restait avec son sens ordinaire moins compréhensif, lequel force à traduire *celebrata est* par « la vente a été passée » et non pas « la vente est parfaite ». D'ailleurs, le contexte impose cette traduction. — De son côté, *adimplere contractum* semble une objection plus forte ; on ne manque jamais de faire remarquer que ce verbe signifie « exécuter le contrat », c'est-à-dire payer pour l'acheteur, livrer pour le vendeur; à cause de ce mot, il s'agirait donc bien d'un contrat formé. Mais, pour lui aussi, par suite de l'augmentation des exigences de Justinien dans le contrat écrit, il est demeuré une expression arriérée avec un sens insuffisamment compréhensif. On peut l'entendre très littéralement et très techniquement comme voulant dire « exécuter le contrat », non pas par le paiement ou la livraison, mais par l'accomplissement des formalités nouvelles prévues au Code.

En définitive, la succession des idées devant l'emporter sur la langue certainement moins précise que celle du Code, et cette langue même devant être interprétée à la lumière des nouvelles dispositions sur la perfection de la vente écrite, on doit arriver, malgré les apparences, à la conclusion que les Institutes visent comme le Code la vente *cum scriptura* en projet.

L'imprécision trompeuse et regrettable des termes employés peut au reste se comprendre. Elle nous paraît résulter principalement du fait que les rédacteurs des Institutes ont voulu formuler leur décision à la fois pour les ventes avec écrit et pour les ventes sans écrit. Nous serions ainsi amené à examiner la question de savoir si, dans le second cas, il s'agit encore d'une vente en projet. Mais cette question est trop importante pour que nous ne lui consacrions pas un développement spécial. En la résolvant au § III par la négative, comme on le verra[1], nous dégagerons la raison pour laquelle le passage en cause manque de netteté dans les termes.

D'ailleurs, ce n'est pas là, croyons-nous, la seule raison qui explique la manière de parler des rédacteurs. Pour la comprendre, il faut aussi la rapprocher des textes juridiques qui l'ont préparée, et qui renferment l'origine historique de la législation de Justinien sur les arrhes dans la vente *cum scriptura*.

III. — Le rôle des arrhes, moyen de dédit dans la vente, était inconnu du droit romain pur[2]. Il se trouve, au contraire, dans les Papyrus grecs d'Égypte et dans le Coutumier syro-romain. L'origine hellénique en est donc acceptée par tout le monde, et la matière des arrhes est l'une des rares matières où les romanistes modernes la reconnaissent expressément. Pourtant, quoique l'influence orientale soit admise ici sans difficulté, nous jugeons utile de revenir sur la question dans une double intention : d'abord, en vue d'établir plus nettement le lien entre les

---

1. Ci-dessous, p. 108 et s.

2. Il existe cependant sur ce rôle des arrhes deux textes connus de Scevola (2 *resp.*, D. 18, 3, *de lege commissoria*, 6 ; 7 *dig.*, D. h. t., 8) qui prévoient une convention spéciale déclarant la vente nulle et les arrhes acquises au vendeur si l'acheteur ne verse pas le reste du prix et qui autorisent le dédit de l'acheteur comme du vendeur. Ces textes qui permettent la réalisation du dédit par le jeu de la *lex commissoria* sont, sans doute, comme il arrive plusieurs fois dans Scevola (B. Kübler, *Griechische Tatbestände in den Werken der kasuistischen Literatur*, Z. S. S., t. XXVIII, 1907, p. 174 et s., t. XXIX, 1908, p. 183 et s.), des accommodations au droit romain d'actes conçus à la manière grecque. La même idée peut expliquer la const. de Caracalla (216) (C. 4, 54, *de pact. int. empt. et vend.*, 1), d'après Partsch, *loc. cit.*, p. 724.

C.   7

Institutes et le Coutumier syro-romain dont nous fixerons en même temps la doctrine, et puis en vue d'asseoir plus fortement les rapports des arrhes avec la formation de la vente dans le droit du Coutumier et dans celui des papyrus, afin de montrer plus clairement par ces deux sources la dérivation orientale de la conception justinienne.

Du Coûtumier syro-romain Bruns[1] avait cru pouvoir tirer la théorie suivante : lorsqu'une des parties veut se dégager du contrat, l'autre a le choix, ou d'exiger l'exécution du contrat, ou de bénéficier des arrhes en les gardant (si c'est le vendeur qui ne rompt pas), ou en en acceptant le remboursement au double (si c'est l'acheteur qui veut poursuivre).

Il avait surtout dans l'idée de concilier le texte du Coutumier avec les principes du droit romain qu'il ne mettait pas volontiers de côté, et, pour justifier son système mixte, le système du cumul, il suivait la leçon du manuscrit syriaque de Paris (P) à laquelle il donnait la préférence sur les autres leçons se rattachant toutes au manuscrit syriaque de Londres (L), le plus ancien.

Les auteurs postérieurs n'ont pas accepté la thèse de Bruns. M. Esmein[2], le premier, fondant son interprétation sur le meilleur texte a admis que les arrhes ont généralement servi, en Orient, à permettre un dédit, moyennant une peine. Si l'acheteur après les avoir données se retire du contrat, il les perd; si c'est le vendeur qui refuse de continuer, il les restitue au double. Toute contraire au droit classique que soit cette décision qui, d'après le texte de L et ses dérivés, suppose le contrat rompu et ne permet pas l'exécution forcée, il faut s'y tenir et y reconnaître une formation de la pratique grecque.

Maintenant, du reste, qu'on connaît mieux la chrono-

----

1. Bruns, dans Bruns et Sachau, *op. cit.*, p. 216-221.
2. A. Esmein, *Mélanges d'histoire du droit et de critique : droit romain*, Paris, 1886, p. 413-414, suivi par Girard, p. 544. Dans le même sens, à propos du droit des papyrus, Pappulias, *op. cit.*, p. 68 et s., Mitteis, *Grund-züge*, t. II, 1, p. 186.

logie des manuscrits, on peut ruiner à l'aide d'un argument décisif l'interprétation de Bruns[1]. La variante qu'il préconisait appartient à un texte postérieur à Justinien, et, dans la phrase où P diverge des autres, il a subi manifestement l'influence des Institutes[2]. La seule leçon acceptable est celle des deux manuscrits antérieurs à Justinien[3] qui expriment une théorie contraire à la conception de Bruns et concordent avec le droit des papyrus qu'il suffit de résumer en quelques mots.

Le rôle des arrhes dans les papyrus, aujourd'hui reconnu par tous[4], dérive du fait même de l'importance que les arrhes présentent par rapport au prix. Elles constituent, dans les documents le plus explicites, de forts acomptes ou des paiements partiels. En outre, on y trouve formellement stipulé que le vendeur qui n'exécutera pas subira la peine du double (parfois même avec l'ἡμιολία et les inté-

---

1. M. Mitteis, *Reichsrecht*, n'a pas examiné ce point de divergence des manuscrits dans l'appendice II où il a, le premier, montré les résultats nouveaux qui ressortaient de leur classement.

2. Voici la traduction (donnée par Ferrini, *Z. S. S.*, t. XXIII, p. 120-121) de P. 21 : *Si quis rem emerit fundumve conduxerit et dederit* ἀρραβῶνα, *summam pecuniae quantacumque sit, non licet emptori vel venditori recedere. Et si recesserit venditor, dabit* ἀρραβῶνα, *quem accepit duplum et si emptor emere noluerit, non restituetur ei* ἀρραβῶν *qui ex eo receptus est.* La phrase *non licet emptori vel venditori recedere* semble une déformation inintelligente des phrases des Institutes... *et potest emptor et venditor... recedere. Ita tamen impune recedere eis concedimus, nisi iam arrarum nomine aliquid fuerit datum.*

3. Il s'agit ici de L. 51 et de R. II 32 dont la traduction latine serait à peu près la même pour les deux : *Si emerit vir rem et dederit* ἀρραβῶνα *summam argenti et recesserit venditor, praecipit* νόμος *ut duplum det* ἀρραβῶνα, *quem accepit, secundum summam argenti. Si vero emptor* qui pignus dedit (R. II) *recesserit, perdit* ἀρραβῶνα (trad. Ferrini, *Font. iur. rom. anteiust.*, 2e part., p. 653). R. II 99 répète le § 32 avec quelques variantes négligeables. — Dans un autre passage, L. 38, la question des arrhes était déjà prévue, mais la partie du texte visant les arrhes manque dans les autres manuscrits, et son explication n'est pas facile en présence des altérations que le texte a subies partout.

4. Girard, p. 544; Mitteis, *op. cit.*, p. 184-186; et les auteurs récents cités, p. 85, n. 1.

rêts) et que, de son côté, l'acheteur perdra ce qu'il a déjà donné s'il n'exécute pas son obligation. Le caractère pénitentiel et pénal des arrhes, tant chez les Grecs d'Égypte que chez ceux de Syrie, est incontestablement le même que chez Justinien.

Il serait inutile d'insister sur le rapprochement acquis à cet égard entre la coutume hellénique et les réformes impériales s'il ne convenait de faire remarquer comment l'esprit, sinon le texte du Coutumier, a pu être la source directe du passage des Institutes. Le Coutumier s'exprime sans restriction quelconque dans une forme si décisive que ses termes (traduits *Si quis rem emerit*) littéralement interprétés feraient croire, comme ceux des Institutes, à une vente formée plutôt qu'à une vente en projet. Pourtant, il nous paraît certain que, en dépit de sa forme absolue, le Coutumier ne reconnaissait le rôle de dédit des arrhes, en cas de vente, que si la vente n'était pas encore définitive. Et en cela il s'accorde avec les papyrus qui permettent de construire plus solidement encore la théorie grecque.

La question revient donc à chercher à quel moment la vente devient définitive dans le droit du Coutumier et dans le droit des papyrus qui sont identiques sur ce point. Ce problème n'a guère préoccupé les commentateurs du traité syro-romain parce qu'ils n'avaient pas encore la possibilité d'éclaircir sa doctrine par la comparaison avec d'autres textes plus explicites. Nous saisissons l'occasion de présenter sur le sujet, en les abrégeant d'ailleurs pour ne pas sortir de la matière spéciale des arrhes, quelques observations dont nous tirerons parti pour une meilleure connaissance des origines orientales du droit byzantin.

Le Coutumier syro-romain exige, pour que la chose vendue passe du patrimoine du vendeur dans celui de l'acheteur, trois conditions : le contrat, la καταγραφή et la νομή. Le transfert de la chose ne sera accompli que quand les trois conditions auront été remplies[1]. Mais cela entraînait-il la conséquence que le droit de rompre la vente persistait jusqu'à la νομή inclusivement? En aucune manière. La νομή représente la mise en possession; or, la vente se trouve formée dès avant ce transport de fait.

A quel moment l'est-elle, est-ce avant la καταγραφή, est-ce seulement après elle? La réponse dépend évidemment de la nature même de la καταγραφή. Que représente cet acte? Sa nature était délicate à fixer d'après le Coutumier seul où il apparaît simplement trois fois[2]. On pouvait remarquer qu'il se rattachait à la matière de la vente, peut-être à la matière de la donation[3]. Bruns l'avait confondu avec l'acte même de la vente; pourtant, avec plus de perspicacité, il aurait pu entrevoir que c'était un acte particulier[4]. Encore faut-il reconnaître en bonne justice que sa véritable nature serait demeurée longtemps cachée si le matériel important des papyrus n'avait contribué à la révéler.

---

1. L. 24 : *Si scripserit vir homini* δωρεὰν *vel* καταγραφὴν *de re aliqua,* νομὴν *vero non tradiderit ei cum* δωρεᾷ *vel cum* καταγραφῇ, *quae scripta est ei, quidquid id est, inritum est....* (trad. Ferrini, *Font. iur. rom. anteiust.*, 2ᵉ part., p. 648) = R. II 9 = P. 8 (trad. Ferrini, *loc. cit.*, p. 118).

2. L. 24, 38, 64 = R. II 9, 20, 109 (Pour les autres manuscrits, voir les concordances de Bruns et Sachau).

3. Pour la donation dont parle L. 24 (traduit ci-dessus, n. 1), un certain doute subsiste. Bruns, p. 204, pensait que la καταγραφή se référait à elle d'après ce § 24; il faudrait alors admettre que *vel* qui sépare le mot de δωρεά veut dire « et ». Peut-être le Coutumier a-t-il plutôt en vue la donation « ou » la καταγραφή de la vente. En tout cas, δωρεά et καταγραφή sont distinctes, car, dans le deuxième alinéa de L. 24, où il est question de donation au fils et à la fille de famille, la καταγραφή n'intervient plus; on verra plus loin que cela s'explique par sa nature propre, si même elle n'est pas spécialement en connexion avec la vente.

4. La différenciation des deux actes se manifeste nettement dans L. 64 : l'acte de vente est passé à un acheteur au nom d'autrui; la possession est transmise à cet acheteur; il ne peut, dit le texte, résulter aucun préjudice pour lui du fait qu'il ne s'est pas procuré une καταγραφή à son propre nom. C'est donc que la καταγραφή contient le nom du tiers, et par là elle se distingue de l'acte de vente qui porte, comme nom de l'acheteur, le nom de celui qui achète pour autrui.

Après quelques tâtonnements, les spécialistes sont arrivés à fixer le sens de la καταγραφή dans les papyrus[1]. Ce mot, qui se trouve déjà dans le vieux droit grec et qui étymologiquement signifie « écrit au bas (d'un acte) », désigne l'acte par lequel le vendeur fait abandon de son droit de propriété sur la chose, c'est la « dessaisine » de l'ancien droit français. Cet acte est absolument distinct en droit de l'acte de vente (ὠνή, πρᾶσις), quoiqu'il puisse être constaté en fait dans le même titre[2]. Les glossaires donnent le verbe καταγράφειν comme synonyme de *mancipare, perscribere*[3] ; la traduction grecque du fragment dit de Dosithée[4] fait de même, et cette assimilation avec le mode quiritaire d'aliéner marque encore mieux qu'elle est vraiment l'acte qui déplace la propriété[5].

La définition de la καταγραφή des papyrus, liée à la conception que les praticiens d'Égypte se font de la vente, translative de la propriété seulement après la rédaction de cet acte particulier, convient aussi bien au même acte mentionné au Coutumier syro-romain. En Syrie comme en Égypte, la vente n'est regardée comme parfaite et définitive que par la confection de l'ὠνή et de la καταγραφή. Par rapport au contrat de vente, la καταγραφή est considérée comme l'exécution de l'obligation du vendeur[6], de même que le vendeur romain d'une *res mancipi* exécutait la sienne par la mancipation (le rapprochement des deux modes de transfert dans les glossaires met cette analogie en pleine évidence).

---

1. Mitteis, *Grundzüge*, t. II, 1, p. 176-178.

2. Depuis le ive siècle l'expression πεπρακέναι καὶ καταγεγραφηκέναι est fréquente, constate Mitteis, *op. cit.*, p. 188 ; voy. les références dans Ferrari, *op. cit.*, p. 136, n. 8.

3. *Corp. gloss. lat.*, t. II, p. 126, 49 ; p. 148, 3 ; cf. καταγραφή = *perscriptio* (t. II, p. 340, 27), καταγράφω = *perscribo* (t. II, p. 340, 28).

4. *Corp. gloss. lat.*, t. III, p. 50, 53.

5. On trouvera dans l'étude sur la mancipation l'exposé des conséquences que l'assimilation a pu avoir en pratique (*infrà*, Ch. III, Sect. I).

6. Mitteis, *op. cit.*, p. 188.

De là résulte que c'est la καταγραφή qui détermine le
moment où la vente ne pourra plus être rompue par les
parties. Dans le cas où des arrhes ont été convenues, les
parties pourront se retirer du contrat jusqu'à ce moment,
naturellement en s'exposant à tomber sous le coup de la
« loi des arrhes » (νόμος τῶν ἀρραβόνων)[1]. Juridiquement
parlant, la loi des arrhes joue, à l'égard de la perfection
de la vente, le rôle d'une condition. Pour le vendeur, la
condition se réalisera, — c'est-à-dire qu'il rendra les arrhes
au double, — si, malgré sa promesse, il n'est plus disposé
à dresser l'acte de καταγραφή, quand l'acheteur lui offre
de le prendre et de payer le reste du prix[2]. Pour
l'acheteur, la condition se réalisera, — c'est-à-dire qu'il
perdra les arrhes, — si, malgré sa promesse, il n'est plus
disposé à prendre l'acte de καταγραφή dressé par le
vendeur[3].

C'est dans ce sens nettement fixé par les papyrus qu'il
faut entendre aussi la décision du Coutumier syro-romain.
La vente qu'il prévoit comme pouvant être rompue *non
impune*, c'est uniquement le contrat de vente, ὠνή, qui
n'est pas encore la vente parfaite, rendue définitive par
l'exécution effectuée sous la forme de la rédaction de la
καταγραφή par le vendeur et de son acceptation par l'acheteur.

Cette construction grecque du rapport juridique entre
les arrhes et la formation de la vente n'est pas sans analogie

---

1. Cette « loi des arrhes » est visée dans B. G. U. 446, l. 17. M. Mitteis,
Grundzüge, t. II, 1, p. 185, pense qu'il s'agit là d'une *loi* locale dont nous
pouvons connaître exactement le contenu d'après le texte, quoique nous ne
sachions pas quel en est le législateur. On peut pourtant se demander s'il
ne s'agirait pas plutôt de la *coutume* locale hellénique comme dans tous les
cas où les papyrus emploient l'expression νόμος (cf. *suprà*, p. 54, n. 3, *infrà*,
p. 121).

2. B. G. U. 446 (an. 158-159), ll. 14-17; Lond., t. II, 334 (an. 166) (p. 211),
ll. 21-24.

3. B. G. U. 446, l. 17 (Mitteis, *Grundzüge*, t. II, 2, n° 257), restitué en
conformité avec C. P. R. 19 (an. 330) (Mitteis, *op. cit.*, n° 69), ll. 11, 13,
23-24.

avec la conception de Justinien au Code et surtout avec celle des rédacteurs des Institutes. Le rapprochement ne doit pas être poussé trop loin, car la vente de Justinien ne comporte pas de καταγραφή; comme la *mancipatio* à laquelle correspond l'acte grec a été omise dans la compilation, la vente translative de propriété devrait s'effectuer en deux temps seulement, contrat et tradition (non plus en trois comme cela se passait pour les *res mancipi*). Cependant les exigences de Justinien relatives à la perfection des contrats *cum scriptura* introduisent entre le contrat et la tradition une série d'éléments qui reporte à trois les temps de la réalisation complète de la vente, contrat, mise au net ou *subscriptiones*, tradition. La vente n'étant regardée comme formée, en tant que contrat, qu'après les deux premiers temps, une certaine ressemblance apparaît donc avec le droit coutumier d'Égypte et de Syrie.

Il s'ensuit que, dans le texte des Institutes, les mots *in scriptis venditio celebrata*, *adimplere contractum*, malgré l'amphibologie à laquelle ils prêtent, ne sont pas faux. S'ils évoquent une notion moins nette, moins précise que ceux du Code, la faute n'en vient-elle pas d'une influence de la conception grecque? N'y a-t-il pas ici comme un rappel du Coutumier syrien où les termes employés *Si quis rem emerit* — correspondant à *venditio celebrata* — doivent s'interpréter avec souplesse, à la manière orientale? Ne croirait-on pas retrouver dans la phrase *is qui recusat adimplere contractum*, un souvenir de la formule des papyrus visant l'exécution de la vente par la rédaction de la καταγραφή (de la part du vendeur) et par son acceptation (de la part de l'acheteur)?

§ III. — Les arrhes, moyen de dédit d'un contrat formé (vente *sine scriptura*).

Nous avons laissé de côté jusqu'ici le passage des Institutes qui vise les arrhes dans la vente *sine scriptis*. C'est, comme on le sait, le point le plus délicat de la matière et les commentateurs sont encore divisés sur la façon de résoudre les difficultés du texte, quand ils ne vont pas jusqu'à déclarer qu'il est à peu près impossible d'entendre ce que l'Empereur a voulu décider.

Le conflit des diverses opinions, on le sait aussi, est produit par l'opposition du texte avec la constitution 17 (qui ne prévoit la fonction pénitentielle que pour la vente écrite) et avec le principe romain de l'irrévocabilité du contrat formé; il provient également du manque de netteté du passage en cause lui-même où, d'après le début du *princ.*, les arrhes servent de preuve dans les ventes sans écrit comme par le passé tandis qu'à la fin du même *princ.*, elles sont un moyen pénitentiel et pénal pour *is qui recusat adimplere contractum*.

Afin d'arriver, si possible, à une interprétation qui explique le texte sans le déformer, et avant de voir si, réellement, on est réduit à avouer que la pensée des Institutes est incompréhensible, examinons les trois principales doctrines proposées à leur sujet.

1° La doctrine la plus radicale enseigne que, dans l'idée de Justinien, les arrhes de la vente non écrite n'auraient pas d'autre fonction que la fonction probatoire ou confirmatoire; leur rôle de moyen de dédit se concevrait seulement dans la vente écrite[1]. Cette doctrine s'appuie, pour le fond, sur le fait que telle était la règle dans le droit romain classique, règle que Justinien répète au commencement du *princ.* des Institutes en ajoutant même qu'il n'a rien innové dans les ventes *sine scriptura*. Comme argument de texte, elle invoque l'opposition qui existe entre les Institutes et le Code. Si Justinien, dit-on, avait voulu vraiment étendre le caractère pénitentiel des arrhes de la vente écrite à la vente non écrite, c'est au

---

1. C'était la règle du droit commun allemand.

Code qu'il aurait déclaré sa volonté. Devant la divergence des textes, n'est-on pas contraint de donner la prépondérance au Code — qui seul exprime la réforme originale — sur les Institutes qui n'en sont qu'un résumé remanié mal à propos, même en ce qui concerne la vente *cum scriptura*, chacun le reconnaît.

Le raisonnement précédent se trouve encore renforcé par une remarque très ingénieuse de Boissonade[1], remarque demeurée inaperçue de ses successeurs à qui cependant elle aurait pu servir. Toute la difficulté, observe cet auteur, vient de la courte phrase incidente, *sive in scriptis, sive sine scriptis venditio celebrata est*. Il est impossible de la rayer purement et simplement, comme il a été dit déjà[2], mais on peut, pour ainsi parler, l'annihiler, en paralyser l'effet. Boissonade en suggère le moyen. Pour lui, elle perdra beaucoup de son importance si on la rapproche de son prototype au Code. Au Code, elle vise la double forme de la dation des arrhes et non pas la vente; le rédacteur des Institutes[3] a appliqué à la vente elle-même la double forme dans laquelle le Code prévoyait qu'on pût exprimer la dation des arrhes. C'est cette transposition malheureuse qui a causé tout le mal. Il suffit de laisser dans l'ombre la phrase suspecte pour que le texte des Institutes reprenne sa concordance générale avec le Code sur le terrain de la vente écrite.

La critique de cette première doctrine est facile. Quand même on reconnaîtrait formellement la justesse de l'origine assignée par Boissonade à la phrase par laquelle le rôle nouveau des arrhes est étendu aux ventes non écrites, il paraîtrait impossible de la tenir pour non avenue; car ce sera toujours une énigme de savoir si la transposition a été

---

1. Boissonade, *op. cit.*, p. 136-148.

2. *Suprà*, p. 94.

3. Boissonade, *loc. cit.*, p. 144 et s., soupçonne nommément Théophile, dont la Paraphrase concorde exactement avec son modèle, d'être l'auteur responsable de la formule ambigue que contiennent les Institutes.

le produit d'une maladresse ou le résultat d'un dessein préconçu. Cette dernière hypothèse nous semble même plus vraie. C'est pourquoi nous ne sommes nullement convaincu que la phrase incidente, objet de tant de controverses, soit une mauvaise adaptation du Code. Nous penserions plutôt qu'elle vient directement des rédacteurs des Institutes, parce que les Institutes, à la différence du Code, prévoient dans les phrases précédentes à la fois les ventes sans écrit et les ventes écrites.

A cause de cela, la pensée des rédacteurs est revenue à la vente de la première espèce, au cours d'un développement qui, par la soudure *hoc etenim subsecuto*, renferme la suite des idées relatives à la vente écrite et semble fait uniquement pour celle-ci[1]; c'est là un phénomène psychologique qui n'a rien de surprenant dans tout travail rapide. Assurément la reprise a été mal agencée dans la forme, mais, croyons-nous, il faut avant tout considérer le fond, c'est-à-dire la volonté bien arrêtée de réglementer le rôle pénitentiel des arrhes dans les deux sortes de ventes.

En dehors de l'argument de texte, en effet, la doctrine radicale, d'une manière générale, ne repose guère sur des bases solides. On ne devrait s'y rallier qu'en désespoir de cause, s'il y avait réellement contradiction entre les Institutes et le Code ou contradiction dans le contexte même des Institutes, ou encore s'il y avait impossibilité totale de comprendre le passage en discussion. Mais en sommes-nous là? C'est ce que nous allons examiner en résumant les deux autres opinions.

2° La doctrine la plus soutenue avec la première, la doctrine qui est celle des anciens commentateurs des Institutes[2] et de quelques romanistes modernes de valeur[3], pense que les arrhes de la vente non écrite ne peuvent

---

1. Cf. *suprà*, p. 95.
2. Vinnius, Pothier, Voët, Schrader (cités par Boissonade, *loc. cit.*, p. 141).
3. Entre autres Bechmann, *op. cit.*, t. II, p. 424-425.

avoir, en plus de leur rôle probatoire, un rôle pénitentiel et pénal que dans la phase des pourparlers antérieurs à la formation du contrat. Elle applique à la vente *sine scriptis* la règle régissant la vente *in scriptis,* pour la raison qu'en droit romain le contrat formé ne peut être dissous par volonté unilatérale. Au point de vue du texte, elle parvient à cette assimilation de traitement en donnant au terme *celebrata* le sens de *celebranda,* comme elle l'avait déjà fait pour la première sorte de ventes.

Il paraît difficile d'accepter cette doctrine encore plus que la première. L'interprétation de *celebrata* par *celebranda* force le texte et le déforme. Et d'autre part, cette doctrine contient en elle-même la contradiction absolue dont on rend d'ordinaire Justinien responsable.

Nous verrons plus loin que Justinien peut être innocenté de tout reproche à cet égard. Mais la doctrine en cause, elle, n'en est pas innocente. Pour ne pas heurter les principes romains sur l'irrévocabilité du contrat formé, c'est elle qui tombe dans la contradiction; car, en attachant à la vente non écrite le caractère de vente en projet, elle contredit le témoignage indiscutable de Justinien d'après lequel une vente de cette nature est formée et parfaite par l'échange de consentements dont les arrhes sont la preuve.

Si donc on ne rejette pas absolument le rôle pénitentiel des arrhes dans une telle vente — ce que fait la doctrine radicale —, il faut se décider à admettre que le rôle nouveau correspond à une vente formée et parfaite. Et ainsi la lutte n'existe en réalité qu'entre la première et la troisième opinion, les deux opinions extrêmes. C'est en examinant la dernière que nous allons pouvoir renverser la base même de l'opinion intermédiaire qui lui est commune avec la première, à savoir l'idée qu'au temps de Justinien, un contrat formé ne peut être dissous par la volonté de celui qui consent à subir la loi des arrhes.

3° La seule doctrine acceptable est, à notre avis, celle qui voit dans la *sine scriptis venditio celebrata* des Institutes une vente « passée », suivant ce que commandent le contexte et la traduction de Théophile, γίνεται. Comme la vente de cette espèce se forme par l'échange des consentements, elle est parfaite, définitive, une fois *celebrata* (le mot garde ici son sens ordinaire). Les arrhes remplissent donc bien leur fonction pénitentielle et pénale dans une vente formée. Cela peut être contraire au droit romain, mais cela nous semble la véritable interprétation du texte qui, précisément, est une nouveauté du droit byzantin. Ainsi se résume la doctrine la moins soutenue, mais la seule qui semble gagner du terrain[1]. Il importe d'en éprouver sérieusement la valeur et d'essayer de l'établir solidement.

La doctrine à laquelle nous souscrivons doit tout d'abord accorder au texte des Institutes un sens propre, indépendant de celui du Code limité à la vente *cum scriptura*.

Ce sens n'est pas impossible à dégager en prenant comme point de départ la volonté nettement déclarée par l'Empereur de ne rien innover dans les ventes sans écrit. Que signifie en effet la phrase *nam nihil a nobis in huiusmodi venditionibus innovatum est*? Uniquement ceci que Justinien maintient la règle traditionnelle des arrhes dans leurs relations avec la formation du contrat. Mais il n'en faut nullement déduire, comme le pensent des auteurs, qu'il prétendait ne rien innover par rapport au rôle pénitentiel des arrhes. La phrase doit s'entendre d'une manière restrictive, en liant son sens au massif des phrases de début qui visent la formation du contrat. Par là donc, le texte des Institutes se met volontairement en opposition avec celui du Code. Est-ce à dire qu'il le contredit?

Du sens ainsi établi de la phrase ci-dessus il résulte que la vente *sine scriptis*, dont il est parlé dans la phrase incidente *sive sine scriptis venditio celebrata est*, est certainement, dans la pensée du rédacteur, une vente formée.

---

1. Kunze, *op. cit.*, p. 10, 12, 14; Mitteis, *Grundzüge*, t. II, 1, p. 186, n. 4; Pappulias, *op. cit.*, p. 100; Partsch, *loc. cit.*, p. 729.

Jusqu'ici donc, aucune contradiction : pas de contradiction avec le Code, puisque les deux champs d'application sont distingués expressément, pas de contradiction dans le corps même du texte des Institutes, puisque la vente *sine scriptis celebrata*, à propos de laquelle les arrhes jouent leur second rôle, est la vente parfaite comme celle visée au début du *princ.*

La contradiction, comme on l'affirme, commence-t-elle lorsqu'à la fonction probatoire du début du *princ.* se joint la fonction pénitentielle et pénale, d'après la fin du *princ.* ? En aucune manière. Dernburg[1] a, depuis longtemps, remarqué que l'union de la fonction probatoire et de la fonction pénale, quoique fréquemment méconnue, était parfaitement reçue en droit romain[2]. Il est facile de montrer en outre que le langage de Justinien, pris de ce biais, n'est pas contradictoire. Justinien, d'une part, a maintenu dans les ventes sans écrit le caractère confirmatoire traditionnel en droit romain, parce que dans cette sorte de ventes il demeure le caractère propre et essentiel des arrhes. D'autre part, l'Empereur a adjoint à la fonction naturelle des arrhes le caractère de moyen de dédit emprunté au droit oriental, en décidant que celui qui refuse d'*adimplere contractum* les perd ou les rend au double, ce qui arrivera quand l'acheteur ne versera pas le reste du prix ou quand le vendeur ne lui livrera pas la chose, — *adimplere contractum* ne peut s'entendre ici que de ces deux façons; l'expression garde son sens courant qu'il perdait dans l'autre sorte de ventes.

Il y a d'autant moins de contradiction entre les deux fonctions des arrhes qu'en pratique l'une et l'autre ne joueront jamais de façon à embarrasser le juge. Qu'on suppose, en effet, les deux seuls cas qui peuvent se présenter devant lui : ou bien les parties se déclarent prêtes à exécuter le

---

1. Dernburg, *Pandekten*, t. II, § 12, n° 2 et n. 5; 4ᵉ éd., Berlin, 1894, p. 33.
2. *Suprà*, p. 97, n. 2.

contrat, ou bien l'une d'elles ne veut pas exécuter. Dans
les deux cas, les arrhes garderont toujours leur premier
rôle, celui d'élément confirmatoire, puisqu'il s'agit d'une
vente sans écrit ; le juge aura dans les deux cas à examiner
si le contrat était formé, et il s'appuiera pour le faire sur
la remise des arrhes. Si les parties sont prêtes à exécuter
la vente, les arrhes ne rempliront jamais que ce premier rôle qui en pratique ressortira toutes les fois
qu'il y aura seulement difficulté dans l'exécution du contrat ; la remise des arrhes témoignera que le contrat est
parfait, et le juge n'aura qu'à interpréter la vente formée.
A l'inverse, la seconde fonction ne pourra se présenter
qu'en cas de dédit d'une partie, cela va de soi. Il existe
donc un critère de différenciation entre les deux fonctions
des arrhes ; et ce critère, le dédit, fort bien marqué par
Justinien dissipe la contradiction qu'on voudrait voir
entre le commencement du texte et la partie finale.

En conséquence, rien n'empêche d'accepter le texte tel
qu'il se présente dans l'interprétation la plus naturelle,
c'est-à-dire en le rapportant à une vente parfaite. Le
morceler, sous couleur de contradiction, pour faire prévaloir
le caractère confirmatoire sur le caractère pénitentiel, ce
n'est plus interpréter le droit de Justinien, c'est construire
un système dogmatique.

On peut d'autant mieux accepter le texte avec ce sens
logique qu'il semble ne choquer aucune idée fondamentale du droit byzantin. En d'autres termes, si l'on quitte
l'argumentation littérale et que l'on porte le débat — pour
en finir — sur le terrain des principes, on aboutira au
même résultat.

D'après les principes du droit romain classique ou pur,
il est incontestable que, la vente devenant parfaite par
l'échange des consentements, les arrhes ne peuvent y avoir
que le caractère probatoire (à moins de convention particulière). D'autre part, le droit romain s'oppose absolu-

mént à la rupture du contrat parfait par la volonté d'une seule partie. La question est de savoir si ces idées ne se sont pas évanouies dans le droit byzantin.

Quoique rien dans les recueils de Justinien, en dehors du passage des Institutes objet de la présente discussion, ne fasse prévoir un changement de législation à cet égard, il est cependant vraisemblable qu'il existe une divergence de vues complète entre le droit romain pur et le droit byzantin. Cette divergence peut légitimement se fonder sur l'origine non purement romaine du droit de Justinien. Elle apparaîtra si l'on tient compte de la tradition grecque dont l'influence — reconnue par tous — sur la notion des arrhes dans la vente écrite a pu se doubler d'une influence pareille sur les ventes non écrites. L'idée que le contrat parfait est dissoluble avec perte des arrhes choque le droit romain, mais ne heurte nullement les principes de l'Orient [1]. Et l'on en trouve la preuve dans les papyrus, — non pas la preuve directe pour notre cas puisque les papyrus n'ont pu conserver la trace de ventes non écrites avec arrhes (cela va de soi) [2], — mais une preuve indirecte qui a sa valeur. Dans deux contrats de louage de services, contrats parfaits, réunissant toutes les conditions de validité, les arrhes remises au *locator operarum* jouent, d'après la volonté des contractants, le rôle de moyen pénitentiel et pénal [3]. Pourquoi ce qui est admis dans le contrat parfait

---

1. En ce sens, Frese, *op. cit.*, p. 31-32 et n. 104 et 105.

2. Nous ne pourrions être renseignés que si nous possédions des pièces relatives à des procès suscités à propos de telles ventes, et nous n'en avons aucune.

3. Dans le premier, Fay. 91 (an. 99), ll. 27-30, l'ouvrière de l'huilerie qui a reçu 16 drachmes d'arrhes s'engage à les rendre au double à son employeuse si elle n'exécute pas le travail. Dans le second, Oxy. 140 (an. 550), ll. 25-29, le chef d'écurie qui se loue pour un an et qui a reçu 4 sous d'or 1/2 d'arrhes du propriétaire de l'écurie de courses, s'engage à les lui rendre au double s'il se retire avant la fin de l'année du contrat, et, s'il est chassé sans juste cause de sa charge de σταβλίτης, le propriétaire les lui abandonne à titre d'amende.

de louage ne le serait-il pas dans le contrat de vente quand il est parfait sans καταγραφή? Il paraît difficile de trouver une raison plausible d'une différence de traitement quelconque.

Ainsi, les principes des coutumes helléniques révélées par les papyrus concordent avec l'interprétation la plus logique du passage des Institutes. Rien ne s'oppose donc à ce qu'on voie dans ce texte si controversé une extension du νόμος τῶν ἀρραβόνων faite par lui aux ventes non écrites. Le tort des rédacteurs a été d'employer une formule trop synthétique (ce n'est pas le défaut ordinaire du style byzantin), une formule qui devait convenir à la fois à la vente écrite et à la vente non écrite; c'est cette formule qui a dérouté les interprètes et que nous avons cherché plus haut à expliquer dans la forme[1]. Dans le fond, elle se comprendra mieux si l'on y reconnaît, comme pour les ventes écrites, une influence orientale fortement marquée, en opposition complète avec le droit romain classique[2].

---

1. On ajoutera à nos propres observations la remarque pleine de sens de Partsch (*loc. cit.*, p. 729) : si le rédacteur des Institutes a employé d'autres termes que celui du Code, c'est que, travaillant pour des étudiants à leurs débuts, il a trouvé nécessaire de transposer dans la langue des sources romaines classiques les réformes de la constitution.

2. Notre conclusion s'accorde tout à fait avec les vues de Partsch (*loc. cit.*, p. 727-730) qui, après M. Pappulias, accepte l'identité des deux passages de Justinien et l'origine grecque de la double décision relative au caractère pénitentiel des arrhes.

SECTION IV

LE DÉPÔT IRRÉGULIER

Quelques études ont été récemment consacrées à l'examen critique des passages des jurisconsultes classiques relatifs au dépôt irrégulier[1]. Ces études ont eu pour résultat de changer la physionomie du droit classique telle qu'elle apparaît d'après le Digeste, en y introduisant de nouveaux éléments, d'une part, en mettant en évidence l'origine grecque de ce dépôt dont les caractères contrastent avec la notion romaine ordinaire du contrat, de l'autre, en faisant ressortir le peu de place qu'il tient au IIIe siècle encore, attendu que son extension importante lui a été donnée seulement par les commissaires à l'aide d'interpolations. Ces deux conclusions — dont nous nous contenterons d'emprunter les preuves aux auteurs qui les ont dégagées — nous fourniront un exemple nouveau du caractère oriental des remaniements opérés dans l'œuvre de Justinien.

---

1. J. C. Naber, *Observatiunculae de iure romano*, XCIII : *de deposito usurario* (*Mnemosyne*, N. S., t. XXXIX, 1906, p. 59 et s.); C. Longo, *Appunti sul deposito irregolare* (*B. I. D. R.*, t. XVIII, 1906, p. 121-156); G. Segré, *Sul deposito irregolare in diritto romano* (*id.*, t. XIX, 1907, p. 197-234); B. Kübler, *Griechische Tatbestände in den Werken der kasuistischen Literatur* (*Z. S. S.*, t. XXIX, 1908, p. 189-207); B. Frese, *op. cit.*, p. 32-33. La monographie de Th. Niemeyer, *Depositum irregulare* (Diss. Halle, 1889), n'est citée ici que pour mémoire.

1. — Le dépôt irrégulier, dépôt volontaire fait par celui à qui on doit le rendre, a pour essence de porter sur une somme versée ou comptée dont le dépositaire devient propriétaire à charge de restituer une somme égale, sans intérêts ou avec intérêts; ce contrat se rapproche visiblement du *mutuum*, mais il s'en distingue tant par sa fonction économique que par sa nature juridique[1]. Laissant de côté ces notions très connues, la seule question qui nous intéresse est de savoir à quel moment le contrat a été sanctionné comme contrat indépendant de dépôt.

La doctrine courante peut se résumer ainsi : « Il est possible, dit M. Girard[2], que l'existence de cette variété de dépôt ait été contestée par certains jurisconsultes qui auraient voulu y voir un *mutuum*[3]... Mais il ne nous semble pas douteux qu'elle était admise par l'opinion dominante représentée déjà par Alfenus[4], puis par Papinien[5] et probablement par Paul »[6].

En soumettant les textes au double contrôle de l'exégèse et de la critique, MM. Naber et Longo étaient arrivés à un résultat différent, au résultat général que la construction juridique du dépôt irrégulier n'avait pas été reconnue par le droit classique et serait une création complète des Byzantins. M. Segré, suivi par MM. Kübler et Frese, n'accepte leurs démonstrations que pour partie, et c'est son opinion qui nous paraît la plus exacte. Nous allons indiquer ses arguments en les résumant et en y joignant quelques remarques complémentaires qui peuvent rentrer dans le cadre de la présente étude.

En ce qui concerne les passages connus de Paul et d'Ulpien, les auteurs cités sont tous d'accord pour admettre que

---

1. Girard, p. 531-532.
2. Girard, p. 532, n. 1 (*in fine*).
3. P. ex. Ulpien, D. 16, 3, *dep.*, 7, 2; 42, 5, *de reb. auct. iud.*, 24, 2.
4. Alfenus, D. 19, 2, *loc..* 31.
5. Papinien, D. 16, 3, *dep.*, 24 ; 25, 1.
6. Paul. D. 16, 3, *dep.*, 26, 1 ; 29, 1.

ni l'un, ni l'autre, n'ont accepté cette construction juridique.

D'abord, la doctrine de Paul telle qu'elle ressort d'un premier texte au Digeste se trouve directement contredite par le passage de ses Sentences dont la *Collatio* a transmis la forme pure[1]. Il en résulte que son second texte du Digeste[2] est suspect; comme on l'avait déjà reconnu d'ailleurs, la suspicion se vérifie par des raisons internes. Les quelques fragments d'Ulpien ne sont pas plus sûrs. Dans deux de ses textes[3], Ulpien professe nettement la doctrine que le dépôt avec intérêts conventionnels est un *mutuum*. Dans les autres passages[4], il oppose le dépôt irrégulier sans intérêts — qui serait assimilé au dépôt régulier — au dépôt irrégulier avec intérêts — qui serait regardé comme un *mutuum*.

Le fragment d'Alfenus (5 *dig. a Paulo epitomat.*)[5], que la doctrine courante déclare révéler pour la première fois la reconnaissance du dépôt irrégulier dans le droit classique, n'est pas considéré comme probant par les auteurs récents, mais pour des raisons diverses. Les uns[6] y voient un cas de *mutuum* malgré la mention expresse faite d'un dépôt. D'autres[7] attribuent le passage à Paul. Mais ces deux

---

1. D. 16, 3, 29, 1 = Coll. 10, 7, 9 (Longo, p. 124 et s.; Segrè, p. 198; Kübler, p. 203).

2. D. 16, 3, 26, 1. La finale *et ideo secundum conventionem usurae quoque actione depositi peti possunt* est interpolée (Lenel. n° 1474; Naber, p. 60-61; Longo, p. 129; Segré, p. 198; Kübler, p. 190, 203).

3. D. 16, 3, 7, 2; 42, 5, 24, 2 (Longo, p. 128-129; Segré, p. 198; Kübler, p. 192).

4. D. 12, 1, *de reb. cred.*, 9, 9; 10; 16, 3, 1, 34 (Longo, p. 121-124; Segré, p. 198-199; Kübler, p. 192).

5. Alfenus, D. 19, 2, 31. Le passage discuté est le suivant : *idem iuris esse in deposito; nam si quis pecuniam numeratam ita deposuisset ut neque clusam, neque obsignatam traderet, sed adnumeraret, nihit aliud eum debere apud quem deposita esset nisi tantundem pecuniae solvere.*

6. Longo, p. 137-156; Segré, p. 201-203.

7. E. Costa, *Papiniano*, t. IV, Bologne, 1899, p. 72; Kübler, p. 192.

opinions nous paraissent bien difficiles à soutenir, la première, parce que l'hypothèse prévue rentre tout à fait dans la définition du dépôt irrégulier, la seconde, parce que Paul, d'après la nature même de son travail indiqué par l'inscription du fragment, a résumé le Digeste d'Alfenus et ne l'a pas augmenté de remarques personnelles. Pour nous, comme pour M. Naber[1], le passage en question est une addition de basse époque, une glose plutôt qu'une interpolation ou peut-être une interpolation dans la phrase la plus importante (*nam si quis — solvere*) développant la courte glose antérieure (*idem iuris esse in deposito*). La preuve résulte, à notre avis, de la singulière intercalation au milieu de la réponse d'Alfenus de l'incidente relative au dépôt qui n'a rien à voir dans la question posée et qui se présente sous la forme du rapprochement avec elle d'un cas étranger analogue, procédé fréquent chez les glossateurs et les compilateurs.

A la différence des textes précédents, les deux fragments de Papinien[2], tout aussi célèbres et aussi étudiés que celui d'Alfenus, nous mettent, croyons-nous, pour la première fois en présence d'un dépôt irrégulier dans le droit romain. Le premier de ces fragments[3] fait l'objet d'une vive dis-

---

1. Naber, p. 62.

2. Pap., 9 *quaest.*, D. 16, 3, 24; 3 *resp.*, D. *h. t.*, 25, 1.

3. Pap., 9 *quaest.*, D. 16, 3, 24 : « *Lucius Titius |Sempronio salutem. Centum nummos, quos hac die commendasti mihi adnumerante servo Sticho actore, esse apud me ut notum haberes, hac epistula manu mea scripta tibi notum facio. quae quando voles et ubi voles confestim tibi numerabo* », *quaeritur propter usurarum incrementum. respondi depositi actionem locum habere : quid est enim aliud commendare quam deponere?*

quod ita verum est, si id actum est, ut corpora nummorum eadem redderentur : nam si, ut tantundem solveretur, convenit, egreditur ea res depositi notissimos terminos. in qua quaestione si depositi actio non teneat, cum convenit tantundem, non idem reddi, rationem usurarum haberi non facile dicendum est.

et est quidem constitutum in bonae fidei iudiciis, quod ad usuras attinet ut tantundem possit officium arbitri quantum stipulatio : sed contra bonam fidem [et depositi naturam] est usuras ab eo desiderare

cussion critique dans laquelle les auteurs récents, en cherchant quelles sont les limites à assigner au texte original du jurisconsulte, professent ou écartent l'opinion qu'il a reconnu le dépôt irrégulier. Sur le terrain critique la démonstration semble acquise, grâce à M. Segré[1], que ses prédécesseurs, MM. Naber et Longo[2], ont donné trop d'étendue à la retouche. Après l'examen détaillé de chaque mot ou locution importante, les conclusions les plus vraisemblables sont les suivantes : le texte n'a pas été interpolé, car ni sa langue[3], ni son style, n'accusent l'œuvre des compilateurs; pourtant, comme on l'a reconnu depuis longtemps, il n'est pas tout entier de Papinien, et c'est par là qu'on peut expliquer la contradiction visible entre ses diverses phrases. L'enchaînement des idées se dégage ainsi. Selon M. Segré, fidèle à la doctrine générale et approuvé par M. Kübler dans son opposition à l'opinion des deux autres auteurs[4], Papinien, reconnaissant dans le chirographe à lui soumis la restitution du *tantundem*, admettait néanmoins l'action *depositi* pour la raison qu'il n'y a aucune différence entre *commendare* et *deponere*. Suit une distinction insérée dans les deux phrases *quod ita verum est — dicendum est* qui contredit directement

---

temporis ante moram, qui beneficium in suscipienda pecunia dedit. si tamen ab initio de usuris praestandis convenit, lex contractus servabitur.

1. Segré, p. 209-227, approuvé par Kübler, p. 204-206.

2. L'opinion de M. Longo vient d'être reproduite encore avec de nouveaux arguments par G. Rotondi, *Natura contractus* (extr. du *B. I. D. R.*, t. XXIV, 1911), p. 96 et s. Quoique l'auteur ait, à mon avis, parfaitement démontré le byzantinisme de l'expression *natura contractus* (*infrà*, Chap. II, Sect. III), il ne s'ensuit pas qu'il ait réussi à détruire le raisonnement de M. Segré. On verra bientôt qu'à notre avis sa démonstration conduit seulement à déclarer interpolés quelques mots du texte de Papinien.

3. Exception faite des mots *et depositi naturam* (cf. *infrà*, p. 119, n. 3).

4. Naber, p. 63, et Longo, p. 132, soutiennent que Papinien ne reconnaissait pas encore le dépôt irrégulier; son interprétation du chirographe concluait à l'action de dépôt pour un dépôt pur et simple.

la solution que vient de donner Papinien puisqu'elle refuse l'action *depositi* en cas de contrat avec restitution du *tantundem*. Personne parmi les modernes n'en fait endosser la responsabilité à l'illustre jurisconsulte. La majorité se refuse à y voir une interpolation[1] et pense plutôt à une note sur Papinien de Paul ou d'Ulpien[2] qui, tous deux également, on l'a vu, repoussaient la notion du dépôt irrégulier. Quant au passage qui vient après cette note *et est quidem constitutum — dedit*, personne ne conteste que Papinien y reprenait de nouveau la parole. Il y déclare, sur la question particulière des intérêts à lui soumise, qu'il est contraire à la bonne foi[3] de réclamer des intérêts moratoires (*ante moram*) de celui qui, de par la forme même du dépôt, devant avoir toujours prête la somme pour la restituer à première réquisition, rend un service au dépositaire plutôt qu'il n'en reçoit un pour lui-même. Telle est l'interprétation qui cadre le mieux avec la reconnaissance du contrat de restitution du *tantundem* à laquelle Papinien semble se ranger[4]. Enfin, la dernière phrase — dont la pureté est au contraire discutée, mais que la locution *lex contractus* permet plutôt de ne point enlever à Papinien[5] — con-

---

1. Comme le croient Naber, p. 63 et s., et Longo, p. 131 et s., le premier pour la phrase *in qua quaestione — dicendum est*, le second pour tout le passage. Il est impossible de soutenir l'interpolation puisque les Byzantins ont, de l'aveu général, sanctionné le dépôt irrégulier (Segré, p. 220-221 ; Kübler, p. 205).

2. Mais lequel des deux est l'auteur de la note ? Les auteurs se divisent (voy. Segré, p. 223, n. 2); M. Kübler, p. 204, penche pour Paul à cause de l'analogie avec le texte de Paul (D. 16, 3, 26, 1). Pour les corrections faites par les compilateurs (à commencer par la suppression de *Paulus* ou *Ulpianus* avant la note), voy. Segré, p. 224.

3. Le texte du Digeste ajoute que cela est contraire aussi à la « nature du dépôt » (*contra*)... *et depositi naturam*. Ces mots que M. Segré, p. 225-226, croit avoir été ajoutés par l'annotateur de Papinien peuvent être regardés réellement comme interpolés, depuis l'étude (citée, p. 118, n. 2) de M. Rotondi sur la *Natura contractus*. Mais là se borne à notre avis l'interpolation.

4. Segré, p. 224-225.

5. Segré, p. 225-227, ne soutient pas très fermement la pureté de cette

firme l'interprétation précédente en autorisant la réclamation des intérêts si la convention initiale le spécifiait expressément.

Dans le deuxième texte de Papinien[1] la doctrine courante voit aussi un dépôt irrégulier, pour la raison de fond que les intérêts moratoires ne peuvent être dus que dans cette variété de contrat de bonne foi et non dans un *mutuum* en lequel se convertirait la convention *ut tantundem redderet*. Le texte a été cependant soustrait au matériel du dépôt irrégulier et rapporté par MM. Naber et Longo[2] au dépôt régulier pour la raison de forme que cette phrase typique qui qualifie la convention au Digeste n'appartient pas au jurisconsulte, mais provient des compilateurs. Tout en convenant de bonne grâce que la phrase occupe dans le contexte une mauvaise place[3], M. Segré[4], suivi ici encore par M. Kübler[5], ne croit pas cependant pouvoir interpréter le texte dans le sens d'un dépôt régulier. L'argument décisif est que si le dépositaire régulier avait abusé des deniers non scellés en les employant à son propre usage, les intérêts auraient été dus, non seulement *post moram*, mais encore *ante moram*. La solution donnée par Papinien exige que le dépositaire se soit cru autorisé à employer l'argent, ce qui résulte des mots *tantundem redderet*. La règle formulée dans le fr. 25, § 1 pour les intérêts *post moram* cadre bien d'ailleurs avec celle du fr. 24 qui refuse des intérêts *ante moram*; toutes deux se réfèrent au même genre de contrat, le dépôt irrégulier.

---

phrase (Kübler, p. 206, observe la même prudence). Naber, p. 63, et Longo, p. 133, admettent l'interpolation.

1. Pap., 3 *resp.*, D. 16, 3, 25, 1 : *Qui pecuniam apud se non obsignatam, ut tantundem redderet, depositam ad usus proprios convertit, post moram in usuras quoque iudicio depositi condemnandus est.*

2. Naber, p. 62; Longo, p. 135.

3. Peut-être d'ailleurs par la faute d'un rédacteur ou d'un copiste du Digeste et non par la volonté du jurisconsulte.

4. Segré, p. 227-230.

5. Kübler, p. 206.

Pour conclure, la thèse qui paraît la mieux fondée d'après l'examen critique des textes est celle qui découvre en Papinien le premier juriste disposé à reconnaître le dépôt irrégulier, tandis que le jurisconsulte Alfenus antérieur à lui et Paul et Ulpien, ses contemporains, ne l'admettaient pas[1].

II. — L'explication de la doctrine particulière de Papinien proposée par M. Segré[2], à qui revient le mérite d'avoir dégagé les conclusions précédentes, c'est que le grand jurisconsulte, probablement originaire de l'Asie (peut-être de la Syrie), s'est inspiré du droit hellénique « où le dépôt d'une somme à restituer à première réquisition était reconnu sous le nom de παρακαταθήκη, dont l'action était la δίκη παρακαταθήκης, avec ou sans intérêts convenus, auprès du vrai et propre χρεός et δάνειον, parfois gratuit, mais ordinairement à intérêts, protégé, outre l'action générale (δίκη συμβολαίων ou συνθηκῶν παραβάσεως), par l'action spéciale δίκη χρέως ou χρέους ».

La pratique du dépôt irrégulier dans le monde hellénique est d'ailleurs de mieux en mieux élucidée, grâce aux papyrus[3] qui font souvent mention de la responsabilité du dépositaire κατὰ τῶν παρακαταθηκῶν νόμον[4]. On ne peut se dispenser de noter aussi combien leur formulaire contient de termes analogues aux expressions latines des chirographes[5] pris comme bases des espèces traitées par les juris-

---

1. Cette thèse est acceptée par Kübler, p. 207.

2. Segré, p. 230-231.

3. Segré, p. 204-208; Frese, p. 33, n. 111; plus complètement Kübler, p. 193-199, et Mitteis, *Grundzüge*, t. II, 1, p. 257-259.

4. Comme pour les autres νόμοι visées dans les papyrus, on peut se demander s'il s'agit d'une loi particulière et quelle est cette loi, l'édit provincial romain ou une loi grecque (Mitteis, *op. cit.*, p. 258). Le terme vise simplement, croyons-nous, la coutume grecque (cf. *suprà*, p. 103, n. 1).

5. Sur les rapports de langue, cf. Kübler, p. 200, 201, 202. — Ajoutez aux documents latins l'acte de Transylvanie de 167 (Girard, *Textes*, p. 818) dont les expressions *sine ulla controversia* rappellent les mots grecs ἄνευ δίκης. καὶ κρίσεως καὶ πάσης ὑπερθέσεως καὶ εὑρησιλογίας (Lond. t. II, 298, p. 206, ll. 16-17, Tebt. 387, l. 7, B. G. U. 637, 856) ou ἐν[αντ]ιολογίας (C. P. R. 29, l. 16).

consultes du Digeste; parmi eux, Paul cite même un acte rédigé en grec[1].

C'est donc l'origine hellénique du dépôt irrégulier plus nettement établie qui permet d'entrevoir ses destinées dans l'histoire du droit romain.

D'abord, elle fait comprendre pourquoi Paul et Ulpien, imbus des doctrines romaines traditionnelles, ne l'ont pas reconnu, tandis que Papinien, novateur hardi, désirant satisfaire les intérêts du commerce et de la banque, l'a sanctionné par l'action *depositi*. Il a agi sous la même inspiration qui l'avait poussé à introduire dans le droit romain, sous la forme de l'*actio ad exemplum institoriae*, la représentation contractuelle générale en vigueur dans le milieu juridique grec, et qui l'a porté aussi à admettre en droit romain la *mutua fideiussio* comme procédé créateur d'une variété de solidarité fréquente en droit grec — nous allons l'étudier à la Section V.

L'origine hellénique explique encore et surtout pourquoi ce dépôt irrégulier a été largement adopté par Justinien dans son Digeste, pourquoi les commissaires ont interpolé quelques textes qui n'en parlaient pas afin de l'y insérer. Leur dessein a été réalisé, au titre *depositi vel contra*, en massant, à la suite du texte fondamental de Papinien (fr. 24) qui occupe la place d'honneur, un autre texte de Papinien lui-même (fr. 25) dont le § 1 se référait aussi à la matière, les textes de Paul (fr. 26, 27 et 29) dont le premier et le troisième ne s'y rapportent qu'après retouche[2], enfin le texte de Scévola (fr. 28) où les auteurs restituent soit un dépôt pur[3], soit un *mandatum pecuniae credendae*[4],

---

1. Paul, 4 *resp.*, D. 16, 3, 26, 1, qui sert de thème à la discussion de Kübler, p. 189 et s.

2. Sur le fr. 27, voy. Mitteis, *Hermes*, t. XXX, 1895, p. 584-585; Segré, p. 232, n. 1; Kübler, p. 196.

3. Niemeyer, p. 62; Lenel, n° 233; Naber, p. 61.

4. Segré, p. 232, n. 1.

soit un *receptum*[1]. Ce dernier texte appelle une remarque. Considérant que Scevola n'est pas resté insensible à l'influence grecque[2], on pourrait conjecturer timidement qu'il reconnaissait déjà le dépôt irrégulier (comme il le fait d'après le Digeste), qu'il en serait l'introducteur véritable en droit romain, avant Papinien. Mais le sens premier du texte n'est pas assez net pour que nous osions insister sur cette hypothèse qui, à ce qu'on voit, ne vient ici qu'à titre accessoire.

Quant à la construction même du contrat et à la fixation de ses limites par rapport au *mutuum* telles qu'elles résultent des textes du Digeste, quant aux difficultés pour mettre en harmonie les décisions divergentes des jurisconsultes non effacées par les interpolations, cela est affaire d'exégèse et de dogmatique[3]. Nous ne voulions que montrer l'origine orientale de l'institution.

---

1. Kübler, p. 202.
2. *Suprà*, p. 97, n. 2.
3. Voy. Segré, p. 232-234.

SECTION V

L'EXTENSION DU BÉNÉFICE DE DIVISION
AUX ἀλληλέγγυοι.

———

La matière que nous abordons fait l'objet d'une des réformes les plus connues de Justinien, réforme opérée par la Novelle 99 de 539. Mais elle prête à de nombreuses controverses, car le sens de la Novelle est loin d'être fixé encore aujourd'hui malgré les travaux qui lui ont été consacrés. On aurait pu penser que la solution se serait trouvée facilitée, dans ces dernières années, par l'étude des papyrus qui contiennent fréquemment les mots ἀλλήλων ἔγγυοι. S'il n'en a pas été ainsi, c'est que l'incertitude règne pareillement sur le sens exact de l'expression en Égypte. Dans quelle mesure les papyrus aident-ils à comprendre la Novelle? Les papyrus et la Novelle renferment-ils réellement du droit romain; ne visent-ils pas plutôt une institution de la pratique grecque? Telles sont les questions qu'il importe de résoudre d'après l'ensemble des documents en discutant les opinions formulées par les auteurs anciens ou récents, juristes ou papyrologues.

I. — La disposition principale de la Novelle 99, c. 1, proem., est ainsi conçue :

Εἰ γάρ τις ἀλληλεγγύως ὑπευ- θύνους λάβοι τινάς, εἰ μὲν μὴ προστεθείη τὸ δεῖν καὶ ἕνα τού- των εἰς ὁλόκληρον ἐνέχεσθαι, πάντας ἐξ ἴσου τὴν ἀγωγὴν ὑφίσ- τασθαι.	Si quis enim mutua fide- iussione obligatos acceperit aliquos, si quidem non adie- cerit oportere et singulos in solidum teneri, omnes ex aequo actionem suscipere[1].

Son innovation consiste donc à distinguer entre deux sortes d'ἀλληλέγγυοι et à appliquer aux ἀλληλέγγυοι purs et simples la règle qu'ils sont tenus ἐξ ἴσου, également, *pro parte virili*. Pour les ἀλληλέγγυοι εἰς ὁλόκληρον, la Novelle leur consacre ses dispositions les plus étendues en leur conférant le bénéfice de division suivant un système connu et assez compliqué, leur permettant de ne pas répondre de la dette *in solidum*, mais seulement de payer chacun une fraction de la dette calculée sur le nombre des débiteurs présents et solvables[2].

La difficulté est de déterminer quelle est la qualité juri- dique des uns et des autres, question qui se rattache direc- tement à celle de savoir quel a été le but précis de la réforme?

Les doctrines principales exprimées sur la Novelle 99 se ramènent à trois[3]. L'opinion la moins soutenue fait des ἀλληλέγγυοι des débiteurs conjoints qui sont cautions réci- proques les uns des autres. Une seconde y voit des débiteurs

---

1. Notre traduction, à la différence de celle de l'éd. Schoell et Kroll, garde le terme technique *mutua fideiussio* du texte latin de l'*Authen- ticum* : *Si quis enim mutua fideiussione obligatos acceperit aliquos, si quidem non additum sit debere etiam singulos in solidum teneri, omnes ex aequo actionem sustineant*.

2. Accarias, t. II, p. 207-208.

3. Pour la bibliographie, voy. J. Binder, *Die Korrealobligationen im römischen und im heutigen Recht*, Leipzig, 1899, p. 300, n. 11. — Ajouter S. Brassloff, *Zu den Quellen der byzantinischen Rechtsgeschichte* (I. Zur Novelle 99, etc.) (*Z. S. S.*, t. XXV, 1904, p. 298-302); G. Bortolucci, *La fideiussione nell'Egitto greco-romano* (*B. I. D. R.*, t. XVII, 1905, p. 311). L'exposé des différents systèmes est présenté par Vangerow, § 573, n. 4, t. III, p. 78-87, et Windscheid, § 293, n. 10, t. II, p. 205.

corréaux qui se sont portés de même cautions réciproques. Enfin l'opinion la plus répandue pense que la Novelle vise les débiteurs corréaux sans condition spéciale[1], les *rei promittendi* véritables du droit romain, comme semble l'autoriser le titre latin *de reis promittendi* de l'*Authenticum*.

La controverse tourne en réalité autour du mot ἀλλη-λέγγυοι. Les deux premières opinions tiennent compte de ce terme et exigent que les débiteurs s'engagent à titre de *mutui fideiussores*. L'opinion dominante met absolument de côté le procédé de la *mutua fideiussio*, parce qu'elle pense que la locution grecque représente par elle-même la corréalité. La discussion se trouve donc bien circonscrite dans la fixation du sens exact du mot ἀλληλέγγυοι, beaucoup plus qu'elle ne roule sur la décision même de la Novelle[2]. Nous allons rechercher si ce terme est vraiment l'expression de la corréalité romaine, en examinant la question dans les rapports entre la Novelle et les autres textes, parmi lesquels les papyrus jouent aujourd'hui le rôle principal.

C'est du reste en manière de commentaire à ses textes papyrologiques que M. Mitteis[3] vient d'apporter un nouvel appui à la doctrine dominante, en accentuant l'identité de l'ἀλληλεγγύη et de la corréalité plus encore qu'elle ne l'avait été jusqu'ici. Il est donc légitime que nous prenions pour base son argumentation, sauf à discuter plus loin les doctrines des juristes à propos des textes juridiques.

II. — Dans les papyrus plusieurs débiteurs obligés ensemble s'appellent ἀλλήλων ἔγγυοι, c'est-à-dire pour l'opinion générale « débiteurs corréaux ». Leur engagement col-

---

1. Vangerow et Windscheid croient cependant que la division n'existera qu'entre les corréaux que la dette touche matériellement pour partie seulement.

2. Savigny le constatait déjà (*Droit des obligations*, trad. Gérardin et Jozon, t. I, Paris, 1863, p. 308).

3. Mitteis, *Grundzüge*, t. II, 1, p. 113-115.

lectif s'accompagne souvent de la clause de style, ἡ δὲ πρᾶξις
ἔστω καὶ ἐξ ἑνὸς καὶ ἑκάστου (ou ὁποτέρου) καὶ ἐξ οὗ ἐὰν αἱρῆται.
Cette clause, venue du vieux droit grec, exprime déjà par
elle-même la corréalité, dit-on, et crée par conséquent une
tautologie dans les documents nombreux de l'Égypte qui
contiennent l'appellation ci-dessus et la clause de la πρᾶξις
à la fois. Mais, fréquente à l'époque ptolémaïque, la clause
devint plus rare au temps de la domination romaine et
disparut complètement à l'époque byzantine. Le terme
ἀλλήλων ἔγγυοι resta seul pour représenter l'obligation
corréale [1], et, suivant une précision de l'auteur dans un
ouvrage antérieur, pour représenter l'obligation corréale
du droit romain [2]. S'il ne désignait pas cela, il semble à
M. Mitteis que le terme grec ne pourrait être que l'équivalent de *mutui fideiussores* au sens étroit, c'est-à-dire de
« débiteurs conjoints obligés partiellement ». C'est donc
contre la notion d'obligation conjointe ou « partielle » [3] que
l'auteur dirige ses attaques en vue de la détruire définitivement au profit de la théorie dominante.

Comment prouve-t-on que l'ἀλληλεγγύη exprime la
corréalité plutôt que « l'obligation conjointe » ? D'abord
M. Mitteis [4] invoque en faveur de sa thèse le texte
de B.G.U. 741 qui dit d'une hypothèque qu'elle est
ἀλληλέγγυος pour deux prêts ; cette façon de parler n'a de
sens que si l'adjectif signifie « solidaire ». En second lieu

---

1. La suite de l'exposé de M. Mitteis, *op. cit.*, p. 114-115, sur le sens de
la clause de la πρᾶξις a pour objet principal de renverser l'opinion professée
par Bortolucci, *loc. cit.*, p. 306-308, qu'elle désignerait à elle seule la
corréalité tandis que les ἀλλήλων ἔγγυοι seraient non des débiteurs corréaux,
mais des *mutui fideiussores*. Nous reconnaissons volontiers que M. Mitteis
a pleinement raison contre l'auteur italien de ne pas séparer la πρᾶξις et
l'ἀλληλεγγύη qui, pour nous comme pour lui, ont une même nature ; reste à
savoir s'il a également raison d'y trouver l'expression de l'obligation
corréale.

2. Mitteis, *Reichsrecht*, p. 183-184.

3. *Teilhaftung, Partialhaftung*.

4. Mitteis, *op. cit.*, p. 115.

il rejette les arguments contraires qu'on pourrait tirer soit
de la rencontre au Code[1] d'un texte supposant une *mutua
fideiussio* possible, soit de l'emploi de ἀλληλεγγύως au sens
d'obligation conjointe avec *beneficium divisionis* dans les
obligations mises par la loi à la charge des fonctionnaires,
particulièrement les *nominatores*, d'après le Papyrus Flor.
2, I, l. 26, II, l. 58, III, l. 79, etc. ; c'est là, dit-il, une expression imprécise[2]. Enfin, même pour le texte de la Novelle,
il fait remarquer qu'elle confirme ses vues quoiqu'elle
regarde formellement l'ἀλληλεγγύη pure et simple comme
une obligation conjointe, car le fait que Justinien attribue
au mot ce dernier sens montre que cela n'allait pas de soi.
De plus, dans le Papyrus Amh. 151, l. 10 (an. 610-644),
qui applique manifestement l'obligation corréale prévue
par la Novelle, la dénomination ἀδιαιρέτως (ἀλληλέγγυοι)
n'aurait aucun sens si la διαίρεσις des obligations se trouvait
enfermée dans le concept de l'ἀλληλεγγύη, obligation
conjointe ; on aurait dû employer un autre adverbe
que celui-là ; ἀδιαιρέτως figurant ici pour écarter l'effet
de la Novelle s'adapte mieux à une obligation corréale.
M. Mitteis termine en observant qu'en cet état de cause
il est assez difficile de comprendre le but spécifique de la
Novelle ; peut-être voulait-on, à raison de la fréquence
des clauses de corréalité, en « émousser la pointe devenue
gênante ».

L'opinion que nous allons soutenir ne tend nullement
à restaurer « l'obligation conjointe » qu'attaque M. Mitteis
et qu'il n'a pas de peine à détruire. Comme l'opinion
dominante, nous voyons dans les ἀλληλέγγυοι des
« débiteurs collectifs tenus ensemble ». Mais nous
nous séparons d'elle quant à la détermination de la

---

1. Il vise la const. d'Alexandre Sévère (229), C. 7, 55, *si plur. una sent.
cond. sunt*, 1 (cf. D. 39, 4, *de publ.*, 6). Mais ces textes peuvent être
négligés, car il s'agit là d'obligations résultant d'un jugement.
2. Mitteis, *op. cit.*, p. 115, n. 1.

nature propre du lien collectif qui unit ces débiteurs. L'ἀλληλεγγύη ne représente pas, pour nous, l'institution romaine de la corréalité, mais une institution purement grecque qui apparaît dans les papyrus avec son caractère hellénique et qui le conserve dans les textes juridiques, dans la Novelle en particulier. Cette institution grecque pratiquée sous la forme très spéciale du cautionnement réciproque, elle a bien pour fonction, comme la corréalité romaine, de créer entre les débiteurs la solidarité, au sens le plus large du mot; mais elle ne s'est jamais confondue avec la corréalité romaine. Tel sera le thème de notre exposé.

Tout d'abord, pour prendre notre point de départ dans le vieux droit grec, il n'est pas contestable que les Grecs connaissent le moyen de faire naître l'obligation collective *in solidum* entre plusieurs débiteurs qui tout naturellement seraient sans cela des débiteurs simplement conjoints[1]. Les Grecs emploient à cet effet, soit la clause de la πρᾶξις déjà signalée, soit des formules équivalentes[2], et ces clauses s'appliquent indifféremment à des débiteurs principaux[3], à des cautions[4] ou à des garants[5].

Le procédé de l'ἀλληλεγγύη, c'est-à-dire du cautionnement mutuel, n'est pas indispensable pour faire naître l'obligation collective, car on ne le retrouve pas dans

---

1. L. Beauchet, *Histoire du droit privé de la République athénienne*, Paris, 1897, t. IV, p. 478-493.

2. On trouve la formule καὶ μέσῳ καὶ χωρὶς ἑκάτερος παντὸς τοῦ ἀργυρίου « tous ensemble et chacun pour le tout », dans le registre de Ténos, cité plus bas, n. 5.

3. Dém. contre Dionosyd., § 45; Contrat de prêt d'Arkesiné, ll. 24-27 (Dareste, Haussoullier et Reinach, *Recueil des Inscriptions juridiques grecques*, t. I, p. 314).

4. Contrat de prêt d'Orchomène, ll. 110-112 (Dareste, Haussoullier et Reinach, t. I, p. 282) (la πρᾶξις s'applique à la fois à des emprunteurs et à des cautions).

5. Registre des ventes immobilières de Ténos, ll. 12, 27, 31, 38, 48, 54, 65, 96-97, etc. (Dareste, Haussoullier et Reinach, t. I, p. 64, 68, 70, 72, 74, 76, 82). La formule ici s'applique à des πρατῆρες, sortes de garants.

tous les actes qui ont cet objet; mais en Asie-Mineure[1] et surtout en Égypte[2], c'est la forme couramment employée par les parties pour manifester leur intention de s'obliger collectivement au paiement de la dette[3]. Que représente exactement la clause ἐξ ἀλληλεγγύης ὁμολογεῖν? Engendre-t-elle une obligation collective différente de celle qui résultait de la πρᾶξις, à laquelle on reconnaît un caractère plutôt voisin de la simple solidarité que de la corréalité[4]? En d'autres termes, est-elle vraiment l'expression de la corréalité au sens romain du mot dont, suivant la formule si répandue[5], elle serait devenue la forme habituelle en Égypte depuis la conquête romaine?

Contrairement à l'opinion dominante, nous ne pensons pas que l'ἀλληλεγγύη ait jamais pris une autre nature que sa nature d'obligation *in solidum* à la grecque.

D'une part, on peut observer que, pour tout le temps où les papyrus présentent des exemples de la clause de la πρᾶξις et de l'ἀλληλεγγύη à la fois, celle-ci représente bien comme celle-là l'obligation collective grecque. Le fait est incontestable à l'égard des textes qui sont antérieurs aux Romains[6]; il est tout aussi certain pour l'époque postérieure si l'on reconnaît avec M. Mitteis une équivalence entre les deux clauses, car la tautologie dont il parle s'accorde mieux encore avec la conception non romaine de la dernière clause qu'avec son assimilation à la corréalité — dont il faudrait admettre aussi que la πρᾶξις, de son côté, était devenue l'expression.

----

1. Mitteis, *Reichsrecht*, p. 184.

2. L'étude la plus complète des papyrus est celle de G. Bortolucci, *loc. cit.*, p. 305-316; cf. aussi Mitteis, *Grundzüge*, t. II, 1, p. 113-115.

3. Les débiteurs sont dits ἀλλήλων ἔγγυοι εἰς ἔκτισιν (B. G. U. 853. 2e siècle de J.-C.; Oxy. 506, an. 143; 729, an. 137, etc.).

4. C'est l'expression même de Mitteis, *Reichsrecht*, p. 183; cf. Bortolucci, *loc. cit.*, p. 307.

5. Mitteis, p. 184; Brassloff, *loc. cit.*, p. 299, 300.

6. Bortolucci, *loc. cit.*, p. 307.

D'autre part, même après la disparition de la πρᾶξις, il paraît difficile d'accepter l'identité de l'ἀλληλεγγύη avec l'institution romaine de la corréalité[1], par la raison que celle-ci, pendant longtemps, a exigé pour être valable des formes spéciales de stipulation très rigoureuses; on ne les voit pas apparaître dans les papyrus comme on y voit si fréquemment la stipulation simple. Il y a plus, l'ἀλληλεγγύη n'est même pas l'équivalent absolu d'une *mutua fideiussio* romaine, car la *fideiussio*, elle aussi, exigea pendant longtemps des formes spéciales.

La clause reste bien, dans les papyrus, une clause grecque, créant l'obligation collective *in solidum* sans aucun rapport avec la corréalité romaine et sur une autre base, une base plus archaïque que révèle l'histoire du droit comparé[2]. C'est avec ce caractère qu'elle est passée, selon nous, dans la Novelle 99.

III. — Avant d'y consacrer les développements nécessaires et pour préparer l'éclaircissement du texte même de la Novelle, il n'est pas inutile d'insister sur le fait que les jurisconsultes romains se sont déjà aperçus d'une différence entre la *mutua fideiussio* et la corréalité. La démonstration de notre conception fondée précisément sur cette différence y gagnera d'avoir un appui dans les textes antérieurs à Justinien. Elle peut se faire, d'une façon qui nous paraît concluante, grâce à un texte fameux de Papinien dont on n'a pas tiré jusqu'ici tout le parti possible, parce qu'on ne le rattache pas d'ordinaire à une origine grecque.

Le texte en question est ainsi conçu :

Papinien, 11 *resp.*, D. 45, 2, *de duob. reis*, 11, pr. :

Reos promittendi vice mutua fideiussores non inuti-

---

1. Binder, p. 307.
2. Binder, p. 306-307.

liter accipi convenit, reus itaque stipulandi actionem suam dividere si velit (neque enim dividere cogendus est), poterit eundem ut principalem reum, item qui fideiussor pro altero exstitit, in partes convenire, non secus ac si duos promittendi reos divisis actionibus conveniret.

Les controverses sont vives pour savoir ce que Papinien entend exactement par *reos promittendi* et quel est l'intérêt spécial, en union avec le bénéfice de division, qu'il voyait à leur permettre de se porter *vice mutua fideiussores*. Il semble bien que pour donner au texte son sens véritable il faut rejeter, l'une comme l'autre, les deux principales opinions qui ont encore cours sur son interprétation : d'une part, l'opinion de Savigny[1] qui, regardant la Novelle 99 comme une extension du fragment de Papinien, voit dans les débiteurs désignés par ces textes des corréaux fidéjusseurs réciproques et explique l'intérêt du cautionnement par l'idée que les débiteurs voudraient se placer l'un vis-à-vis de l'autre dans des relations plus étroites que les relations ordinaires, d'autre part, l'opinion de Brinz[2] qui fait des *rei promittendi* des débiteurs conjoints devenus solidaires par cautionnement réciproque. — Aucune de ces deux opinions ne rend compte des résistances qui, d'après les expressions mêmes de Papinien (*non inutiliter accipi convenit*), avaient dû s'élever dans la doctrine classique. — Aucune d'elles n'explique la solution admise par le jurisconsulte sur la division seulement facultative de la poursuite. En effet, si les *rei promittendi* sont des débiteurs corréaux, la division leur est déjà acquise (en certains cas, au moins), et si ce sont des débiteurs conjoints, le partage est, de toute évidence, une nécessité pour le créancier. Ni l'une ni l'autre des deux opinions ne justifie donc l'oppo-

---

1. Savigny, *op. cit.*, p. 312-313.
2. Brinz, *Krit. Blätt.*, t. IV, p. 36 et s., dont l'opinion est développée en particulier par Vangerow, § 573, t. III, p. 83.

sition nettement exprimée entre le fonctionnement du bénéfice de division dans le cas prévu et le traitement appliqué par
la fin du texte aux corréaux poursuivis *divisis actionibus*[1].
— Enfin chacune d'elles individuellement se heurte à des
objections particulières : la première, à l'objection que,
d'après la définition même « *qui promittit, reus promittendi habetur* »[2], l'expression latine *rei promittendi* peut
désigner des « débiteurs » purs et simples et n'oblige
en aucune façon à voir en eux au fr. 11 des débiteurs
corréaux[3]; la seconde, à l'objection qu'en droit romain
une clause expresse était nécessaire pour faire naître la
corréalité active ou passive (celle-ci requiert les mots *in
solidum*)[4]; d'où il ressort que, ne se déclarant pas *in solidum*, les *vice mutua fideiussores* ne peuvent pas s'être
transformés en *correi*.

Il résulte de ces objections diverses que le sens réel
de la pensée de Papinien doit être cherché dans une autre
direction. Le jurisconsulte — qu'on le remarque — ne
se préoccupe pas de déterminer la qualité des *rei promittendi*, des débiteurs devenus *vice mutua fideiussores*; mais,
s'il le faisait, il la placerait vraisemblablement en dehors de
la corréalité, car la qualité de *mutui fideiussores*, nous
venons de le montrer, est incompatible avec celle de *correi*.
Papinien prend même expressément la peine de dire que si
le créancier renonçait à son droit strict de poursuivre l'un
des débiteurs pour le tout, encore n'agirait-il pas en divi-
sant ses poursuites comme il le ferait contre des débiteurs
corréaux (*non secus ac si duos promittendi reos divisis actio-*

----

1. Nous empruntons cette critique à J. Binder, *op. cit.*, p. 302, qui repousse en outre (p. 302 303) l'opinion de Mitteis, *Individualisierung der
Obligation*, Vienne, 1886, p. 69 (cf. *Reichsrecht*, p. 183), rapportant le
passage à l'*exceptio litis dividuae*.

2. Modestin, 2 *reg.*, D. 45, 2 *de duob. reis*, 1.

3. Binder, *op. cit.*, p. 303-304.

4. Papinien lui-même l'exige dans les §§ 1 et 2 de notre texte; ainsi s'établit un rapport étroit entre le *pr.* et ces paragraphes, comme le remarque
exactement M. Binder, p. 304 et n. 22.

nibus conveniret). Il faut entendre par là que chacune des poursuites divisées s'opérerait à des titres différents contre chacun des *mutui fideiussores*, actionnés partie comme débiteur principal, et partie comme caution[1]. On ne peut pas exprimer plus nettement que la corréalité est en dehors de la question.

Cela ne signifie pas d'ailleurs que la *mutua fideiussio* n'établisse pas en droit un lien collectif parallèle à celui qui découle de la corréalité. Papinien a cette idée dans l'esprit puisque, d'après la décision positive de son texte, il déclare que l'effet capital de la *mutua fideiussio* est d'écarter toute division obligatoire entre débiteurs (*neque enim dividere cogendus est*). C'est également l'effet de la corréalité dans laquelle, en général aussi, la division n'est que facultative[2]. Il résulte de là que la *mutua fideiussio* peut très bien ne pas créer la corréalité proprement dite, et néanmoins engendrer une obligation incontestablement collective, fondée sur la force propre du cautionnement réciproque.

Quelle peut donc être l'origine en droit romain de cette obligation collective nouvelle et quelle est sa portée pour la détermination du caractère juridique de l'ἀλληλεγγύη? Les deux choses se tiennent.

Pour répondre à la première question, il faut imaginer les circonstances dans lesquelles le jurisconsulte a pu avoir à fournir un *responsum*[3] sur la validité du cautionnement réciproque et sur ses effets. On se rappellera qu'il commence par affirmer que *reos promittendi vice mutua fideiussores non inutiliter accipi convenit*. Il paraît impossible de ne pas voir sous l'adverbe prudent *non inutiliter* la notation d'une pratique exceptionnelle dans le droit romain. De même, il

---

1. M. Bortolucci, *loc. cit.*, p. 309-310, qui, lui aussi, rejette l'idée de corréalité note judicieusement, à propos du passage de Papinien, quels sont les intérêts juridiques attachés à la différence des titres de poursuites.

2. Ulp., 47 *ad Sab.*, D. 45, 2, *de duob. reis*, 3, 1.

3. Le fragment est tiré du liv. 11 des *Responsa*.

n'est pas difficile d'y voir une pratique d'origine grecque. La consultation était évidemment adressée à des contractants qui, en se portant *vice mutua fideiussores*, s'étaient modelés sur les ἀλληλέγγυοι grecs, car les termes se correspondent exactement. D'autres jurisconsultes avaient peut-être fait des objections à l'emploi d'un tel procédé. Que Papinien soit le premier — et le seul, croyons-nous — à reconnaître la validité d'un mode d'engagement collectif imité des Grecs, cela n'a rien de surprenant. Papinien est, on le sait, le jurisconsulte le plus favorable à la réception de l'influence grecque sur le droit romain. Quand il admet en droit romain le cautionnement réciproque usité communément dans le monde grec, il se comporte comme il l'a fait pour d'autres institutions de la même source déjà signalées précédemment, le dépôt irrégulier et l'action quasi institoire[1].

Mais l'origine indéniable du texte de Papinien nous mène à une conclusion plus décisive. Du parallélisme depuis longtemps remarqué entre la *mutua fideiussio* de Papinien et l'ἀλληλεγγύη de la Novelle, et surtout de la synonymie entre elle et l'ἀλληλεγγύη des papyrus, ne sommes-nous pas autorisé à tirer un argument contre l'assimilation de l'institution grecque avec la corréalité romaine? Puisque, transporté en droit romain sous la forme de la *mutua fideiussio*, le cautionnement réciproque s'y sépare de la corréalité (Papinien le déclare nettement), est-ce que dans sa forme originale d'ἀλληλεγγύη l'institution grecque ne devait pas être plus éloignée encore de la corréalité romaine? Nous nous ferions un scrupule d'appuyer davantage sur l'impossibilité de confondre les deux choses et nous n'y aurions pas insisté si, en cette matière comme en beaucoup d'autres, l'interprétation juridique, au lieu de s'élargir en construisant ses théories sur les documents de la pratique, ne continuait pas, même après les découvertes récentes, à se

---

1. Ci-dessus, p. 122.

cantonner volontairement dans les catégories de l'ancienne école qui ignorait ces documents ou à les y incorporer de force.

IV. — La notion d'obligation collective sans corréalité, essentiellement grecque, qui se dégage des papyrus et du fragment de Papinien est celle aussi qui, à notre avis, se retrouve dans l'ἀλληλεγγύη de la Novelle 99.

Les doctrines principales, résumées plus haut, sur le sens du mot ἀλληλέγγυοι dans ce texte se heurtent toutes à de fortes objections d'ordre juridique, même si l'on se place uniquement sur le terrain du droit romain[1].

La première doctrine regarde les ἀλληλέγγυοι comme des débiteurs conjoints avec cautionnement réciproque. Elle n'est pas admissible parce que, en laissant à chaque obligation son caractère partiel et en n'introduisant aucune idée de solidarité, elle se met en opposition avec la Novelle 4 (sur le bénéfice de discussion) à laquelle la Novelle 99 se relie étroitement, elle le dit elle-même en termes exprès[2].

La seconde, qui exige pour l'ἀλληλεγγύη le cumul de la corréalité et du cautionnement réciproque en s'appuyant sur le fragment de Papinien, vient d'être réfutée au cours de la discussion instituée à son sujet. Dans sa solution au moins, le texte du Digeste n'offre aucune justification de la Novelle 99, comme le voulait Savigny[3]. Pour d'autres rapports entre eux, nous y viendrons plus loin.

La troisième doctrine, enfin, la doctrine courante, qui fait des ἀλληλέγγυοι des débiteurs corréaux véritables au sens du droit romain, ne semble pas plus fondée. Sans doute, elle peut se réclamer du titre latin de la Novelle dans l'*Authenticum* « *de reis promittendi* »; mais rien n'empêche de regarder l'expression comme une simple adaptation du traducteur qui ne trouve pas en latin d'autre mot pour exprimer

---

1. Ici encore, nous empruntons sa critique à M. Binder.
2. Binder, p. 305.
3. Binder, p. 304.

la solidarité. Elle a contre elle la traduction littérale du mot grec (*mutui fideiussores*), la forme de l'engagement qui est un cautionnement réciproque et non la stipulation corréale [1], et enfin le fait, déjà indiqué tout à l'heure, que la Novelle 99 dans sa préface se réclame de la Novelle 4, laquelle, on le sait, a introduit le bénéfice de discussion pour les cautions en général et nullement pour les débiteurs corréaux [2].

Il faut donc conclure que ces différentes doctrines doivent être écartées parce qu'elles ont le tort de voir dans l'ἀλληλεγγύη de la Novelle 99 une institution romaine. Il n'y a aucune raison de ne pas l'identifier avec l'institution du droit des papyrus, sinon avec celle visée par Papinien [3], et, pour nous, la Novelle s'appliquant uniquement à l'institution grecque fournit, à côté des autres exemples pratiques ou doctrinaux, un exemple législatif de la forme grecque de la solidarité [4].

Que dans l'ἀλληλεγγύη simple de la Novelle (celle qui n'est pas εἰς ὁλόκληρον) il s'agisse de la solidarité des Grecs obtenue par cautionnement réciproque et non de la corréalité romaine, c'est ce qui se trouve d'ailleurs confirmé par les papyrus postérieurs à 539. Quelques-uns de ces documents appliquent la règle de la Novelle en fixant la quote-part de

---

1. Voy. plus bas, p. 142, les formules latines des Papyrus de Ravenne.

2. Bortulucci, *loc. cit.*, p. 311-313; cet auteur appuie en outre sa conception sur l'assimilation faite dans la Πεῖρα, XI, 6, entre l'ἐγγύη et l'ἀλληλεγγυος ἐνοχή.

3. M. Binder, p. 306-307, prétend séparer le procédé admis par Papinien de l'institution grecque parce qu'il s'imagine que, dans la pensée du jurisconsulte, il s'agit de deux promesses juridiquement et chronologiquement distinctes, une dette principale (*rei promittendi*) et une dette accessoire (*vice mutua fideiussores*), tandis que la promesse contenue dans les papyrus et dans la Nov. 99 est unique. Je ne crois pas que, dans la forme où se présente le texte, il oblige à songer à deux promesses distinctes. Comment Papinien pourrait-il indiquer, autrement, que des débiteurs se portent cautions réciproques, surtout si l'on se place dans la pratique où les actes sont toujours écrits ?

4. Dans ce sens, Binder, p. 308.

chacun des débiteurs multiples [1]. D'autres écartent la règle et se mettent dans l'exception par un terme aussi expressif que ἀδιαιρέτως « indivisiblement ». M. Mitteis a cherché à écarter le témoignage du Papyrus Amh. 154 (an. 610-644) qui renferme ce terme, en déclarant, avons-nous dit déjà [2], l'adverbe mal choisi; il voit une contradiction dans les termes si l'adjectif ἀλληλέγγυοι ne se rapporte pas par lui-même à des « débiteurs corréaux ». La contradiction interne signalée par M. Mitteis existerait bien si l'expression grecque était la traduction d' « obligation divisible »; mais, sans admettre l'identité entre elle et la corréalité, nous y avons toujours vu, non une « obligation partielle », mais une « obligation collective » ou « solidaire » (au sens large du mot). Il n'y a donc aucune contradiction à appuyer l'adjectif grec par l'adverbe « indivisiblement », surtout pour les rédacteurs des documents du viie siècle qui ne se piquent pas de précision technique. Il faut reconnaître plutôt que ἀδιαιρέτως équivaut à εἰς ὁλόκληρον [3], expression nécessaire depuis la Novelle 99 pour faire naître un lien de solidarité entre les débiteurs; cette synonymie qui n'a pas frappé M. Mitteis aurait dû le désarmer, au moins pour l'interprétation du droit du viie siècle.

La conception purement grecque de l'ἀλληλεγγύη, conception d'une solidarité différente de la corréalité romaine, peut et doit également servir à expliquer les documents antérieurs à 539 et la Novelle elle-même. M. Mitteis croit trouver la confirmation de sa thèse dans les expressions propres de la Novelle. Il se fonde, on le sait, sur l'argument suivant : si Justinien attribue au terme en cause le sens spécial de « *mutui fideiussores* », cautions réciproques obligées divisément et non solidairement (à moins d'une indication contraire précise), c'est que cette interprétation

---

1. B. G. U. 736 (an. 544-559), 837 (an. 609).
2. *Suprà*, p. 128.
3. En ce sens, Brassloff, *loc. cit.*, p. 302.

n'allait pas de soi. Et cet argument qui sert à soutenir son idée fait corps, comme nous l'avons vu[1], avec quelques papyrus où il lui paraît impossible de ne pas assimiler la locution grecque à la corréalité romaine.

On peut, croyons-nous, se débarrasser facilement de cet argument spécieux et obtenir l'accord des papyrus en question avec notre opinion particulière. En effet, en regardant l'ἀλληλεγγύη non comme un groupe d'obligations conjointes, mais comme la solidarité grecque, il n'y a aucune impossibilité à expliquer que, d'une part, l'adjectif ἀλληλέγγυος, au sens de « solidaire », s'emploie pour qualifier l'hypothèque donnée pour deux prêts dans B. G. U. 744 et que, d'autre part, la clause ἐξ ἀλληλεγγύης désigne l'obligation légale pesant sur les autorités de villages pour assurer le recouvrement des impôts[2]. On arrive à comprendre les textes avec l'idée de solidarité aussi facilement qu'avec celle de corréalité[3].

Quant à la Novelle elle-même, nous ne pensons pas, contrairement à M. Mitteis, qu'elle avait à rectifier par une interprétation définie le sens de ἀλληλέγγυοι, pour la raison que — d'après tout ce qui vient d'être dit — son sens allait de soi et n'avait pas varié depuis les temps anciens. L'acception précise et inédite que la Novelle donne au terme grec employé purement et simplement et les effets juridiques qu'elle en tire se rattachent à la réglementation générale en vue de laquelle elle a été promulguée. L'examen du dessein qui a présidé à sa confection nous fournira donc la raison du changement de sens du mot.

En ce qui touche la réglementation établie par la

---

1. Ci-dessus, p. 127-128.

2. Textes dans Brassloff, *loc. cit.*, p. 299, n. 5; P. Jouguet, *La vie municipale dans l'Égypte romaine*, Paris, 1911, p. 231, 396.

3. Nous dirions même plus : l'idée de solidarité (au sens propre d'obligation *in solidum*, de responsabilité collective) s'accorde mieux avec l'obligation des autorités de villages que la corréalité qui éveille l'idée contractuelle.

Novelle 99, il nous suffira de rappeler qu'elle repose sur une distinction entre les ἀλληλέγγυοι simples et les ἀλληλέγγυοι εἰς ὁλόκληρον. Les premiers sont tenus ἐξ ἴσου, les seconds *in solidum*, mais avec bénéfice de division. L'intention de Justinien est donc très claire, quoi que dise M. Mitteis; il n'y a aucun doute que, suivant l'expression propre de cet auteur, l'Empereur veuille « émousser la pointe » de l'ἀλληλεγγύη, c'est-à-dire non point de la corréalité, mais de la solidarité (à la grecque). Il exige désormais que pour engendrer l'obligation collective les débiteurs expriment formellement leur intention de se lier solidairement par des termes qui répondent au latin *in solidum*, sans quoi ils ne seront que des débiteurs conjoints malgré la forme employée. La limitation de l'obligation solidaire, faite dans l'intérêt des débiteurs, est du même ordre que l'exigence par Papinien des termes *in solidum* pour faire naître la corréalité[1] ou que l'exigence de Justinien lui-même relative à une mention expresse du cautionnement (sous les termes techniques de *satisdatio* et de *fideiussio*) dans l'écrit de *cautio* ou ἀσφαλεία qui, sans cela, demeure une promesse simple[2].

La première innovation de Justinien est donc une pure innovation de forme sur laquelle il serait inutile de s'appesantir; elle est néanmoins fondamentale[3].

La seconde innovation qui concède le bénéfice de division aux ἀλληλέγγυοι εἰς ὁλόκληρον est celle qui a attiré le plus vivement l'attention des romanistes. Ils discutent toujours à son sujet pour savoir si le bénéfice est réellement applicable aux débiteurs corréaux. L'opinion dominante l'admet, parce qu'elle confond partout et toujours les ἀλληλέγγυοι et les corréaux[4]. Une opinion s'est pro-

---

1. Papinien, D. 45, 2, 11, 2 (cité auparavant, p. 133, n. 4).
2. Just. (531), C. 6, 38, *de verb. signif.*, 3.
3. Les auteurs signalent à peine cette innovation; voy. pourtant, Binder, p. 308.
4. Cf. en particulier, Girard, p. 744, n. 2.

noncée vigoureusement en sens contraire; ne voyant dans ces débiteurs que des *mutui fideiussores* au sens étroit elle conclut que les corréaux n'ont jamais possédé, même sous Justinien, le bénéfice de division[1]. L'opinion que nous avons développée au cours de la présente étude, s'oppose à la première comme à la seconde de ces opinions qui sont, pour nous, trop absolues. Prenant les ἀλληλέγγυοι dans le sens restreint de débiteurs solidaires du droit grec, notre opinion personnelle aboutit logiquement à décider que le bénéfice de division de la Novelle 99 ne peut être acquis qu'à cette sorte de débiteurs[2].

D'après le texte de Papinien reçu au Digeste, la division était facultative pour le créancier en face des *vice mutua fideiussores;* d'après la Novelle, elle sera dorénavant une obligation pour lui. Quant aux débiteurs tenus selon le droit romain, ils jouiront du bénéfice seulement d'après le Digeste, et, croyons-nous, uniquement dans les cas particuliers où il leur est accordé[3]; ces cas constituant des exceptions,

---

1. Ferrini, § 435, p. 560, n. 3; Bortolucci, *loc. cit.*, p. 311-314.

2. M. Binder, après avoir énoncé formellement, p. 308, que ces débiteurs étaient les « corréaux de l'Orient hellénique » (l'expression *rei promittendi* de l'*Authenticum* peut s'entendre ainsi), se laisse reprendre par la theorie dominante et y voit les corréaux nouveaux; rattachant la disposition de la Novelle au Digeste, il considère l'institution du bénéfice de division non comme une innovation de fond, mais surtout comme une « innovation procédurale » (p. 308-309). Il ne manque pourtant pas de combattre M. Mitteis quand cet auteur est amené par son système basé sur une communication entre ἀλληλεγγύη et l'*exceptio litis dividuae* à ne plus voir dans l'ἀλληλεγγύη de la Novelle, après la suppression de l'exception qu'une « écorce vide » (p. 310-311). On peut lui reprocher de soutenir une idée qui n'a guère plus de vraisemblance.

3. Le plus connu est celui des cotuteurs (Papinien, 12 *quaest.*, D. 26, 7, *de adm. et per. tut.*, 38); le bénéfice de division y a d'ailleurs été introduit par interpolation (sur ce texte et d'autres, voy. Binder, p. 294 et suiv.). — Nous signalerons aussi le texte controversé de Marcellus, 6 *dig.*, D. 19. 2, *loc. cond.*, 47 : *Cum apparebit emptorem conductoremve* (corr. *emptoribus conductoribusve*) *pluribus vendentem vel locantem singulorum in solidum intuitum personam, [ita demum ad praestationem partis singuli sunt compellendi, si constabit esse omnes solvendo : quamquam fortasse] iustius sit etiam* (Marcellus : *iustius est*), *si solvendo omnes erunt, elec-*

il nous semble que la conclusion la plus nette à formuler, c'est que les corréaux romains n'en jouissent pas, en général, ce qui est beaucoup plus conforme à la notion de corréalité[1].

V. — D'ailleurs, l'inégalité de situations entre eux et les *mutui fideiussores* disparaîtra facilement en pratique, puisqu'il leur suffit d'adopter cette seconde forme d'engagement. Et c'est ainsi que nous nous expliquons la teneur des Papyrus de Ravenne où les débiteurs s'engagent solidairement dans la forme d'un cautionnement réciproque. Les formules sont les suivantes :

> spoponderunt [Thul]gilo et Domnica hh. ff. (= honestae feminae) et Deutherius v(ir) h(onestus) singuli et [in so]lidum se fidedicentes vindetores ad omnia s(upra) s(cripta)[2]

---

tionem conveniendi quem velit non auferendam actori, si actiones suas adversus ceteros praestare non recuset. M. Bortolucci, *loc. cit.*, p. 315-316, frappé de la contradiction entre la première solution où la division est accordée aux débiteurs s'ils sont solvables et la seconde où le choix de poursuivre l'un d'eux, s'ils sont solvables, ne peut être enlevé au créancier, s'appuyant d'autre part sur le passage correspondant des Bas. 20, 1, 46 (Heimb., t. II, p. 360) qui ne parle que du choix pour le créancier. conclut que la première solution a été ajoutée par les compilateurs. Pour lui, l'interpolation s'étend de *ita* à *iustius sit* et Marcellus disait à peu près ceci : *etiam si solvendo omnes erunt, electio conveniendi quem velit non aufertur actori.* A notre avis, l'interpolation — qui se reconnaît à deux critères (*compellendi* et *fortasse*) — existe bien, mais il faut garder du texte de Marcellus *iustius* (et le reste dans la forme du gérondif) en changeant simplement *sit etiam* en *est,* comme il est indiqué entre parenthèses. Quant au fond, l'addition byzantine vise plutôt la *mutua fideiussio* que la corréalité d'après M. Bortolucci qui n'admet pas l'existence du bénéfice de division pour les corréaux (p. 314-315). L'opinion générale rapporte le texte à la corréalité et explique autrement la dualité de solutions (Girard, p. 743, n. 4).

1. Cf. Girard, p. 744, n. 2.
2. P. Marini 119 (an. 551), ll. 34-35 (p. 181).

ou bien :

> ... singuli et in solidum nos oblig[antes atque fide-
> dicentes][1].

Pour M. Mitteis[2], cette sorte d'engagement représente
le mode classique nouveau de la corréalité romaine au
même titre que l'ἀλληλεγγύη des Papyrus d'Égypte; pour
lui, les formules de Ravenne ne seraient que des exemples
d'un procédé qui, à partir de Papinien, aurait été fréquemment employé en Italie[3] pour faire naître la corréalité.

A notre avis, la *mutua fideiussio* a dû être plutôt en
Italie un procédé rare avant le vi[e] siècle[4], car il est *a priori*
difficile de voir pourquoi les Romains auraient abandonné
la forme nationale de leur corréalité qui leur donnait une
garantie complète. Si l'on trouve le procédé employé à
Ravenne au vi[e] siècle, c'est, croyons-nous, sous l'influence
directe de l'ἀλληλεγγύη de la Novelle 99[5]. On remarquera,
en effet, que les formules d'engagement des débiteurs
répondent très exactement aux exigences de la Novelle

---

1. P. Marini 114 (an. 539 ou 546), l. 10 (p. 174). — On trouve dans le
même papyrus (ll. 72-74) la formule : *Illud etiam spondimus singuli alteru-
trum invicem nos obligantes atque fidedicentes;* c'est la seule que repro-
duise M. Mitteis, p. 184 (avec une référence fausse au n° 115); elle est
moins expressive que la formule donnée au texte parce qu'elle ne répète pas
les mots *in solidum* de la l. 10.

2. Mitteis, p. 184, suivi par Girard, p. 742, n. 1.

3. Nous ajoutons « en Italie », car en Égypte le procédé était pratiqué
bien avant l'ère chrétienne.

4. Savigny, *op. cit.*, t. I, p. 314, pensait déjà que « la loi... n'a pas la
moindre importance pratique : car l'opération juridique qu'elle suppose ne
se présentera que très rarement ». Mais, pour que sa dernière phrase reste
exacte, il faut la restreindre à l'Italie — et encore avant le vi[e] siècle, — attendu
qu'en Égypte les documents montrent l'opération très fréquemment pratiquée. Il en était sans doute de même dans tout le monde gréco-romain.

5. Cependant la Novelle 99 n'est pas citée parmi celles qui, à notre connaissance, ont été envoyées aux préfets d'Italie (ci-dessus, p. 12). Mais l'énumé-
ration de ces Novelles est-elle limitative? On sait combien le problème de
la pénétration des Novelles en Italie présente encore de difficultés.

puisque ces débiteurs ne manquent pas de se porter cautions réciproques *in solidum* (εἰς ὁλόκληρον). Du reste, la pénétration d'éléments grecs dans les Papyrus de Ravenne postérieurs à la conquête byzantine est un fait dont il existe d'autres exemples [1] et qui n'a en soi rien de surprenant.

En définitive, nous concevons le cautionnement mutuel, partout où il se rencontre, en Asie-Mineure, en Égypte, chez Papinien, à Constantinople ou à Ravenne, comme une institution essentiellement grecque, à laquelle la législation de Justinien a consacré la réglementation d'une Novelle célèbre pour répondre aux besoins pratiques de l'Orient.

---

1. M. Mitteis, p. 180, le reconnaît lui-même. — M. R. de Ruggiero a montré l'analogie entre le formulaire des Papyrus d'Égypte relatif à la *stipulatio duplae* et celui des P. Marini 114 (an. 539 ou 546), 115 (an. 540) et 118 (an. 536-544) (*B. I. D. R.*, t. XIV, 1901, p. 114-115). — La formule de paiement au comptant du P. Marini 115 (an. 540), ll. 2-3 : *(solidi) numerati et traditi sunt domi ex arca vel ex sacculo suo* [formule voisine dans P. Marini 117 (an. 541), l. 3, et P. Marini 122 (an. 591), ll. 32-33] correspond à celle des papyrus διὰ χειρός ἐξ οἴκου et à celle des sources byzantines médiévales ἀπὸ τοῦ κιβωτίου ὑμῶν (Ferrari, *La degenerazione della stipulatio*, etc. *Atti del R. Istit. Ven.*, etc., t. LXIX, 1909-1910. 2ᵉ partie, p. 749, n. 3; références dans *I documenti greci medioevali*, p. 131). On trouve cependant déjà les expressions latines susdites chez les jurisconsultes et les littérateurs [références dans Marini, p. 337, note (2)]. — Les rapports généraux entre le formulaire des ventes de Ravenne et celui des Papyrus grecs d'Égypte sont étudiés complètement par R. Kircher, *Zur Geschichte des ravennatischen Kaufvertrags* (*Z. S. S.*, t. XXXII, 1911, p. 100-128).

SECTION VI

L'ÉGALITÉ DE LA DOT ET DE LA DONATION
« PROPTER NUPTIAS »

Par sa Novelle 97 de l'année 539, c. 1, Justinien a exigé
une égalité absolue entre le chiffre de la dot apportée par
la femme et le chiffre de la donation *propter nuptias*
apportée par le mari. Laissant de côté les idées générales
de justice et d'équité qu'il invoque en faveur de sa réforme
et qui ont inspiré la même règle à d'autres législateurs[1],
nous désirons ne traiter que deux questions : l'origine
historique de sa disposition et les raisons particulières
qui ont pu la motiver.

I. — Pareille exigence était inconnue dans le droit
romain. Elle se trouve au contraire dans un passage du
Coutumier syro-romain, d'ailleurs des plus intéressants
en ce qu'il montre une différence entre la coutume suivie
« dans la capitale et les provinces du coucher du soleil »,
d'une part, et la coutume des « territoires de l'Empire
d'Orient », de l'autre. A Constantinople et dans les premières provinces, l'égalité des deux sortes de libéralités

---

1. Pour le droit celtique, voy. notre article, *Droit celtique et droit
romain* (*Rev. celt.*, t. XVII, 1896, p. 321-329); H. d'Arbois de Jubainville,
La famille celtique, Paris, 1905, p. 113-145.

est parfaite; dans les autres, la coutume n'impose au mari qu'une donation équivalente à la moitié de la dot. Bruns[1], ayant donc rencontré l'égalité dans trois manuscrits du Coutumier (P. 40, Ar. 51, Arm. 45)[2], n'a pas manqué d'établir un lien étroit entre la réforme impériale et la coutume constatée par l'ouvrage qu'il commentait.

Mais M. Mitteis[3], ayant remarqué que le passage correspondant faisait défaut dans le manuscrit L, le plus ancien, a déclaré inadmissible la filiation des deux institutions telle que l'établissait Bruns; ou plutôt, cette filiation existe bien, mais il faut renverser le rapport de dérivation qui les unit. S'appuyant sur le fait que les trois manuscrits qui contiennent la règle sont postérieurs à Justinien et sur le fait contraire que le manuscrit antérieur à Justinien ne la renferme pas, il conclut que ce n'est pas la Novelle qui s'est inspirée du Coutumier syro-romain, mais le Coutumier qui imite la Novelle. L'importance du Coutumier dans la doctrine de M. Mitteis ne diminue d'ailleurs en aucune façon, car il reste un précieux témoignage de la manière dont s'est appliquée la Novelle, de la portée qu'elle a eue en fait, parvenant à s'implanter dans les seules provinces occidentales et se heurtant dans les autres à la force de résistance de la coutume orientale.

Aujourd'hui cependant que la découverte des trois manuscrits du Vatican (R. 1, R. II, R. III) est venue augmenter le matériel des textes du Coutumier, la thèse de M. Mitteis

---

1. Bruns, dans Bruns et Sachau, *op. cit.*, p. 295-296.

2. P. 40 : ... *In civitatibus autem regni et omnibus provinciis occasus solis hic est mos, ut quantum affert uxor ex omni praedio suo et omnibus* γένεσιν *et omnibus* < *aliis* > *rebus, tantum vir uxori debeat conferre in* δωρεᾷ *quam scribit ei. Et si centum* δεναρίων *res affert uxor, centum* δεναρίων *res scribit ei* < *vir* > *in* δωρεᾷ : *et si pluris, pluris : si minoris, minoris : et sic pariter conferunt invicem sibi* < *uxor* > *in* φερνῇ *et vir in* δωρεᾷ. *In territorio vero imperii Orientis alius est mos. Est autem eiusmodi, ut si uxor in* φερνῇ *centum* δεναρίων *res conferat, vir dimidiam partem conferat, i. e. quinquayinta* (trad. Ferrini, *Z. S. S.*, t. XXIII, 1902, p. 126).

3. Mitteis, p. 292-294.

ne peut plus être acceptée, et celle de Bruns reprend toute sa vérité.

En effet, il se trouve que les deux manuscrits du Vatican les plus importants (R. II et R. III) annihilent complètement la thèse critique de M. Mitteis, non pas qu'il ait tort en l'occurrence de reprocher à Bruns de n'avoir pas tenu compte du classement des manuscrits — nous lui donnons, au contraire, raison sur ce point[1] —, mais parce que, sur le passage en cause et sans qu'il y ait aucunement de sa faute, il s'est trompé ou plutôt il a été trompé par l'état du seul manuscrit antérieur à Justinien connu lorsqu'il émettait sa théorie[2].

Tout le mal provient de ce que le manuscrit L présente une lacune d'un paragraphe entier (entre les §§ 91 et 92) et de la première partie du § 92 (en réalité 93), précisément à l'endroit où R. III, 93[3] — qui est un *epitome* d'un manuscrit de la même famille — formule en abrégé la règle de l'égalité entre la dot de la femme et la donation du mari.

L'antériorité de la coutume par rapport à Justinien est du reste confirmée par l'autre manuscrit du Vatican (R. II, 51)[4] dont le modèle a été écrit, lui aussi, avant la codification.

Ainsi, tous les doutes peuvent être levés et l'opinion de Bruns est certaine. La Novelle 97 emprunte véritablement sa disposition à une règle coutumière des « provinces de l'Occident » et en particulier de Constantinople, et la différence signalée dans le Coutumier entre l'usage de celles-là et l'usage de celles de « l'Orient » existait déjà avant 539.

Mais, pour le sujet spécial qui nous occupe, cette constatation prend un intérêt que Bruns a laissé dans l'ombre.

---

1. Voy. *suprà*, p. 31, n. 1.

2. M. Mitteis n'est pas revenu sur son opinion dans le mémoire qu'il a consacré aux manuscrits en question (*Phil.-hist. Abhandl.* de Berlin, 1905, n° II); il y reprend ses idées antérieures (p. 31 et p. 38) sans tenir compte des passages nouveaux que M. Sachau a traduits seulement plus tard.

3. Sachau, *op. cit.*, t. I, p. 169.

4. Sachau, *op. cit.*, t. I, p. 81.

Elle nous permet de fixer sur un point la préférence que Justinien a accordée à la coutume de la capitale[1].

Est-ce qu'il faut aller plus loin et croire que l'influence coutumière exercée sur la Novelle 97 est vraiment d'origine occidentale? Nous ne le pensons pas. En Occident, c'est-à-dire plus précisément dans l'Empire d'Occident, aucune règle semblable n'a jamais existé[2], même, que nous sachions, à l'état de coutume. Et de plus, quand le passage du Coutumier montre une opposition entre « les pays du coucher du soleil » et « l'Empire d'Orient », ces derniers mots ne peuvent être pris à la lettre, puisque le rédacteur a bien soin de mentionner à côté des pays d'Occident, Constantinople. Il faut donc entendre sa phrase comme distinguant entre les provinces occidentales de l'Empire d'Orient, — qui sont exactement les provinces européennes — et les provinces orientales du même Empire — qui sont les provinces de l'Orient pur ou provinces asiatiques (avec l'Égypte sans doute).

Par conséquent, en la matière, Justinien a réellement subi une influence coutumière orientale, encore que cette influence ait été celle d'une partie seulement des provinces de son Empire.

II. — Les raisons particulières qui ont motivé la promulgation de la Novelle 97, si peu de temps après le Code, n'ont pas besoin d'être longuement mises en lumière[3]. Il est cependant utile d'en tirer profit pour

---

1. Justinien, sans donner au droit de la capitale la préférence sur le droit de l'Orient pur, semble avoir pris en considération également les usages « des provinces du coucher du soleil » dans la matière de la constitution de la dot (Ch. III, Sect. III).

2. M. Mitteis, p. 294, n. 1, fait remarquer justement que si les Novelles de Valentinien III (34, 8-9) (452) et de Majorien [6 (8), 9] (458) ont établi une égalité de traitement entre la dot et la donation, elles n'ont touché aucunement à la quotité respective des deux apports.

3. Elles ont été exposées de la meilleure façon par H. Monnier, *Du* casus non existentium liberorum *dans les Novelles de Justinien* (*Mélanges Gérardin*, Paris, 1907), spécialement p. 446-450.

donner quelques indications rapides sur la date de naissance des usages signalés par le Coutumier syro-romain, sur les motifs qui les justifient, ainsi que sur la raison probable de leur dualité.

En ce qui touche le rapport de quotité à ménager entre la dot et la donation, le Code proclamait une règle absolument différente de celle de la Novelle. Il reproduisait en effet la disposition en vertu de laquelle le mari et la femme étaient libres de faire des apports de quantités non équivalentes. Cette disposition, formulée par Léon et Anthémius en 468 s'il faut en croire le Code[1], l'a été plus probablement en réalité par un glossateur[2]. Mais, quelle

---

1. C. 5, 14, *de pact. conv. tam sup. dot. quam sup. don. ante nupt.*, 9,1.

2. Une question d'ordre critique se pose en effet sur le § 1 de la constitution de 468. Pour les besoins de la discussion, il est nécessaire de reproduire ce § 1 avec le *princ.* et le § 2.

[Princ.]. *Ex morte cuiuscumque personae sive mariti sive mulieris eandem partem, non pecuniae quantitatem, tam virum ex dote quam mulierem ex ante nuptias donatione lucrari decernimus.*

[*1. Veluti si maritus mille solidorum ante nuptias donationem confecerit, licebit mulieri et minoris et amplioris quantitatis dotem offerre et marito similiter ante nuptias donationem : hoc tamen observandum est, ut quantam partem mulier stipuletur sibi lucro cedere ex ante nuptias donatione, si priorem maritum mori contigerit, tantam et maritus ex dote partem, non pecuniae quantitatem, stipuletur sibi, si constante matrimonio prior mulier in fata collapsa fuerit.*]

2. *Et si pactum contra vetitum fuerit subsecutum, infirmum atque invalidum hoc esse, ut nulla ex eo procedere possit exactio, praecipimus.*

Le § 1 était-il réellement un élément primitif de la constitution ? Plusieurs motifs peuvent en faire douter : — la façon dont il vient rompre la suite de l'idée exprimée au *princ.* et continuée au § 2, — la question même qu'il tranche dans sa première phrase (celle qui nous intéresse spécialement), relative aux montants respectifs de la donation et de la dot et qu'il était superflu de rappeler ici où il s'agit des conventions relatives aux gains de survie (*lucra*), — l'inutilité de sa deuxième phrase, concernant ces conventions, qui n'ajoute rien au *princ.*, — la forme dans laquelle il s'exprime et qui est plutôt celle d'un commentateur que d'un législateur (*veluti si... hoc tamen observandum est...*).

A notre avis la plus grande suspicion règne sur le § 1. Mais il provient plus vraisemblablement d'un glossateur antérieur à Justinien que des commissaires du Code. Il appartient sans doute à l'un de ces recueils des constitutions de Léon (et autres Empereurs ?) que nous connaissons par leur

que soit son origine, l'important est qu'elle fut acceptée par les rédacteurs du Code. Ceux-ci s'étaient mis, volontairement ou inconsciemment, de parti pris ou par négligence, en opposition avec la double coutume qui s'était formée en faveur d'une proportion à observer entre les apports respectifs des époux.

Cependant le Code avait accepté aussi la principale innovation de Léon et Anthémius, — qui, elle, leur appartient en propre —, celle qui concerne l'égalité proportionnelle à maintenir entre les gains de survie (*lucra*) pris sur la dot pour le mari et sur la donation pour la femme (chacun prenant la même fraction, 1/2, 1/3, 1/4, etc.). Justinien avait même, à leur propos, opéré deux réformes[1] qui précisaient l'exigence de ses prédécesseurs.

De la combinaison entre la première règle, la liberté absolue des chiffres des apports, et la seconde, la proportionnalité des gains de survie, résultait une inégalité choquante entre les époux, attendu que — tout en étant la même — la fraction donnera un produit très différent suivant qu'elle s'appliquera à une grosse donation, par exemple, et à une petite dot ou réciproquement. Justinien s'est

---

traduction en grec, comme le P. Cair. Cat. 67028, ll. 23-25 (J. Maspéro, *Papyrus grecs d'époque byzantine*, t. I, Le Caire, 1910, in-4º, p. 61) en fournit un exemple pour une autre constitution de Léon (472) (C. 5, 9, 6). La traduction grecque de la constitution de 468, qui aurait servi de modèle au Coutumier syro-romain, aurait contenu déjà le passage en cause, puisque le Coutumier le commente.

On pourrait s'étonner de ce que le glossateur ne soupçonne pas l'existence d'un rapport nécessaire entre le taux de la donation et celui de la dot. Cela prouve simplement qu'il a écrit avant que la coutume ne s'établisse. La même ignorance ne se comprendrait pas de la part des commissaires, et, s'ils avaient interpolé, il est probable qu'ils l'eussent fait autrement, c'est-à-dire en conformité avec la coutume des provinces occidentales, puisque au travail préparatoire du Code furent employés seulement des personnages de Constantinople (et aucun de Beyrouth).

1. C.5, 14, 10 (529) et 5, 3, *de don.*, 20, 5-6 (531-533). La c. 10 déclare que, si les fractions sont inégales, la fraction la plus élevée sera ramenée à la fraction moindre ; la c. 20 décide que, si la donation est constituée pendant le mariage, la dot ayant été constituée déjà, l'égalité proportionnelle des conventions devra être respectée.

aperçu de cette inégalité entre 534, date de la seconde rédaction du Code, et 539. Et c'est pour la réparer qu'il promulgua sa Novelle 97. Dorénavant l'injustice sera empêchée si, en plus de la proportion égale des gains de survie, on exige l'égalité d'apports des conjoints.

Voilà la raison qui explique la Novelle. Mais, qu'on le remarque bien, c'est précisément la raison qui a fait naître aussi la double coutume mentionnée au Livre syro-romain[1].

Cette coutume, en effet, dont on ne possède aucune trace dans l'Empire d'Orient avant le témoignage du Coutumier, a dû être le produit d'une réaction provoquée dans la pratique contre la constitution de 468, et la postériorité à 468 de sa date d'apparition semble prouvée par le fait que le glossateur ne connaît encore que le régime de la liberté[2]. Seulement, la réaction de la pratique n'a pas été la même dans les provinces européennes que dans les provinces de l'Asie (et d'Égypte); on sait qu'elle aboutit dans les premières à l'égalité parfaite; dans les secondes, à la proportion obligatoire de moitié en plus pour la dot. Cette différence peut s'expliquer : elle résulte sans doute de la nature différente qu'on attribuait à la donation *propter nuptias* en Occident et en Orient. Dans l'Occident, en particulier en droit romain, elle est volontaire et elle a le caractère d'un gain de survie pour la femme, d'un douaire; en Orient, à cette idée se mêle l'idée d'une peine pour le mari qui divorce injustement, et elle est obligatoire[3]. C'est pourquoi sans doute elle est moitié moindre

---

1. Si, en apparence, elle justifie encore mieux la coutume de l'égalité parfaite, celle des provinces européennes et de Constantinople, elle justifie aussi l'autre coutume, avec la différence que l'inégalité sera réduite à la fraction constante de 1/2 (la dot étant double de la donation).

2. *Suprà*, p. 149, n. 2 (*in fine*).

3. M. Esmein, *op. cit.*, p. 67, exprime la même idée en qualifiant la donation en Occident de « supplément de dot » et en Orient « de pendant et contre-partie de la dot ». Sur la donation *propter nuptias* en Orient, outre Mitteis, p. 256 et s., on consultera avec le plus grand intérêt : F. Holl-

que la dot[1]. Quant à ce taux même de la moitié, il s'explique peut-être par l'influence de l'ἡμιόλιον du droit grec, reparaissant dans les ἕδνα (dons du fiancé) des ive et vi[e] siècles[2].

Pour en finir avec le droit de Justinien, la Novelle 97, appuyée sur la raison logique qu'elle énonce très clairement, se présente comme un « repentir » de Justinien. Revenant sur la décision de son Code, réparant un oubli des rédacteurs, il fait de l'égalité entre les apports la loi de son Empire, en s'abandonnant à la coutume qui, comme il arrive souvent, a devancé le législateur. Entre les deux coutumes, Justinien a choisi — et c'était naturel — celle des provinces occidentales de l'Empire d'Orient et il a voulu l'imposer même aux populations de l'Orient asiatique et de l'Égypte. Auprès de ces dernières il a échoué certainement[3], car c'est le Coutumier syro-romain qui, longtemps après lui, a gardé toute leur prédilection au détriment de l'œuvre byzantine. On s'attendrait à ce qu'il eût mieux réussi dans l'Occident grec; il paraît que sa Novelle n'y a eu non plus aucun succès[4]. C'est la preuve formelle que la coutume de l'égalité, juste en théorie, excessive en pratique, n'avait pas persisté dans le milieu oriental où elle était née.

---

dack, *Zur Geschichte der donatio ante nuptias und der dos* [en droit arméno-caucasien] (*Festgabe für Dr. Karl Güterbock*, Berlin, 1910, p. 507-560).

1. Voy., en plus d'une idée semblable, une autre explication dans Mitteis, p. 296.

2. Cette hypothèse due à Frese, *op. cit.*, p. 48-49, n'est pas désapprouvée par Mitteis, *Grundzüge*, t. II, 1, p. 226.

3. Cependant elle s'est appliquée un certain temps; un Papyrus d'Égypte du vi[e] siècle, C. P. R. 30, montre dans un contrat de mariage une donation du mari dite ἰσόπροικον « égale à la dot » (Mitteis, *Abhandl.*, *loc. cit.*, p. 31, n. 1; Frese, *op. cit.*, p. 48, n. 171).

4. Mitteis, *Reichsrecht*, p. 294.

CHAPITRE II

DEUXIÈME MANIFESTATION
DU CARACTÈRE ORIENTAL

INSTITUTIONS, RÈGLES ET CONSTRUCTIONS JURIDIQUES
INTRODUITES DANS L'ŒUVRE DE JUSTINIEN
SOUS L'INFLUENCE DU DROIT ROMAIN HELLÉNISÉ

CHAPITRE II

DEUXIÈME MANIFESTATION DU CARACTÈRE ORIENTAL

INSTITUTIONS, RÈGLES ET CONSTRUCTIONS JURIDIQUES
INTRODUITÉS DANS L'ŒUVRE DE JUSTINIEN
SOUS L'INFLUENCE DU DROIT ROMAIN HELLÉNISÉ

La deuxième manifestation du caractère oriental de
l'œuvre de Justinien, qui formera l'objet du présent
Chapitre, nous place, à la différence de la première, non
plus en face d'un droit purement grec, mais en présence du
droit romain spécial aux provinces d'Orient. Les faits et les
idées qui prouvent et qui expliquent l'hellénisation de ce
droit romain provincial ont déjà été indiqués dans l'Introduction. Nous devons maintenant examiner en détail
quelques-unes des innovations les plus notables que
Justinien lui a empruntées et qu'on regarde le plus souvent comme les résultats des progrès du droit romain
général.

Notre examen portera à la fois — sur une institution, les
pactes et stipulations constitutifs de servitudes, — sur une
règle juridique, la *résolubilité de la propriété* opérée à
l'aide d'une *vindicatio utilis*, — sur plusieurs constructions
doctrinales, les *vindicationes utiles, la natura actionis* et
la *natura contractus*, les *actions dites « générales »*.

Pour les pactes et stipulations constitutifs de servitudes,

dont personne ne met en doute l'origine provinciale, certains auteurs modernes enseignent qu'ils ont passé de province en Italie, comme la *longi temporis praescriptio* (et même avant celle-ci, dès l'époque classique); pour eux, c'est du droit romain de l'Italie que Justinien les a recueillis dans sa compilation. De même, l'opinion dominante présente comme un produit du développement tardif du droit romain pur, du droit de l'Italie toujours, les *vindicationes utiles* sanctionnant les divers cas de résolubilité de la propriété ou d'autres cas. De la *natura actionis* et de la *natura contractus*, les manuels ne s'occupent pas. Il n'y a guère que le groupe des actions générales, dont la plus connue est la *condictio generalis*, où la doctrine commune, gagnant du terrain de jour en jour, voit une particularité caractéristique du droit byzantin, sans qu'elle insiste d'ailleurs sur son origine.

Nous nous proposons de démontrer qu'en ces différentes matières les commissaires ont puisé leurs innovations à la même source, au droit romain hellénisé des provinces d'Orient, pour la raison qu'aucune d'elles, à notre avis, n'a jamais été reçue en Italie. Assurément la double affirmation de leur caractère oriental et de leur absence du droit romain pur a besoin d'être prouvée, et la démonstration semble, à première vue, ne pouvoir atteindre le degré de certitude obtenue pour certaines des réformes étudiées au Chapitre Ier. C'est que nous avons ici affaire à des matières sur lesquelles la majorité des renseignements existants proviennent des Institutes, du Digeste et du Code. Aucun passage des sources occidentales, comme le Bréviaire d'Alaric, ni des sources proprement orientales comme le Coutumier syro-romain, n'offre de point de comparaison dans un sens ou dans l'autre. Pourtant nous n'hésitons pas à faire intervenir ici encore l'origine orientale. A défaut de textes positifs, nous recourrons par nécessité à l'application d'un principe de critique différent de ceux employés dans les autres chapitres et qui est le suivant :

en dépit des apparences — c'est-à-dire quoique les institutions, les règles ou les constructions susdites figurent au
Digeste et au Code sous les noms de jurisconsultes ou d'Empereurs classiques, — l'introduction de ces matières dans
la compilation n'appartient en réalité qu'à Justinien lui-
même; car, pour toutes, l'interpolation est possible à
démontrer. L'interpolation, on le sait, est de plus en plus
incontestée en ce qui regarde les actions générales; de même
l'admission de la retouche semble en progrès pour les
vindicationes utiles; nous l'acceptons également dans les
textes qui parlent de la *natura actionis* et de la *natura
contractus;* enfin, quant aux pactes et stipulations, il est
assez facile, sans léser aucun principe classique, de soutenir
aussi leur entrée au Digeste seulement par voie d'addition,
d'autant plus que leur caractère provincial est nettement
formulé par Gaius et que l'histoire telle qu'on la présente
souvent de leur passage de province en Italie, puis de là
aux Institutes de Justinien, n'a d'autre appui que les
textes du Digeste.

Or, si l'on admet les interpolations de ces diverses matières,
on est ramené une fois de plus à la question : « L'Orient
ou Rome? » D'après quel modèle Justinien a-t-il remanié
les textes classiques? Les retouches des compilateurs ont-
elles pour objet d'introduire dans l'œuvre impériale des
changements produits en Occident et en Orient à la fois
ou réalisés seulement en Orient? La solution qui tranche
la question en faveur d'une influence orientale nous
paraît certaine partout.

Seulement cette influence n'est pas simple. Les rédacteurs de l'œuvre impériale ont subi, comme nous le démon-
trerons, une double influence : — d'une part, pour les
pactes et stipulations, l'influence du droit romain provincial
qu'on peut dénommer « honoraire », parce que la forme
provinciale des servitudes avait été probablement reconnue
par l'édit des présidents de province —, d'autre part, en ce
qui concerne les règles et les constructions juridiques

nouvelles, l'influence du droit romain provincial qui peut être légitimement qualifié de « doctrinal », parce que c'est à la science du droit enseignée dans les écoles d'Orient aux Ve et VIe siècles qu'elles doivent leur origine. Il n'est pas inutile d'insister dès maintenant sur cette dernière idée, la première n'ayant pas besoin d'éclaircissement.

En considérant de près les *vindicationes utiles* (et en particulier celles qui sanctionnent, d'après l'opinion commune, la résolubilité de la propriété), la *natura actionis*, (qui, disons-le de suite, se manifeste dans l'œuvre de Justinien sous l'aspect de la nature « substantielle » des actions), la *natura contractus* ou les actions générales, on est frappé de l'opposition qu'elles offrent avec les principes le mieux établis du droit romain classique. C'est un fait admis par tous pour certaines de ces matières, et nous montrerons qu'il n'y a que de bonnes raisons pour le reconnaître au même degré pour les autres. Il faut donc expliquer comment les principes ou les conceptions du droit romain ont pu changer entre le IIIe et le VIe siècle. Les changements n'ayant pas eu lieu par voie législative (même en cas de donation *sub modo alimentorum*, en dépit de la constitution de Valérien et Gallien qui est interpolée), ils n'ont pu s'accomplir que par le travail de la science juridique (dont on a cru longtemps voir un germe d'élaboration dans le texte d'Ulpien traitant de la donation *mortis causa*). La question posée ci-dessus, « les changements indiqués se sont-ils produits en Occident et en Orient à la fois ou en Orient seulement? » peut donc se formuler en ces termes : Y a-t-il en Occident comme en Orient, entre le IIIe et le VIe siècle, une science juridique capable d'établir par ses propres moyens les conceptions des *vindicationes utiles*, de la *natura actionum* substantielle, de la *natura contractus* ou des actions générales?

La réponse à la question ainsi posée est donnée par l'histoire de la science du droit après l'époque classique, parallèlement en Occident et en Orient. Tandis qu'en Orient[1] une véritable science juridique se développe, surtout à Beyrouth, à partir du ıv^e ou du ve siècle, science dont nous possédons quelques productions caractéristiques et dont nous avons résumé plus haut l'esprit particulier[2], en Occident[3], la science du droit était tombée dans une profonde décadence, comme l'attestent, avec les écrits conservés des jurisconsultes de l'Italie et de la Gaule, les contemporains eux-mêmes. Parmi les auteurs modernes, M. Mitteis[4], pour ne citer que lui, fait du piteux état où se trouvaient l'enseignement et la doctrine un tableau qui ne permet pas de mettre en doute que les hommes de droit des ıv^e et ve siècles auraient été parfaitement incapables d'accomplir une transformation aussi profonde que celle qui sépare le droit classique du droit byzantin, spécialement dans les matières dont nous nous occupons pour le moment.

Ce simple rappel d'idées connues, dont nous aurons plus tard encore l'occasion d'argumenter contre les prétendus résultats des destinées du droit romain en Italie, suffit pour conclure, même en l'absence de témoignages émanant des professeurs grecs, en faveur de la création par les écoles d'Orient des règles ou des constructions juridiques énoncées.

Une autre considération très forte corrobore d'ailleurs l'observation générale précédente. C'est que les innovations introduites dans l'œuvre de Justinien, si profondément opposées à l'esprit du droit classique, portent, si l'on peut dire, leur marque d'origine, le cachet typique de l'esprit grec, comme on le verra mieux dans la suite. Le fait apparaîtra d'abord, d'une manière évidente, en ce qui concerne la *natura actionum;* nous avons les preuves certaines qu'elle a été introduite dans les textes législatifs

1. P. Krueger, p. 426-427.
2. Ci-dessus, p. 32 et s.
3. P. Krueger, p. 396.
4. Mitteis, p. 199-201.

byzantins sous l'influence de la doctrine de la φύσις τῆς ἀγωγῆς que les professeurs grecs ont édifiée les premiers. C'est à eux aussi, nous le montrerons, qu'est due certainement la théorie de la *natura contractus*. Et ces deux concepts nouveaux ayant pour origine probable le concept plotinien de la *natura*, la preuve de l'influence grecque apparaît déjà en ces matières. De même, il n'est pas difficile de l'apercevoir dans la construction doctrinale des actions générales qui, reconnue comme l'une des matières le plus spécifiquement byzantines, cadre tout à fait avec les tendances généralisatrices et classificatrices propres à l'esprit grec; elle est plus particulièrement en harmonie, elle aussi, avec la philosophie plotinienne continuée par Porphyre, ainsi que nous le feront ressortir. Enfin, quoique les preuves directes manquent sur l'origine des *vindicationes utiles* si développées en droit byzantin, il n'est pas déplacé, croyons-nous, de soutenir qu'elles se rattachent également à la doctrine des écoles d'Orient, par la raison que tous les exemples de ces actions nouvelles supposent une altération des principes juridiques romains, laquelle s'accorde plus complètement avec la souplesse de l'esprit grec des temps post-classiques qu'avec l'esprit romain, à quelque époque qu'on le prenne.

Nous envisagerons successivement :

Section I. — Les pactes et stipulations constitutifs de servitudes.

Section II. — La résolubilité du droit de propriété et les applications de la *vindicatio utilis*.

Section III. — La *natura actionis* et la *natura contractus*.

Section IV. — Les actions générales.

SECTION I

LES PACTES ET STIPULATIONS CONSTITUTIFS
DE SERVITUDES

Le point de départ historique de ce mode d'établissement des servitudes était pris, il n'y a pas encore très longtemps, d'une façon inexacte, puisque nombre d'auteurs admettaient, malgré le texte péremptoire de Gaius[1], que le droit de servitude créé par les pactes et stipulations sur les fonds provinciaux n'était pas un droit réel (provincial) au même titre que le droit réel (civil) créé par la mancipation ou l'*in iure cessio* sur les fonds italiques. Aujourd'hui, sans risquer de heurter la doctrine courante qui a redressé la déviation invraisemblable subie par l'exégèse du texte de Gaius[2], nous pouvons partir de la base sûre qu'il fournit, en tenant les pactes et stipulations pour le mode normal constitutif du droit réel de servitude sur les fonds provinciaux, — spécialement sur ceux de l'Orient; car il est assez naturel de penser que Gaius, même s'il a écrit son ouvrage à Rome, songe surtout, en parlant des provinces, à la partie orientale de l'Empire dont il est originaire. Le caractère oriental de ce procédé n'a rien de surprenant. Faire naître le droit réel de servitude d'un échange de volontés, sans qu'il soit besoin de réaliser ces volontés dans des actes spéciaux de transfert, est une notion qui dérive directement des concepts juri-

---

1. Gaius, 2, 31.
2. Girard, p. 374; Cuq, t. II, p. 288.

C.   11

diques grecs[1], si proches du droit français moderne et si différents des concepts romains, simplistes, concrets et archaïques, d'après lesquels le domaine du transfert des droits réels est absolument séparé du domaine de la formation des contrats.

Ce qu'il y a eu de particulier dans les destinées du mode grec de constitution des servitudes, c'est que, à la différence de tant d'autres institutions helléniques en vigueur en Orient, il fut accepté par le droit romain provincial, probablement par l'Édit des présidents de province qui procédèrent à son égard comme ils l'avaient fait pour la *longi temporis praescriptio* et l'hypothèque dont l'origine ou l'imitation grecque paraît certaine.

Mais ces deux dernières institutions provinciales finirent, plus ou moins vite, par être acceptées aussi dans le droit romain de l'Italie et par s'étendre aux fonds italiques. En fut-il de même des pactes et stipulations? Une forte doctrine[2] le pense. Elle prétend qu'à l'époque classique le mode provincial s'était introduit à Rome où le préteur (pérégrin?) l'aurait accueilli dans son Édit en le sanctionnant par sa *tuitio*. C'est du droit prétorien et de l'Italie qu'il serait passé dans le droit de Justinien.

Dans le tableau de l'histoire des pactes et stipulations, tel que le présente cette doctrine, le point de départ et le point d'arrivée sont incontestables : les pactes et stipulations sont le mode normal de constitution sur les fonds provinciaux d'après Gaius ; Justinien, de son côté, après la radiation de la mancipation et de l'*in iure cessio*, accorde au mode provincial la faveur de figurer aux Institutes[3] comme seul mode civil de constitution tant pour les servitudes réelles que pour l'usufruit; il lui donne au Digeste

---

1. Beauchet, *op. cit.*, t. III, p. 172. — Cf. plus haut, p. 61 (pour l'écrit), p. 100-104 (pour le transfert de propriété).

2. R. Elvers, *Die römische Servitutenlehre,* Marbourg, 1856, p. 699 ; Girard, p. 373-374.

3. Inst. Just. 2, 3, *de serv.*, 4 ; 2, 4, *de u. fr.*, 1.

le pas sur la tradition. Au contraire, l'état intermédiaire de ses destinées, sa réception en Italie par l'Édit prétorien, et le détour qu'il aurait pris pour devenir le procédé principal des Byzantins, ne nous semblent pas d'une certitude absolue.

Pour nous, à la différence de la doctrine précédente, nous croyons que les pactes et stipulations n'ont jamais pénétré en Italie ; entre Gaius et Justinien, ils n'ont jamais quitté le domaine des provinces d'Orient, et c'est du droit provincial qu'ils sont passés directement dans la législation de Justinien. En effet, la pénétration du mode provincial en Italie n'est prouvée par aucun document direct ; elle est appuyée uniquement sur le Digeste. Or, la question se pose une fois de plus de savoir si les textes des jurisconsultes venus à nous par l'intermédiaire du Digeste peuvent fournir une preuve suffisante. Si nous concluons, après un examen critique, à leur suspicion, il en résultera que, loin de prouver la réception de ce mode en Italie, ce sont eux qui ont été accommodés au droit de Justinien et mis en harmonie avec une institution qui a toujours gardé sa nature provinciale et orientale.

Voyons donc ce que révèle l'examen critique des textes.

I. — Le seul passage du Digeste qui ne soit pas suspect est la phrase finale du texte de Gaius, 2 *rer. cottid.* (D. 7, 1, *de u. fr.*, 3, pr.). Car, quoiqu'il ne vise pas expressément les provinces[1] comme le texte parallèle du même Gaius en ses Instituts, personne n'hésitera à reconnaître qu'il doit s'interpréter d'après ce dernier et par conséquent être laissé en dehors des témoignages à invoquer en faveur de l'existence des pactes en Italie.

---

1. Le commencement du texte les visait sans doute ; au lieu de *omnium (praediorum)*, des auteurs ont proposé de rétablir *provincialium (praediorum)*. Voy. en particulier Hasse, cité par la 11ᵉ éd. du Digeste de Mommsen-Krueger, et R. Elvers, *op. cit.*, p. 699, n. *e* (le passage qui nous intéresse est en note sous la page 700), p. 709.

Les autres fragments du Digeste sont, au contraire, des
plus suspects et ont déjà été passés au crible de la critique.

1° Le premier en date est du jurisconsulte

Africain, 9 *quaest.*, D. 8, 3, *de serv. praed. rust.*, 33,
pr. et 1 :

> Cum essent mihi et tibi fundi duo communes
> Titianus et Seianus et in divisione convenisset ut
> mihi Titianus, tibi Seianus cederet, invicem partes
> eorum tradidimus (Afric. : mancipio dedimus), et in
> tradendo (Afric. : mancipio) dictum est ut alteri per alte-
> rum aquam ducere liceret : recte esse servitutem impo-
> sitam ait (*s. ent.* Iulianus), [maxime si pacto stipulatio
> subdita sit]. 1. Per plurium praedia aquam ducis quo-
> quo modo imposita servitute : [nisi pactum vel stipu-
> latio etiam de hoc subsecuta est], neque eorum cuivis
> neque alii vicino poteris haustum ex rivo cedere :
> [pacto enim vel stipulatione intervenientibus et hoc
> concedi solet], quamvis (Afric. : quia) nullum praedium
> ipsum sibi servire neque servitutis fructus constitui
> potest.

L'addition par les compilateurs des phrases relatives aux
pactes et stipulations est reconnue par plusieurs auteurs[1]
et peut être facilement démontrée. D'abord il est certain
que dans le *princ.* le mot *tradere* a remplacé *mancipare*
comme partout; au lieu de viser la constitution de la
servitude dans une tradition (*in tradendo*), le jurisconsulte
parlait d'une clause de la mancipation, d'une *lex mancipationis*, que Julien déclarait légalement (*recte*) capable de

---

1. Lenel, *Pal. iur. civ.*, Africain, n° 112; S. Perozzi, *Riv. ital. per le
scienze giur*, t. XXIII, 1897, p. 5-6; Cuq, t. II, p. 288, n. 6; H. Krüger,
Die prätorische Servitut, Münster i. W., 1911, p. 9-10, 11-14 (qui reproduit à peu près le système général de M. Perozzi sur les pactes et stipulations, sans citer les travaux de l'auteur italien).

produire un effet juridique. De là résulte que la phrase finale *maxime si pacto stipulatio subdita sit* est absolument inutile dans le texte pur; car étant donné que la mancipation est un procédé civil parfait, on se demande ce que la stipulation y aurait ajouté; d'autre part, il est impossible que la mancipation soit qualifiée de *pactum*[1].

Au § 1 que M. Lenel reconstitue à sa façon, la phrase *nisi pactum vel*[2] *stipulatio etiam de hoc subsecuta est* disparaît à juste titre de sa reconstitution du texte pur. Assurément, elle n'avait pas à intervenir dans la solution primitive d'Africain comme on va le voir après nos observations sur la fin du § 1.

. Par contre, la reconstitution personnelle de M. Lenel conserve la troisième phrase nommant les pactes et stipulations, *pacto enim vel stipulatione intervenientibus et hoc concedi solet*. M. Perozzi admet plus judicieusement son interpolation au même titre que celle des deux autres mentions. La phrase n'est, en effet, que la répétition sous une forme positive de la phrase restrictive précédente. Le Digeste fait dire à Africain que le titulaire de la servitude d'aqueduc ne peut céder ni aux propriétaires, ni à d'autres, une servitude de puisage, « à moins qu'un pacte et une stipulation en ce sens soient adjoints à la servitude première », ou, en s'exprimant autrement, « en vérité, par l'emploi d'un pacte et d'une stipulation, cela aussi est permis ordinairement ». La réserve est une sous ses deux formes et nous paraît d'une façon absolue provenir de Tribonien. En plus d'un critère de langue (le pronom incolore *hoc* qui se trouve dans les deux phrases), une partie de la

---

1. C'est la tradition qui, dans le texte, est désignée par le terme *pactum*. Sur l'assimilation de la tradition au *pactum*, voy. notre article, *La tradition des servitudes dans le droit de Justinien* (*Mélanges P. F. Girard*, t. I, Paris, 1912, p. 193-198) [à paraître en octobre].

2. Les deux mots *pactum vel* semblent ajoutés au texte postérieurement à Justinien, car le participe passé *subsecuta* se rapporte seulement à *stipulatio*.

deuxième phrase, *et hoc concedi solet*, reproduit presque littéralement la décision qui a permis d'établir une servitude de puisage autrement que *ex fonte (hodie tamen ex quocumque loco constitui solet)* et qui n'existe dans les Sentences de Paul que par une addition post-classique[1]. On peut ajouter enfin que cette réserve contredit directement le principe indiqué tout à la fin du § 1 : *nullum praedium ipsum sibi servire neque servitutis fructus constitui potest.* Dans l'état actuel du fragment, le rappel du principe au Digeste est une superfétation puisqu'il peut être mis de côté par le libre accord des parties. Il n'avait de sens que dans le texte original d'Africain pour justifier l'impossibilité de greffer la servitude de puisage sur celle d'aqueduc. Aussi pensons-nous que la conjonction *quamvis*, qui commande la phrase au Digeste, n'appartient pas au jurisconsulte et qu'elle a été mise au lieu de la conjonction *quia* employée par lui[2].

2° Le deuxième fragment ne présente pas plus de garanties que le précédent.

Ulpien, 18 *ad Sab.*, D. 7, 1, *de u. fr.*, 25, 7 :

> Quod autem diximus ex re fructuarii vel ex operis posse adquirere, utrum tunc locum habeat quotiens iure legati usus fructus sit constitutus, an et si per [traditionem vel stipulationem vel] alium quemcumque modum videndum. et vera est Pegasi sententia, quam et Iulianus libro sexto decimo (Ulp. : trigesimo sexto ?)[3] secutus est, omni fructuario adquiri.

---

1. Sent. de Paul, 1, 17, 3 = D. 8, 3, *de serv. praed. rust.*, 9 (Ferrini, § 376, p. 486, n. 3).

2. M. Perozzi, *B. I. D. R.*, t. VI, 1893, p. 1-36 (cf. la note de V. Scialoja, *ibid.*, p. 37-38), croit pouvoir établir que la règle formulée à la fin du texte date seulement de Justinien (dans le même sens, Ferrini, § 380, p. 492, n. 5); mais l'argumentation critique présentée au texte nous suffit pour rejeter son idée et nous maintenir dans la doctrine ordinaire.

3. Il paraît difficile que le n° du livre (XVI) soit conservé; je croirais plus volontiers à une erreur du copiste qui aurait lu LBXVI au lieu de XXXVI,

Les auteurs qui ont examiné le texte au point de vue critique sont d'accord pour regarder comme un tribonianisme l'insertion de *vel stipulationem*. Mais chacun d'eux donne au reste de la retouche une portée différente. M. Lenel[1] veut lire *iure* simplement (non *iure legati*) et mettre *in iure cessionem* à la place de *stipulationem*; il laisse intacts les mots *per traditionem*. M. Cuq[2] accepte ses conclusions en ajoutant l'interpolation de ces deux derniers mots, la quasi-tradition n'ayant été reconnue que postérieurement à Pegasus. M. Perozzi[3], toujours très hardi, supprime encore *an et si* et *vel alium quemcumque modum*. M. H. Krüger[4] maintient le mot *legati* et pense qu'au lieu de *traditionem vel stipulationem*, il faut rétablir *mancipationem vel in iure cessionem*.

A notre avis, il est de meilleure critique de conserver les mots *iure legati* et de reconnaître l'addition des deux modes nouveaux, la tradition et la stipulation, soit qu'ils aient remplacé les deux modes civils classiques, la mancipation et l'*in iure cessio*, soient qu'ils figurent ici sans s'être substitués à aucun mode civil[5]. On peut se demander, en effet, pourquoi Tribonien aurait ajouté le mot *legati* après *iure*, tandis qu'on comprend que des juris-consultes scrupuleux aient agité la question de savoir s'il fallait traiter sur le pied des usufruitiers qui

---

n° exact du livre où Julien continue la matière de son livre XXXV, *de legatis* (pour des fautes de lecture analogues, cf. Ch. Appleton, *La date des Digesta de Julien, N. R. H.*, t. XXXIV, 1910, p. 781-789).

1. *Pal. iur. civ.*, Ulpien, n° 2587.
2. Cuq, t. II, p. 827, n. 5.
3. *Riv. ital.*, t. XXIII, p. 6-8, 32.
4. H. Krüger, *op. cit.*, p. 2-3.
5. Nous hésitons donc entre les opinions de MM. H. Krüger et Cuq. Pourtant, comme on va le voir, notre argumentation diffère de celle de M. Cuq en ce qui touche la tradition; la tradition constitutive de servitudes est bien inconnue du temps de Pegasus, mais elle était reconnue du temps d'Ulpien; or, comme c'est Ulpien qui pose le problème et non Pegasus, on pourrait à la rigueur soutenir contre M. Cuq que le texte du IIIe siècle mentionnait bien la tradition.

tiennent leur droit d'un testament (ceux-là servant toujours de type à cause de la grande fréquence des legs d'usufruit) ceux qui ont acquis l'usufruit d'un « autre mode quelconque » entre vifs. C'est même par le maintien du mot *legati* (que rien n'autorise à exclure du texte original) que l'interpolation des deux modes nouveaux, la tradition et la stipulation, s'explique le mieux. Car comment concevoir qu'Ulpien ait eu l'idée d'assimiler à l'usufruit constitué *iure legati*, reconnu par le droit civil, l'usufruit établi *per traditionem*, reconnu seulement par le droit prétorien, et celui établi *per stipulationem*, reconnu seulement par les présidents de province (ou par le préteur aussi dans l'opinion de ceux qui croient à sa pénétration à Rome)[1]? Il est bien plus naturel de penser qu'il s'était posé la question de l'identification à l'usufruitier légataire des autres usufruitiers civils quelconques[2].

L'argumentation juridique basée sur les principes du droit classique conduit donc à déclarer que l'insertion de la stipulation, l'un des éléments du mode provincial, dans le texte d'Ulpien n'est due, comme les trois mentions de ce mode dans le texte d'Africain, qu'aux compilateurs. La conclusion qui ressort de l'interpolation des deux textes est pour nous indiscutable. Puisque, en dehors de ces textes retouchés, il n'existe aucune preuve que les pactes et stipulations aient jamais été adoptés en Italie, la seule justification acceptable de leur présence aux Instituts de Justinien et au Digeste, c'est un emprunt direct au droit provincial[3].

---

1. Cf. cependant une identification entre l'usufruit civil et l'usufruit prétorien présentée par le même Ulpien, 17 *ad Sab.*, D. 7, 4, *quid. mod. u. fr. amitt.*, 1, pr. = Vat. 61. Pour l'interprétation de ce passage et en même temps pour l'exégèse du texte qui vient d'être étudié (D. 7, 1, 25, 7) [après l'interpolation], voir notre article, *La tradition des servitudes dans le droit de Justinien, loc. cit.*, p. 191, n. 2.

2. L'objection garde également toute sa force contre la restitution de M. Lenel (*iure* au lieu de *iure legati*); comment l'usufruit constitué *iure* pourrait-il être assimilé à un usufruit établi *tuitione praetoris?*

3. En ce sens, Perozzi, *Riv. ital.*, t. XXIII, p. 28-29; Cuq, t. II, p. 827;

Il n'y a d'ailleurs rien d'étonnant à ce que l'Empereur, légiférant pour l'Empire d'Orient, ait accueilli comme mode normal entre vifs — et, nous le dirons dans un instant, comme le seul mode pleinement efficace — les pactes et stipulations qui étaient sans doute fortement ancrés dans la pratique gréco-romaine. Les commissaires, n'ayant pas admis la mancipation et l'*in iure cessio*, qu'ils passent sous silence en notre matière aussi bien qu'en matière de propriété[1], et ayant remplacé partout la mancipation par la tradition, auraient pu donner à celle-ci le rôle général de celle-là. Mais ils ne l'ont pas fait précisément parce qu'ils ont été influencés par le droit romain de leurs provinces. Ils ont, pour ce motif, conféré aux pactes et stipulations la prééminence sur la tradition que, d'une part, les Institutes ne mentionnent en aucun endroit et que, d'autre part, le Digeste assimile au *pactum*, c'est-à-dire seulement au premier élément du mode normal byzantin, en lui reconnaissant seulement une efficacité civile incomplète, comme le montre l'interpolation du fr. 33, pr. (D. 8, 3), *maxime si pacto stipulatio subdita sit*[2].

II. — Quoique les conclusions précédentes dérivent logiquement de l'interprétation critique des textes, il semble qu'elles gagneront encore de la force en étant appuyées par deux remarques complémentaires.

1° La première concerne l'opposition entre le droit de Justinien et le droit de l'Italie tel qu'on peut se le figurer antérieurement à la réception de l'œuvre byzantine. Com-

---

Elvers, *op. cit.*, tout en croyant (p. 699) que les pactes et stipulations se sont introduits en Italie, admet aussi (p. 709) que c'est le droit provincial qui est la source principale du droit de Justinien.

1. Évidemment pour les mêmes raisons, c'est-à-dire parce que ces deux modes n'avaient pas pénétré en Orient où la majeure partie des terres n'étaient pas des fonds italiques (Voy. la discussion générale au Chap. III, Sect. I).

2. Voy. la démonstration faite d'après ce texte, au passage de notre article déjà mentionné (*suprà*, p. 165, n. 1).

ment se constituaient les servitudes en Italie avant la conquête? La doctrine commune déclare que, par suite de la désuétude de la mancipation et de l'*in iure cessio*, elles se constituent normalement par les pactes et stipulations et par la tradition. Cette doctrine pourtant ne repose sur aucune preuve directe, puisque les textes purs manquent pour l'Italie après l'époque classique; elle n'a donc d'autre appui que le témoignage des Instituts et du Digeste qu'on suppose, *a priori*, refléter l'état juridique général du monde où vit encore le droit romain, celui de l'Occident aussi bien que celui de l'Orient.

Or, le témoignage des Instituts et du Digeste quant au droit de l'Italie du vi[e] siècle n'est rien moins que probant, nous l'avons dit et répété. Admettre que la législation de Justinien représente l'état du droit de l'Italie, c'est proprement résoudre par la question la question discutée dans ce volume tout entier. Pour nous en tenir aux servitudes, si l'on met de côté l'œuvre de Justinien et ses interpolations dont on n'a pas, en critique, le droit d'argumenter, la doctrine ordinaire ne nous paraît pas suffisamment fondée.

En premier lieu, la doctrine part de l'idée que la mancipation et l'*in iure cessio* avaient disparu de la pratique en tant que procédés constitutifs de servitudes. Cette sorte d'axiome n'a d'autre source que l'œuvre même de Justinien, ici comme en matière de propriété. Car on peut s'assurer par les actes concrets que la mancipation[1] durait encore au vi[e] siècle et dura dans les siècles suivants. Nous rejetons donc l'idée de départ et nous admettons, de notre côté, que la mancipation des servitudes a pu survivre dans la pratique des notaires, sous des formes et sous des influences identiques à celles qui se voient en matière de propriété[2]. La preuve matérielle de sa persistance est d'ailleurs fournie par les Papyrus de Marini qui offrent d'assez

---

1. Nous n'avons pas les mêmes indices pour l'*in iure cessio*.
2. *Infrà*, Chap. III, Sect. I.

nombreux exemples de mancipations avec réserve d'usufruit[1] (la *retentio ususfructus* jouant le rôle de la *sollemnis traditio*)[2].

En second lieu, la doctrine, pour remplacer les modes civils qu'elle estime disparus, admet l'emploi des pactes et stipulations, d'une part, de la tradition, de l'autre. — Pour les pactes et stipulations, la preuve a été largement faite de leur inexistence dans le droit romain général à l'époque classique; s'ils fonctionnaient réellement en Italie aux vᵉ et viᵉ siècles, il faudrait supposer qu'ils y seraient venus par exportation du droit provincial. Est-il vraisemblable que les juristes et les notaires de cette époque aient pu accepter une telle nouveauté à l'heure de la décadence profonde du droit en Occident? — Pour la tradition, au contraire, nous adhérons fermement à la doctrine ordinaire, toutefois avec cette réserve qu'il faut regarder la tradition non pas comme l'exercice de la servitude sous le nom d'*usus*, mais comme le succédané du *pactum*, comme l'équivalent de la *lex mancipationis*[3]. C'est de cette façon que la tradition des servitudes se révèle à nous dans les actes concrets; les Papyrus de Marini montrent plusieurs fois la rétention d'usufruit adjointe à des donations qui se réalisent par tradition[4].

Nous résumerons donc cette première remarque en disant que la survivance de la mancipation des servitudes en Italie — doublée (et non remplacée) par la tradition — et l'inexistence des pactes et stipulations s'accordent pour per-

---

1. Marini 86 (an. 553), ll. 40-42 (p. 133); 89 (an. 587) (p. 138); 93 (viᵉ siècle), ll. 26-29 (p. 144); 97 (an. 854), l. 29 (p. 151); 123 (an. 616-619), ll. 37-40 (p. 190).

2. Comme l'autorisait la const. d'Hon. et Théod. (417), C. Th. 8, 12, *de don.* 9 = C. J. 8, 53 (54), *de don.*, 28 (voy. *infrà*, Chap. III, Sect. I).

3. Les développements sur la distinction des deux traditions sont donnés dans l'article spécialement consacré à la matière (*loc. cit.*, p. 185-198), qui a été écrit pour corroborer l'exposé du présent volume.

4. Marini 84 (an. 491), ll. 6-7 (p. 130-131); 107 (s. d.), (p. 168); 120 (an. 572), ll. 54-57 (p. 184); 121 (fin viᵉ siècle), ll. 29-31 (p. 186); 122 (an. 591), ll. 64-66 (p. 188).

mettre de conclure à l'opposition entre le droit routinier de l'Italie et le droit progressif de Justinien. Et ainsi se confirme par antithèse l'origine orientale de la législation de Justinien.

2° La deuxième observation est d'un autre ordre. Elle concerne la quasi-tradition du droit prétorien classique, réalisée en pratique par l'*usus* et la *patientia*. En dépit de l'opinion courante, le Digeste, qui marque l'aboutissement de son histoire peu compliquée, la présente, croyonsnous, comme un mode toujours prétorien avec ses sanctions classiques (les interdits quasi possessoires et la Publicienne) et lui laisse par nécessité sa fonction propre en face de la tradition assimilée au *pactum*, véritable mode civil mis à la place de la mancipation. Si nous revenons sur cette institution déjà étudiée par nous ailleurs[1], c'est uniquement pour rappeler qu'à notre avis elle ne s'est jamais transformée en institution civile comme son homonyme et qu'il est impossible d'y voir autre chose qu'une création romaine ancienne passée dans le droit byzantin. M. Perozzi[2] a prétendu soutenir que toute la matière de la quasi-possession des servitudes, en particulier la *quasi-traditio*, était ignorée du droit classique; que c'était un produit des écoles de droit d'Orient, et que Justinien, imprégné de l'esprit spéculatif et généralisateur du peuple grec, aurait le premier reconnu, à la suite de la suppression de la mancipation, la *traditio* d'où découle la *longi temporis praescriptio*. Quelque tentante qu'ait pu être l'admission de cette opinion pour la thèse générale exposée par nous, la démonstration de l'auteur ne nous a pas convaincu par la raison que la *quasi-traditio* dont il veut réformer l'histoire est une institution d'un autre ordre que la tradition admise par le Digeste pour

---

1. Voir notre article spécial, *loc. cit.*, p. 187 et s.
2. *Riv. ital.*, t. XXIII, p. 186, et *Istituzioni di diritto romano*, t. I, Florence, 1906, p. 492.

remplir le rôle de procédé d'établissement direct et civil tenu en Italie par le vieux mode quiritaire. Au risque de ne pas grossir d'une unité le nombre des exemples de l'orientalisme de Justinien, nous n'avons pas hésité à repousser la doctrine du professeur italien.

Dans l'importante matière des servitudes, les pactes et stipulations suffisent à eux seuls à représenter l'influence des provinces d'Orient, mais cette influence est des plus caractéristiques, puisqu'ils constituent, d'après Gaius, le procédé provincial par excellence. Gaius est, en l'espèce, la source directe de Justinien comme il l'est aussi dans son texte relatif à la *litterarum obligatio*. Il y a là deux déclarations concordantes du jurisconsulte sur le droit de son pays dont les Byzantins ont profité, parce qu'ils légiféraient précisément pour les mêmes régions de l'Orient.

SECTION II

LA RÉSOLUBILITÉ DU DROIT DE PROPRIÉTÉ ET LES APPLICATIONS DE LA « VINDICATIO UTILIS »

Notre premier soin, en abordant cette Section, doit être de limiter le problème qui y sera étudié et de le séparer du problème plus large auquel il se rattache, la question de la perpétuité du droit de propriété. Les destinées de la perpétuité dans l'œuvre de Justinien ne sont pas ici en cause, du moins d'une manière directe. Il ne s'agit pas de reprendre l'étude de la question fondamentale agitée tant de fois, celle de la validité des transferts *ad tempus* proclamée par Justinien pour les donations[1], les legs et les fidéicommis[2], en opposition avec la nullité des mêmes dispositions que formulait le droit classique. Si digne d'examen que soit ce changement radical de droit, nous le laisserons de côté, parce qu'aucune difficulté ne paraît pouvoir être soulevée sur son origine incontestablement byzantine, malgré notre ignorance des raisons qui l'ont inspiré à l'Empereur[3].

Il s'agit uniquement ici de la résolution de la propriété

---

1. C. 8, 54 (55), *de don. quae sub modo*, 2.

2. C. 6, 37, *de leg.*, 26.

3. Cependant il ne serait pas impossible de voir dans l'innovation de Justinien un exemple de plus de l'influence grecque, car le vieux droit grec paraît bien avoir reconnu la validité des donations en usufruit *(usque ad mortem)* (Beauchet, *op. cit.*, t. III, p. 130).

obtenue par la *vindicatio utilis*, l'action « réelle » accordée au Digeste et au. Code pour assurer à l'aliénateur la reprise de la chose lors de l'arrivée de la condition[1]. Or, l'étude de la résolubilité « réelle » ne nous oblige pas à reprendre l'étude générale de l'efficacité des transferts *ad tempus*. Dans ce dernier cas, en effet, le progrès réalisé par Justinien s'est produit sous la forme d'une substitution de la validité à la nullité. Dans la matière de la résolution, le progrès s'est accompli par la concession d'une action réelle à côté de l'action personnelle, la *condictio*, que le droit romain accordait depuis longtemps dans les hypothèses de donation *mortis causa* et de donation *sub modo* où il reconnaissait déjà comme parfaitement valables les transferts de propriété consécutifs à ces donations, malgré la présence d'une condition résolutoire.

Seulement, les principes purs du droit classique faisaient produire à la condition accomplie son effet uniquement sur la cause de transfert — comme l'indique la concession de la *condictio*[2] — et non sur le transfert lui-même ; l'octroi d'une *vindicatio utilis* est la marque évidente que l'effet de la condition atteint dorénavant le transfert lui-même. C'est sur ce changement de fond que nos efforts doivent se concentrer.

D'après la doctrine encore la plus courante, le changement se serait accompli dès le droit classique lui-même ; l'initiative en reviendrait au jurisconsulte Ulpien, en matière de donation *mortis causa*, et aux Empereurs Valérien et Gallien, en matière de donation *sub modo*.

---

1. Poser en ces termes les limites à l'étude du problème de la résolution de la propriété, c'est dire que l'effet de la condition résolutoire en matière de vente ou de contrats innommés restera hors de cause. Aux cas de *lex commissoria* et d'*in diem addictio*, la propriété reconnue au vendeur semble n'avoir jamais eu à revenir entre ses mains, pour la raison qu'elle ne l'avait jamais quitté (Girard, p. 724, n. 2 ; p. 725, n. 1). Dans les contrats innommés, la résolution n'a jamais été sanctionnée par la voie réelle.

2. Ou d'autres actions personnelles pour la vente.

Justinien n'aurait eu d'initiative personnelle que dans la matière des transferts *ad tempus*.

Nous rechercherons tout d'abord si l'apparition de la *vindicatio utilis* peut réellement remonter au IIIe siècle ; avec une doctrine moins répandue, nous nous demanderons si les textes d'Ulpien et des Empereurs résistent à un examen critique. Reportant, avec cette doctrine, aux commissaires byzantins le mérite de l'introduction de l'action réelle au Digeste et au Code, mais allant plus loin qu'elle, nous essaierons de découvrir l'origine de cette innovation législative dans l'enseignement des écoles d'Orient. Pour y parvenir, nous tirerons argument des notions précisées (ou à préciser) sur sa nature et son fondement en corrélation avec la théorie générale de Justinien concernant les transferts de propriété affectés de modalités.

§ I. — Date d'apparition de la « Vindicatio utilis ».

Notre thèse personnelle sur l'origine orientale de la théorie de la résolubilité est nécessairement liée à la solution d'une question préalable, la fixation de la date à laquelle apparaît la *vindicatio utilis* qui la sanctionne.

Dans les cas de transfert de propriété sous condition résolutoire, la doctrine courante se rapproche de plus en plus du système qui, pour l'époque classique, dénie à l'aliénateur — sous réserve des deux exceptions déjà mentionnées — toute action réelle, quand la condition s'accomplit. La propriété avait été transmise à perpétuité, et l'aliénateur avait, en conséquence, perdu la revendication ; aussi l'arrivée de la condition n'affecte-t-elle que la cause du transfert, et son effet ne se produit-il que sous la forme d'une reprise par une action personnelle[1].

Si l'on se transporte à l'époque de Justinien, tous les

---

1. Cela tend à être reconnu aussi bien pour les clauses résolutoires adjointes à la vente que pour les donations *mortis causa* et *sub modo* (Girard, p. 725, 946, 949).

auteurs constatent que, dans les cas de donations *mortis causa* et *sub modo*, la résolution s'opère d'après sa législation d'une façon effective « réellement »[1] ; l'aliénateur peut reprendre la chose, à l'arrivée de la condition ou en cas d'inexécution du *modus alimentorum,* par une action *in rem* ou *vindicatio utilis*. En attendant que nous discutions la portée véritable de la résolubilité, la question se pose de savoir si l'action réelle apparaît déjà à l'époque classique, autrement dit, si le mouvement favorable à l'aliénateur a commencé au IIIe siècle dans le droit romain même ou si, au contraire, Justinien n'a pas été le premier à enregistrer législativement les résultats d'un mouvement plus tardif et étranger au droit romain pur. C'est cette deuxième opinion qui nous semble la plus juste. Pour l'établir solidement, il convient de recourir à une double méthode : après avoir procédé à l'examen critique des textes classiques qui mentionnent l'action réelle et après en avoir démontré l'interpolation, il importera de les mettre en parallèle avec les autres exemples de *vindicatio utilis* dont Justinien a été, sans exception aucune, pensons-nous, l'introducteur au Digeste et au Code. Comme cette double tâche a été entreprise déjà par plusieurs auteurs et menée à bonne fin spécialement par M. Mancaleoni[2], nous profiterons largement de ses conclusions en les appuyant à l'occasion de remarques complémentaires ; notre exposé y gagnera en brièveté.

I. — Le premier texte qui vise l'effet réel de la résolution est le célèbre fr. 29 (D. 39, 6, *de m. c. donat.*), tiré d'Ulpien (17 *ad Ed.*), si connu qu'il est inutile d'en refaire l'analyse et qui, comme on sait, accorde, dans l'état

---

1. Girard, p. 946, 949.

2. F. Mancaleoni, *Contributo alla storia e alla teoria della rei vindicatio utilis*, Sassari, 1900 (extr. des *Studi Sassaresi*, t. I). Une revue des opinions de cet auteur et des opinions antérieures a été passée dans l'article de R. von Mayr, *Vindicatio utilis*, Z. S. S., t. XXVI, 1905, p. 83-124.

où le présente le Digeste, une action *in rem* au donateur *mortis causa* (lorsque la donation s'interprète comme
faite sous condition résolutoire et lorsque la condition
s'accomplit). Après M. Mancaleoni, nous avons discuté
ailleurs [1] cette décision, au point de vue critique. Sans
rééditer les arguments qui ont été utilisés dans notre étude
spéciale, il suffira d'en reproduire la double conclusion.
D'une part, l'interpolation du fr. 29, que M. Mancaleoni
soupçonnait seulement [2], a été rendue plus certaine par la
mise en relief d'un critère nouveau, — *in rem* non suivi
d'*actio*, — à ajouter aux autres éléments de suspicion.
D'autre part, l'action *in rem* concédée dans les passages
interpolés, qui paraît à certains auteurs (parmi lesquels
se trouve le professeur italien) être une action directe,
nous a semblé plutôt être une action utile, la *vindicatio
utilis* dont les Byzantins ont largement étendu le domaine.

Quant à l'*utilis actio*, qui concourt avec la *condictio*,
d'après le fr. 30 (D. 39, 6) (Ulp. 21 *ad Ed.*), très probablement aussi elle apparaît là à la suite d'une addition des
commissaires [3] et, sans doute aussi, avec le caractère d'une
vindicatio utilis [4], malgré les résistances de plusieurs
romanistes [5]. On verra plus loin quel parti il y aura à
tirer de cette constatation.

2° Le second texte non moins fameux est la constitution de

---

1. Voir le n° 11 de mon article intitulé : *Un nouveau critère d'interpolation, la désignation des actions sans* actio *ou* iudicium (*N. R. H.*,
.t. XXXIV, 1910, p. 157-173 ; tir. à part des *Contrib. à l'hist. du droit rom.*,
p. 81-99).

2. R. von Mayr (*loc. cit.*, p. 94-95), qui n'a pas été cité dans l'article ci-dessus, n'a produit aucun argument nouveau en faveur de l'interpolation.

3. Sur le fr. 30, cf. notre article cité et Mancaleoni, n° 7, p. 29-31 ; l'interpolation est admise par plusieurs auteurs, soit pour tout le fragment, soit
pour l'*utilis actio* (Girard, p. 949, n. 6).

4. En ce sens, Girard, p. 949, n. 6.

5. Par exemple en dernier lieu, R. von Mayr, *loc. cit.*, p. 99-100.

Valérien et Gallien (258), C. 8, 54 (55), *de don. quae sub modo*, 1 :

> Si doceas, ut adfirmas, nepti tuae ea lege a te esse donatum, ut certa tibi alimenta praeberet, [vindicationem etiam hoc casu utilem] eo quod legi illa obtemperare noluerit, impetrare potes, [id est actionem qua dominium pristinum restituatur tibi].
> 1. Nam condictio [quidem] hoc casu, [id est in personam actio] iure procedit : [verum vindicationem quoque divi principes in hoc casu dandam esse sanxerunt.]

L'inexécution du *modus* donne ouverture en droit classique à la *condictio causa data, causa non secuta* qui permet au donateur de reprendre la chose aliénée; c'est ce que montrent quelques constitutions du Code lui-même au siège de la matière [1]. Y a-t-il, se demande M. Mancaleoni [2], des raisons particulières pour que Valérien et Gallien aient renforcé ici la *condictio* par une *vindicatio utilis?* On ne les aperçoit pas et les constitutions postérieures de Dioclétien et Maximien n'en parlent jamais; il est donc fort probable que l'action utile — qui, après examen de tous les textes, est reconnue par lui comme une création des Byzantins — n'échappe pas ici à la règle générale [3].

Les indices de suspicion ne manquent pas d'ailleurs dans la constitution et quelques-uns sont depuis longtemps signalés. Sur le même rang que les deux incises marquées par *id est...*, dénotant par leur banalité plutôt des gloses que des interpolations, se place la dernière phrase du § 1 qui ne fait que répéter le *princ.* et dont l'inutilité, comme l'expression

---

1. C. 4, 6, *de cond. ob caus. dat.*, 2 (227), 6 (293), 8 (294).
2. Mancaleoni, n° 8, p. 31-35.
3. Pour l'interpolation se prononce aussi F. Haymann, [*Die Schenkung unter einer Auflage*, Berlin, 1905, p. 136-137. — R. von Mayr, *loc. cit.*, p. 119-120, croit à la pureté du texte.

in hoc casu, indique la basse époque ; pour nous, c'est aussi une glose postérieure au remaniement du *princ.* par les commissaires[1]. Quant à la *vindicatio utilis* du *princ.*, on ne peut qu'être surpris de la façon singulière dont elle se présente, liée aux mots *etiam hoc casu* s'intercalant entre le substantif et l'adjectif. Nous ne connaissons en effet aucun autre cas où elle ait été donnée au iiie siècle. Il est donc permis de penser que ce sont les Byzantins qui l'ont introduite dans la constitution (relative originairement à la *condictio*), en faisant allusion aux autres cas où nous savons pertinemment qu'ils l'ont accordée et dont il va être question à l'instant même.

L'examen critique des deux textes principaux qui sanctionnent la reprise de la chose donnée par une *vindicatio utilis* suffirait, à notre sens, pour enlever l'innovation au jurisconsulte et aux Empereurs du iiie siècle qui en ont usurpé le mérite jusqu'à nos jours, du reste, par la faute des compilateurs, les véritables introducteurs de la réforme dans l'œuvre de Justinien. Cette idée doit néanmoins se fortifier par la mise en parallèle des deux cas étudiés avec les autres cas où la *vindicatio utilis* se rencontre au Code et au Digeste.

II. — L'enquête détaillée, à laquelle M. Mancaleoni a soumis tous les cas particuliers de *vindicatio utilis*, l'a conduit à la conclusion que « cette institution... est due avec une très grande probabilité entièrement à Justinien et à ses compilateurs »[2]. La même conclusion était déjà admise par d'éminents romanistes qui la traitaient de « notion favorite des compilateurs »[3]. Elle se prouve surtout en partant du fait que les exemples les plus importants émanent de Justi-

---

1. Cette phrase finale du § 1 est d'autant plus suspecte que, si elle était authentique, il faudrait rapporter la décision des *divi principes* non aux Empereurs de 258, mais à des Empereurs précédents.

2. Mancaleoni, p. 66.

3. Pernice, *Labeo*, t. III, 1, Halle, 1892, p. 285, n. 1 ; F. Eisele, *Z. S. S.*, t. XIII, 1892, p. 127.

nien personnellement ou peuvent lui être attribués avec
certitude. Il est donc légitime de supposer *a priori* que les
autres cas[1] sont suspects et même de croire à leur interpolation, si la suspicion supposée est rendue plus précise par
des critères connus. Ne désirant en aucune manière répéter
l'exposé complet de la démonstration, nous constaterons
seulement que les deux textes d'Ulpien et de Valérien et
Gallien rentrent tout à fait dans cette dernière catégorie.
Et c'est ainsi que la reconnaissance du byzantinisme général
de l'action réelle renforce l'examen interne de leur contexte.

Enfin, ces différents arguments internes ou externes
seront encore soutenus par les remarques que l'on peut
faire sur les exemples de *vindicatio utilis* dus à Justinien
lui-même. Ces applications incontestablement byzantines
se rencontrent dans les cas suivants :

 1° En matière de restitution de dot, Justinien accorde à
la femme par la célèbre constitution de 529 (C. 5, 12, *de
iure dotium*, 30) la *vindicatio utilis* pour reprendre ses biens
dotaux existants, en concours avec l'action hypothécaire ;
2° en matière de donation entre époux. dans la constitution
non moins fameuse de 530 (C. 5, 13, *de rei ux. act.*, un,
5ᵃ), Justinien la suppose accordée au conjoint donateur
contre le conjoint donataire, en concours avec l'action *in
rem* directe et avec la *condictio ;* 3° en matière de donation
entre fiancés, c'est Justinien encore qui l'accorde au fiancé
pour reprendre les choses données à la fiancée, quand le
mariage n'a pas lieu, en concours avec la *condictio ;* car la
constitution de Constantin (319), contenue au C. 5, 3, *de
don. ante nupt.*, 15, mentionne l'action réelle seulement par
interpolation, comme il est facile de le voir en comparant

---

1. Ces cas sont au nombre de cinq d'après M. Mancaleoni (p. 65-66):
nous en ajoutons deux, l'action *in rem* du D. 39, 6, 29, qui vient d'être
étudiée et celle du D. 6, 1, *de rei vind.*, 77, examinée dans notre article cité
suprà, p. 178, n. 1.

la version du C. Just. à la leçon originale du C. Théod. (3, 5, 2)[1].

L'intérêt spécial présenté par ce groupe de cas provient de ce qu'ils offrent une certaine analogie avec les hypothèses de résolution ; dans les uns et dans les autres, on peut dire — en prenant les choses de haut — que c'est la défaillance de la cause de la donation (le mariage déjà célébré aux deux premiers cas, le mariage projeté au dernier cas) qui produit une sorte de résolution *lato sensu* du droit, vis-à-vis du mari, de l'autre conjoint ou de la fiancée. En conséquence, que Justinien, dans les interpolations du Digeste et du Code, soit animé du même esprit auquel on doit les constitutions de 529 et 530, cela n'a rien d'extraordinaire, cela conduit normalement à supposer que la théorie de la *vindicatio utilis* vient tout entière de lui, attendu qu'elle forme dans son ensemble antinomie absolue avec la doctrine classique.

Mais du rapprochement présumable entre la date des textes personnels de Justinien et celle des décisions des textes interpolés une conséquence plus importante va pouvoir être tirée. Le résultat obtenu jusqu'ici ne constitue encore qu'une entrée en matière, une préparation à la question devant laquelle les auteurs se sont arrêtés et qui forme l'objet principal de nos recherches, l'origine de la *vindicatio utilis*. Cette question n'est naturellement pas résolue du fait que la date d'entrée de l'action au Digeste et au Code doit être descendue jusqu'à la rédaction législative de ces recueils. Elle se pose seulement après cette constatation. Sa solution se rapprochera quand une seconde étape sera franchie, celle où va être fixée la nature propre de la *vindicatio utilis*, et précisément d'après le rapprochement de textes qui vient d'être mis en relief.

---

1. Sur cette addition, cf. un passage de notre article : *Quelques corrections abusives des éditeurs des textes juridiques* (*N. R. H.*, t. XXXIII, 1909, p. 190-191 ; tir. à part des *Contrib. à l'hist. du droit rom.*, p. 79-80).

§ II. — **Nature et fondement de la « Vindicatio utilis ».**

La détermination de la nature de la *vindicatio utilis*
n'est pas chose facile. Elle fait l'objet de vives discussions
entre romanistes, et les systèmes qui prétendent l'établir
sont nombreux[1]. Sur ce sujet comme sur beaucoup
d'autres, la divergence provient principalement de ce
que les auteurs ont cherché à résoudre le problème en
fonction des principes du droit classique et de la procédure
formulaire, en obéissant à la seule méthode dogmatique
des Glossateurs et des Pandectistes. Aujourd'hui, grâce
à l'emploi de plus en plus suivi de la méthode critique et
historique, la détermination peut en être faite d'un point
de vue plus objectif. Si l'on admet que la *vindicatio utilis*
est ignorée du droit classique et qu'elle est due aux Byzantins, l'accord devra, pensons-nous, s'opérer plus facilement sur une base solide. Ce n'est pas le moindre mérite
de M. Mancaleoni d'avoir édifié en conclusion de son étude
une construction dogmatique à l'aide des matériaux
que lui avaient fournis la critique des textes classiques et
l'exégèse de ceux de Justinien ; étant donné son point de
départ, nous pouvons en toute confiance adopter son
système. Mais nous pourrons le fortifier encore par les
idées personnelles qui vont être présentées ici même sur
le fondement de la *vindicatio utilis* et par celles qui seront
exposées bientôt sur son origine historique. L'auteur italien,
en se préoccupant uniquement, comme les autres auteurs,
de la construction dogmatique de l'action, n'a guère
touché à la question du fondement des *vindicationes utiles*
et n'a étudié ni le fonctionnement procédural, ni l'origine
de ces actions byzantines. Par là, il a volontairement
privé sa théorie générale d'un solide appui.

---

1. Les différents systèmes ont été examinés en détail par C. Brezzo, *Rei
vindicatio utilis*, Turin, 1889 et rappelés naturellement par Mancaleoni,
p. 2-3.

I. — Dans le système de M. Mancaleoni, la nature de la *vindicatio utilis* applicable à tous les cas a été déterminée d'après le modèle de l'action *in rem* accordée à la femme par la constitution de 529. Excellent point de départ malgré les controverses dont elle est encore l'objet, puisqu'elle est une « émanation directe de l'activité législative de Justinien et présente l'exposé le plus complet de notre action qui se trouve dans nos sources »[1]. L'examen de ce texte et de différents autres permet de dégager les caractères propres de la *vindicatio utilis*[2] qui en font vraiment la sanction d'un *ius singulare*, comme le reconnaît la doctrine la plus répandue[3]. Ces caractères sont les suivants : 1° l'élément commun à tous les cas, c'est que le droit auquel on veut donner satisfaction n'est pas un droit réel, mais un droit personnel, comme il ressort de la constitution-type de 529 dans laquelle il est dit expressément que la femme n'est pas propriétaire de sa dot et partant ne peut qu'en être créancière ; la meilleure preuve, d'ailleurs, que le droit sanctionné est personnel, c'est que, dans les cas les plus notables, le droit est garanti à la fois par une action personnelle (généralement une *condictio*) et l'action utile[4] ; 2° cependant, la *vindicatio utilis* n'est pas une action personnelle, mais une action réelle[5], comme on peut l'induire des caractères suivants ; 3° elle se concrétise sur des choses singulièrement déterminées, objet de l'obligation, ou sur des choses subrogées à cet objet[6] ; 4° elle tend à procurer à son titulaire la posses-

---

1. Mancaleoni, p. 68.

2. L'auteur lui-même résume ces caractères à la p. 93, mais ils sont présentés ici directement d'après ses explications développées. Quelques-uns étaient déjà reconnus par ses prédécesseurs.

3. Mancaleoni, p. 67 ; R. von Mayr, *loc. cit.*, p. 122.

4. Mancaleoni, p. 83-85. Il y a pourtant quelques réserves à faire (R. von Mayr, *loc. cit.*, p. 123).

5. *Id.*, p. 85-86 ; R. von Mayr, *loc. cit.*, p. 122.

6. *Id.*, p. 86-87. A cause de cela, R. von Mayr, *loc. cit.*, p. 123, qualifie dans quelques cas la *vindicatio utilis* de succédané (*Surrogat*) d'un droit réel perdu.

sion et la propriété, car le demandeur n'est pas propriétaire auparavant[1]; 5° enfin, elle ne peut s'exercer que sur les choses se trouvant dans le patrimoine de l'obligé ou aux mains de tiers acquéreurs non légitimes[2].

Il est indéniable que la nature de l'action ainsi décrite convient parfaitement aux actions qui sanctionnent dans les textes d'Ulpien et des Empereurs Valérien et Gallien le droit des donateurs. Dans les deux cas, on sait par le contexte même que l'action réelle concourt avec une *condictio*, qu'elle se concrétise sur la chose donnée, qu'elle tend à procurer aux donateurs la possession et la propriété, qu'elle s'intente contre la chose se trouvant aux mains de l'obligé. Ce fait que M. Mancaleoni reconnaît pour la donation *sub modo*, il le reconnaîtrait aussi pour la donation *mortis causa* s'il admettait, comme nous, que l'action du fragment d'Ulpien est l'action utile.

II. — Mais quel peut être le fondement d'une action qui a une nature si singulière en droit[3]? Il est nécessaire de le rechercher pour dégager enfin la théorie de Justinien sur la résolubilité.

La remarque a été faite plus haut que M. Mancaleoni ne s'était pas suffisamment soucié de la question. Si, à son exemple, nous prenons pour point de repère la constitution-type de 529[4], la pensée de Justinien apparaîtra clairement. Pour accorder à la femme, après la dissolution du mariage, une action *in rem* en revendication de ses biens dotaux et une action hypothécaire lui permettant de primer les créanciers du mari, l'Empereur invoque (au *princ.*) la raison

---

1. Mancaleoni, p. 87-88. La solution ne va pas sans difficultés (R. von Mayr, *loc. cit.*, p. 124).

2. *Id.*, p. 88-90. Pour les divergences d'opinions, voy. R. von Mayr, *loc. cit.*, p. 123.

3. Son fonctionnement procédural n'a pas d'intérêt pour la présente démonstration; il sera repris, tout à fait à sa place, dans le tome II de ces *Études*.

4. C. 5, 12, 30.

expresse : *cum eaedem res et ab initio uxoris fuerant et naturaliter in eius permanserunt dominio*. Cette raison, il la développe dans la phrase qui suit immédiatement celle-là : *non enim quod legum subtilitate transitus earum in mariti patrimonium videtur fieri, ideo rei veritas deleta vel confusa est ;* et plus loin (au § 1) il revient sur l'idée fondamentale presque dans les mêmes termes : *sive ex naturali iure eiusdem mulieris res esse intellegantur vel secundum legum subtilitatem ad mariti substantiam pervenisse*. En un mot le fondement de l'action réelle de la femme réside, pour Justinien, dans le « droit naturel » qui lui est reconnu du fait que les biens dotaux devenus la propriété du mari sortaient de son patrimoine à elle et sont en quelque sorte restés ses biens propres (*quasi in huiusmodi rebus propriis*) ; il réside « dans la permanence du pouvoir naturel de la femme sur la dot» [1].

Le même fondement s'applique sans difficulté aux hypothèses principales de *vindicatio utilis* émanant directement de Justinien ou insérées par interpolation dans son œuvre, en particulier aux deux cas de résolution sur lesquels porte notre examen. Quoique les commissaires se soient contentés d'ajouter l'action réelle aux deux passages classiques du Digeste et du Code sans la justifier, ne sommes-nous pas autorisé à croire que, dans leur esprit, la justification de l'action réelle était du même ordre que celle formulée explicitement dans la constitution de 529 ? En raison, rien ne s'y oppose. Le donateur *mortis causa* (quand on le considère comme un aliénateur sous condition résolutoire) et le donateur *sub modo* pourraient dire aussi bien que la femme dotale, en reprenant le langage même de Justinien, que « la chose leur a appartenu *ab initio* » et que, comme la femme à l'égard de ses biens dotaux, ils ne l'avaient pas aliénée sans réserve (la condition et le *modus* le prouvent surabondamment) ; sans d'ailleurs

----

1. Mancaleoni, p. 69.

qu'on ait besoin de forcer la note jusqu'à dire « qu'en droit naturel elle est restée dans leur patrimoine », ici encore on peut parler d'une « permanence du pouvoir naturel » manifestée par l'existence des modalités.

Du fondement de l'action ainsi déterminé on déduira facilement la raison pour laquelle la *vindicatio* est *utilis* et pour laquelle aussi elle devait avoir nécessairement ce caractère en pratique, même quand les textes omettent de la qualifier d'*utilis*. Dans le cas-type de la reprise de la dot, si l'action s'insère dans une formule spéciale et non dans la formule directe, c'est parce qu'elle s'appuie, d'après les propres expressions de Justinien, sur le droit naturel opposé au droit civil. Ce droit naturel où elle évolue représente une sorte de domaine juridique fictif[1], extérieur au domaine normal du droit civil d'après lequel, la dot étant acquise à perpétuité au mari, toute revendication est perdue pour la femme. Dans les autres cas, les plus nombreux, il serait excessif de parler de droit naturel ; il n'en est pas moins vrai que l'action doit son caractère utile à l'idée fondamentale qu'elle fonctionne également dans un domaine étranger au domaine normal.

, Le fait peut se prouver, en particulier, pour les hypothèses de résolution. Il y présente du reste une importance plus considérable encore que dans la matière de la dot, car c'est à propos de ces hypothèses que se soulève la grave question de la perpétuité du droit de propriété.

Dans le droit de Justinien, dit-on généralement, la propriété transmise sous condition résolutoire ou sous un *modus* ne passe plus à l'acquéreur d'une façon perpétuelle, comme c'était la règle en droit classique ; si la condition arrive ou si le *modus* n'est pas exécuté, la propriété aliénée revient directement, *ipso iure*, dans le patrimoine de

---

l'aliénateur, puisque celui-ci a pour la reprendre la revendication.

Malgré l'existence indéniable de l'action réelle doublant l'action personnelle classique, cette allégation nous paraît trop absolue, précisément pour la raison que l'action donnée n'est pas l'action directe, mais l'action utile. Au cas de donation *sub modo*, le caractère utile de la *vindicatio* est formel, et une addition au texte de Valérien et Gallien (glose ou interpolation, peu importe) la définit « l'action *qua dominium pristinum restituatur* »; il est donc incontestable que la propriété n'est pas rentrée *ipso iure* aux mains du donateur, mais qu'elle y va rentrer si l'action réussit[1]. Au cas de donation *mortis causa* sous condition résolutoire, une interprétation semblable de l'objet de l'action paraît probable en dépit de l'absence de l'adjectif *utilis* dans le premier texte d'Ulpien au Digeste (fr. 29) et de l'absence de *in rem* à côté d'*utilem* dans son second texte (fr. 30). Elle redevient certaine, en ce qui touche l'action *in rem* utile du fiancé pour la reprise de sa donation. Ces diverses solutions, dont la majorité ne prête à aucune discussion, concordent avec la constitution de 529, prise comme type, en ce sens que l'action sanctionne partout un *ius singulare*[2]. La singularité réside, pour les différents cas de résolution *lato sensu*, dans la nécessité où étaient les innovateurs de concilier l'action réelle qu'ils désiraient accorder à l'aliénateur avec la perte volontaire de la propriété résultant de l'aliénation même. Les Byzantins se sont tirés de la difficulté en lui concédant l'action réelle avec « formule utile ». La formule (ou, si l'on préfère, le

---

1. En ce sens, Deinburg, *Pandekten*, t. I, § 225, 4ᵉ éd., Berlin, 1894, p. 532; Mancaleoni, p. 78 (et les auteurs cités par lui); R. von Mayr, *loc. cit.*, p. 119.

2. Nous négligeons les cas où la singularité de l'action utile provient du fait que les choses revendiquées ne sont pas celles qui ont été primitivement l'objet de la propriété (p. ex. le cas de la donation entre époux, Mancaleoni, p. 73-77).

libelle) ne pouvait pas être directe, puisque, quoi qu'on en dise, ils n'ont mis de côté, nulle part, les principes fondamentaux de la matière qui forment toujours pour eux le droit civil intangible. De même qu'ils reconnaissent à la femme sur sa dot seulement une quasi-propriété parce qu'ils maintiennent le principe de la propriété du mari, de même ils accordent aux aliénateurs l'action réelle en reprise seulement à titre utile parce qu'ils conservent le principe de la perpétuité du transfert volontaire. A cause de cela, leur conception du transfert « résoluble » comme leur conception du transfert « temporaire » ne peuvent avoir la franchise de la conception moderne d'après laquelle le retour s'opère de plein droit après l'arrivée de la condition ou du terme[1]. Tout le progrès a consisté à superposer, dans les cas de résolution *lato sensu*, le droit réel utile de l'aliénateur au droit réel direct de l'acquéreur.

Reste à savoir où peut se trouver l'origine de cette superposition si favorable à l'aliénateur, et, plus généralement, l'origine de la *vindicatio utilis*.

§ III. — Origine de la « Vindicatio utilis ».

La *vindicatio utilis*, dans les cas de résolution, n'a pas été connue du droit romain du iiiᵉ siècle et ne vient pas des classiques, tel fut le premier objet de notre démonstration. Il faut donc admettre ou qu'elle procède d'une création personnelle des commissaires, ou qu'elle se rattache à un changement doctrinal opéré dans le droit

---

1. La reprise de la chose après l'arrivée du terme s'exerce dans le legs et le fidéicommis temporaires par une simple action personnelle, sanction d'une *cautio* expresse [Just. (532), C. 6, 37, *de leg.*, 26]. Il devait en être de même dans les donations à temps, puisque ce sont elles et les contrats qui ont servi de modèle aux décisions de cette constitution. Quant à la célèbre c. 2. (C. 8, 54), remaniement du Fr. Vat. 283, elle reconnaît uniquement la validité des donations à temps, mais ne proclame pas le retour réel de la propriété, quoique l'affirme toujours la doctrine courante.

romain entre le IIIe et le VIe siècle. Les deux hypothèses paraissent n'en faire qu'une, car il est très vraisemblable que les commissaires byzantins en ont puisé la construction générale — peut-être seulement le modèle — dans l'enseignement du droit romain, et, pour préciser, dans la doctrine des écoles d'Orient. En effet, le développement du droit romain s'étant concentré en Orient après l'époque classique, c'est dans cette partie de l'Empire qu'on peut placer, avec une certitude presque complète, la naissance de l'action nouvelle.

D'une part, le dessein qui l'a inspirée en fait le produit d'une science scolaire, désireuse de fortifier le droit personnel du bénéficiaire; ce désir de progrès n'est pas étranger à l'enseignement des maîtres de l'Orient. D'autre part, la nature « singulière » et complexe de l'action, moins franche que la *rei vindicatio* romaine, paraît encore porter la marque d'une construction doctrinale conforme à l'esprit souple et subtil des Grecs. Enfin, le fondement même de l'action, tel qu'on l'aperçoit dans le seul texte qui le vise, la constitution de 529, est le *ius naturale*. Ce fondement est au plus haut point révélateur du caractère spécifiquement byzantin de la réforme. Il ne s'agit pas là, en effet, du *ius naturale* dans le sens bien connu où l'emploient les jurisconsultes romains. L'expression reproduit exactement la notion philosophique grecque de la « raison naturelle » (φυσικὸς λόγος) opposée à la « raison civile » (πολιτικὸς λόγος), notion basée sur la φύσις opposée au νόμος [1]. L'opposition entre les deux termes, sous les noms de *ius naturale* et de *legum subtilitas*, se trouve même catégoriquement formulée par la constitution de 529. L'hellénisme apparaît donc de toute évidence sous les mots latins [2].

---

1. Ferrini, *Pandette*, § 7, p. 13.

2. En ce qui concerne l'origine grecque de la réforme de 529, nous avons déjà rencontré l'opinion de M. Mitteis, p. 254-255, qui la déduit de sa concordance avec l'histoire du droit grec. Cf. *supra*, p. 47, n. 2.

Il n'est sans doute pas trop téméraire de rattacher à la même origine doctrinale les autres constructions de l'action. Malheureusement, si l'hypothèse du caractère oriental de la catégorie des *vindicationes utiles* a pour elle la vraisemblance, elle manque de la confirmation que lui fourniraient des textes juridiques grecs antérieurs à Justinien comme il en existe dans les matières que nous allons à présent examiner. Quant à l'origine philosophique de ces actions, nous n'hésitons guère à la rapporter spécialement au plotinisme dont nous découvrirons l'influence dans les deux Sections qui vont suivre.

SECTION III

LA « NATURA ACTIONIS »
ET LA « NATURA CONTRACTUS »

La *natura* (φύσις), synthétisant en un mot particulièrement expressif les éléments constitutifs et les conditions d'efficacité des actes juridiques ou des actions, tient dans les œuvres des professeurs byzantins une place considérable. C'est assurément l'un des concepts qui leur sont le plus familiers et celui peut-être pour lequel ils manifestent la plus vive prédilection. On rencontre chez Théophile et dans les scolies des Basiliques l'application de la *natura* aux matières suivantes : *actio, contractus* (avec les divers contrats spéciaux), *dos, mortis causa donatio, arrha, traditio, querela inofficiosi testamenti, ususfructus, stellionatus, publica crimina, delictum, damnatio, probatio, controversia, obligatio*[1]. Mais comme, sauf erreur, la *natura actionis* et la *natura contractus* sont les seules qui ont passé de la doctrine des maîtres de l'Orient dans les recueils législatifs de Justinien, nous ne parlerons en détail que d'elles et nous négligerons les autres *naturae*, beaucoup moins fréquemment visées par les Byzantins et

---

1. Pour la *natura actionis*, voy. les références de notre § I; pour la *natura contractus*, celles de notre § II; pour les autres, l'article de G. Rotondi (cité plus bas, p. 196, n. 1), p. 39-47.

auxquelles d'ailleurs les explications données ici conviendraient également.

§ I. — La « Natura actionis ».

Les intérêts importants, que présente la matière de la *natura actionis* pour construire la théorie générale des actions dans l'œuvre de Justinien, ont été mis en lumière par M. Longo[1] et par moi-même[2]. Comme tout ce qui touche aux actions, le sujet sera repris avec les développements voulus dans notre tome II. Pour le moment, il suffira de porter notre attention sur l'origine byzantine des textes des Institutes, du Code et surtout du Digeste qui en parlent[3], en résumant simplement les conclusions de M. Longo qui nous paraissent pouvoir être acceptées sans difficulté[4], mais aussi en les complétant par des indications sur la genèse même de la doctrine.

Après avoir démontré par l'étude exégétique et critique des textes de Justinien que les fréquents appels faits à la *natura actionis* — pour justifier leurs solutions ou pour établir les caractères spécifiques et le contenu des actions — provenaient des rédacteurs de l'œuvre impériale et non des classiques, M. Longo a vérifié son opinion par l'analyse de nombreux passages des scoliastes byzantins, qu'ils fussent antérieurs à Justinien, ses contemporains ou de peu postérieurs à lui. Il y trouve la preuve « que la φύσις τῆς ἀγωγῆς est, pour les écoles byzantines du vie siècle, le critère selon lequel on doit procéder à la classification systématique

---

1. *Il criterio giustinianeo della « Natura actionis »* dans les *Studi in onore di Vitt. Scialoja*, Milan, 1905, t. I, p. 607-641 ; *« Natura actionis » nelle fonte bizantine* dans *B. I. D. R.*, t. XVII, 1905, p. 34-95.

2. *La « Natura actionis » dans l'œuvre de Justinien et ses rapports avec le libelle*, Lille, [1909].

3. Ces textes ont été examinés un à un dans le premier article de notre collègue de Pavie ; je me dispense de les indiquer.

4. Les conclusions sont données dans son deuxième article (*B. I. D. R.*, p. 91-95).

des actions »[1], critère « substantiel » par opposition au critère « formel » du droit classique. Il démontre que « en fait, les écoles grecques (à l'image de Justinien) se servent de ce critère avant tout pour résoudre les questions touchant la compétence et l'admissibilité des diverses actions qui se rapprochent par quelque point ; et en second lieu elles indiquent avec la même formule le contenu substantiel des diverses actions »[2].

Comme conclusion générale, il emporte donc la conviction que « c'est seulement dans la production législative ou scientifique du vie siècle que le contenu de la *natura actionis* se trouve indiqué avec clarté et précision ; c'est seulement à cette époque que, si les actions sont en mouvement, on voit la *natura actionis* intervenir méthodiquement pour en régler les rapports ». Mais il va plus loin, et il établit une relation de cause à effet entre la théorie scientifique et l'œuvre législative pour les deux raisons que voici : « Il serait déjà invraisemblable d'admettre que la théorie est née avec la législation de Justinien, puisque la chancellerie impériale n'avait ni le pouvoir ni la compétence de construire des théories ; mais d'autre part, la concordance du système des actions dans les écoles byzantines avec le tableau des actions tracé par Dorothée aux Institutes est une preuve que la compilation subit l'influence de l'œuvre des écoles »[3].

A cet égard, les commentaires sur les textes classiques des professeurs byzantins, Théophile, Dorothée, Thalélée, Stéphane, l'Anonyme, font toucher du doigt la part personnelle qui revient aux rédacteurs de l'œuvre justinienne dans la diffusion de la théorie qu'enseignaient les écoles d'Orient. En grande partie, ces commentaires émanent des professeurs de Constantinople (Théophile) ou de Beyrouth

---

1. *B. I. D. R.*, p. 55.
2. *B. I. D. R.*, p. 57.
3. *B. I. D. R.*, p. 92.

(Dorothée) qui ont participé directement à la confection des trois recueils de Justinien ; d'autres viennent d'eux indirectement, ce sont ceux qui sont dus à des scoliastes disciples de ces maîtres. D'une façon ou de l'autre, les solutions de ces œuvres doctrinales, s'accordant avec les termes employés dans les recueils législatifs, confirment que les conceptions formulées par les professeurs byzantins ont réellement passé aux Institutes, au Digeste ou au Code par voie d'interpolations, — soit que les rédacteurs introduisent dans les textes classiques la *natura actionis* qui ne s'y trouvait pas[1], — soit qu'ils y intercalent matériellement la formule dogmatique κατὰ φύσιν, κατὰ τὴν οἰκείαν φύσιν (*secundum naturam, secundum propriam naturam*), en la répétant littéralement[2].

M. Longo a donc raison de terminer sa convaincante démonstration par cette phrase pittoresque : « Ces textes classiques [remaniés] sont les esquilles volantes d'une souche qui ne se trouve pas dans les Pandectes et qui, au contraire, appartient aux écoles justiniennes »[3].

Mais si l'on veut aller au fond des choses, ce n'est pas à l'enseignement des écoles d'Orient qu'il faut s'arrêter ; il faut remonter jusqu'à la source même d'où provient cet enseignement. Il n'est pas impossible de la découvrir dans l'influence de la philosophie grecque, comme nous allons le voir à l'occasion de la *natura contractus*.

§ II. — La « Natura contractus ».

Ici encore, nous nous contenterons de résumer le travail

---

1. Par exemple, les deux scolies de Stéphane [*ad* Dig. 13, 6, 5, 2] Bas. 13, 1, 5, sch. 7 (Heimbach, t. II, p. 7) et [*ad* Dig. 16, 3, 1, 8] Bas. 13, 2, 1, sch. 11 (t. II, p. 27) (*B. I. D. R.*, p. 69-71) ; la scolie de Dorothée [*ad* Dig. 39, 5, 33] Bas. 47, 1, 32, sch. 1 (t. IV, p. 577) (*B. I. D. R.*, p. 79-80).

2. Les exemples sont nombreux ; citons seulement les deux scolies de Stéphane [*ad* Dig. 12, 1, 9 pr. et 1] Bas. 23, 1, 9, sch. Τέως (t. II, p. 595) ; sch. 6 (t. II, p. 596) (*B. I. D. R.*, p. 38-39).

3. *B. I. D. R.*, p. 92.

tout récent entrepris sur les conseils de M. Longo par M. Rotondi[1], en en tirant ce qui peut servir à confirmer notre thèse générale.

I. — La *natura contractus* apparaît avec une insistance particulière dans les Novelles et dans les textes du Code et des Institutes qui émanent directement des commissaires. Il suffit de noter, par exemple, l'appel à ce concept qui figure dans les célèbres constitutions de réforme où sont fusionnées l'*actio rei uxoriae* avec l'*actio ex stipulatu*[2] et l'*actio recepticia* avec l'*actio pecuniae constitutae*[3]. En partant de ces textes, en partant également des scolies des Basiliques, qui montrent ensemble combien là notion est familière aux rédacteurs de l'œuvre justinienne et aux professeurs grecs (nous allons parler dans un instant de ces derniers), il n'a pas été difficile à l'auteur italien de prouver l'interpolation des passages du Digeste qui renferment des allusions à la *natura contractus*. Des textes-types qu'il a examinés critiquement, un seul est à retenir : c'est le texte fondamental de Papinien sur le dépôt irrégulier[4] qui nous a occupé précédemment[5], et à propos duquel nous avons déjà rapporté l'opinion de M. Rotondi.

Les conclusions sur les origines de la *natura contractus*, qu'on peut tirer de son étude, cadrent avec les conclusions mêmes de M. Longo. Les expressions les plus remarquables du concept de la *natura contractus* sont tout à fait analogues à celles qui mettent en évidence le byzantinisme de la *natura actionis*. Les rédacteurs ramènent les règles du contrat ou leurs effets à une concordance avec la nature propre de ce contrat, *secundum sui naturam*, ou, à l'inverse,

---

1. *Natura contractus*, Rome, 1911 (extr. du *B. I. D. R.*, t. XXIV, 1911, fasc. I-III).
2. C. 5, 13, 1 (530).
3. C. 4, 18, 2, pr. (531).
4. Pap., 9 *quaest.*, D. 16, 3, *dep.*, 24 (Rotondi, p. 96 et s).
5. *Suprà*, p. 117 et s.

pour distinguer telle ou telle convention d'un contrat voisin, ils l'opposent à la nature propre de ce contrat, ils l'envisagent comme construite *extra naturam contractus*. Ces expressions, déjà signalées dans la matière précédente, reproduisent exactement les locutions grecques : κατὰ τὴν... φύσιν, παρὰ τὴν... φύσιν. La raison de cette analogie des termes est que la *natura contractus* a été répandue dans la langue juridique des écoles d'Orient, peut-être en plus grande abondance encore que la *natura actionis*. A l'exemple de celle-ci, elle se rencontre dans de nombreuses scolies des maîtres antérieurs à Justinien, dans celles de ses contemporains ou des auteurs postérieurs à lui, pour indiquer la « structure concrète imposée par la loi à un rapport déterminé, ou la synthèse des éléments positifs qui servent à lui donner une figure autonome, ou encore certains de ces éléments pris individuellement, en tant qu'ils déterminent le contenu du rapport ou, spécialement, en tant qu'ils sont plus ou moins susceptibles de recevoir des modifications par la volonté des parties »[1]. Nous n'indiquerons (en note), après M. Rotondi, qu'une référence au groupe des scolies concernant la nature du dépôt irrégulier, parce qu'elles complètent les développements consacrés plus haut à cette forme du dépôt d'origine grecque[2], et aussi parce que l'une d'elles due à Stéphane, évoquant avec admiration l'attestation de l'ἥρως Amblichus, révèle comme la théorie se rattachait par des racines profondes à la doctrine de l'école préjustinienne[3].

L'auteur italien, réunissant les solutions de détails des juristes grecs en une doctrine synthétique qu'il relie habilement et légitimement à la théorie orientale des pactes, aboutit en définitive aux conclusions suivantes[4] qui rap-

---

1. Rotondi, p. 18.
2. *Suprà*. p. 114-123.
3. Stéph. [*ad* Dig. 12, 1, 9, 9] Bas. 23, 1, 9, sch. 25 (Heimbach, t. II, p. 601) (Rotondi, p. 21, 101).
4. Rotondi, p. 112-115.

pellent de très près celles déjà acquises sur la *natura
actionis*. Le concept de la *natura contractus* est un
indice caractéristique de l'évolution profonde que la théorie
des contrats a subie dans le passage du milieu classique au
milieu byzantin[1]. Le déplacement de point de vue a fait
regarder les actions non par leurs formes, mais par leur
contenu substantiel; c'est la volonté des parties qui donne
à l' « action », concept générique, la nature spécifique d'une
action déterminée en conformité avec l'acte juridique
qu'elles ont voulu. De même, dans la théorie des contrats
byzantins comparés aux contrats romains, on constate un
triple déplacement de conception, le passage « du formel
au substantiel, du spécifique au générique, de l'objectif au
subjectif »[2]. En termes moins abstraits, si les Byzantins
ne sont pas arrivés à la notion de la force obligatoire de la
volonté pure, — car ils maintiennent le point de vue romain
que chaque contrat a sa figure propre et autonome —, ils
reconnaissent que la volonté des contractants peut se
mouvoir librement, en plus ou en moins des règles nor-
males du contrat, dans les limites assignées par la loi au
contrat, c'est-à-dire *secundum naturam contractus;* et
même ils déclarent que la volonté peut changer la *natura
contractus* en s'exprimant dans les pactes, dont le but normal
est précisément celui-là. C'est en ce sens, et sous les réserves
faites, qu'il faut entendre l'adage du scoliaste, « la volonté
est vraiment la mère des contrats » (μήτηρ γάρ ἐστιν τῶν
συναλλαγμάτων ἡ διάθεσις)[3].

II. — Cependant, M. Rotondi, pas plus que M. Longo, n'a
dépassé la construction dogmatique des écoles d'Orient.
S'il en a montré excellemment toute la portée et s'il en a
fait ressortir l'influence sur la formation du droit de

---

1. M. Rotondi, p. 113-114, dit même que cette *natura* est plus caractéristique encore que la *natura actionis* pour marquer l'évolution du droit
romain. Nous reviendrons sur cette idée au tome II.

2. Rotondi. p. 113.

3. Stéph. [*ad* Dig. 17, 1, 2] Bas., 14, 1. 5, sch. 2. Ἐντεῦθεν (Heimbach,
t. II, p. 71).

Justinien, il a laissé dans l'ombre la genèse même de cette construction. Nous avons annoncé, en achevant l'exposé de la *natura actionis*, que c'était dans la philosophie grecque qu'il convenait de la rechercher; la *natura contractus* ne peut pas dériver, non plus, d'une autre source.

La philosophie qui a fourni aux professeurs grecs la conception générale de la *natura* (φύσις) appliquée par eux aux nombreuses matières juridiques énumérées plus haut[1], n'est autre que la philosophie stoïcienne, d'où étaient sorties déjà chez les jurisconsultes romains les notions classiques de la *natura* et du *ius naturale*. Mais tandis que les jurisconsultes avaient puisé leurs idées directement aux doctrines des Stoïciens, les professeurs de Constantinople et de Beyrouth ont pris leur mot favori au stoïcisme, seulement par l'intermédiaire du plotinisme qui, à la fin du iiie siècle, avait absorbé en lui le stoïcisme. Il est en effet certain, d'une part, que les Stoïciens se servent couramment des expressions κατὰ φύσιν et παρὰ φύσιν. Il est probable, d'autre part, que les professeurs grecs ont subi l'influence directe et profonde du plotinisme qui règne souverainement au ve siècle. Il est vraisemblable qu'ils ont fait passer la *natura*, telle qu'elle était formulée par cette doctrine, de l'acte moral à l'acte juridique, car la notion juridique appliquée aux actions et aux contrats, en particulier, cadre mieux avec la doctrine plotinienne qu'avec la doctrine purement stoïcienne. Pour vérifier ces faits, il faudrait reprendre l'exposé complet du système philosophique duquel nous nous imaginons qu'ils se sont inspirés. On reconnaîtra sans doute que cet exposé sortirait du cadre de notre ouvrage; il paraît suffisant de poser l'hypothèse. Sur un point seulement, l'influence du plotinisme subie par les professeurs grecs, les idées vont être précisées et développées à propos des « actions générales » où l'on peut, croyons-nous, la retrouver pareillement.

---

1. Plus haut, p. 192.

SECTION IV

LES ACTIONS GÉNÉRALES

Les « actions générales » (γενικαί ἀγωγαί), sur lesquèlles l'attention approfondie de la science du droit romain s'est portée seulement depuis qu'on recherche plus activement les interpolations et qu'on examine plus sérieusement les doctrines des juristes byzantins, n'ont pas encore fait l'objet de l'étude d'ensemble qu'elles mériteraient[1]. Mais le terrain a été suffisamment préparé par des monographies de valeur[2] pour que nous puissions — d'après elles et en leur ajoutant le résultat de nos propres remarques — en esquisser la synthèse dans une ébauche rapide[3].

I. — Ces actions générales se présentent dans neuf exemples qui probablement n'épuisent pas le sujet et que voici : 1° la *condictio certi (generalis)*, mise sous le nom

---

1. La longue étude de H. Peters, *Generelle u. spezielle Aktionen* (*Z. S. S.*, t. XXXII, 1911, p. 179-307), se réfère à la notion classique des trois actions personnelles à objet général (*actio tutelae*, *actio negotiorum gestorum* et *actio mandati*).

2. Les travaux de MM. Jobbé-Duval, Brugi et Longo sont indiqués au cours de notre exposé.

3. Nous laisserons de côté pour le moment l'*exceptio doli generalis* dont la conception byzantine se rapproche manifestement de celle des actions générales ; l'étude de cette importante matière nécessite des développements qui seront mieux à leur place au tome II.

d'Ulpien au Digeste [1]; 2° l'action *pecuniae constitutae* (*generalis*), mise sous le nom du même jurisconsulte [2]; 3° l'action *praescriptis verbis* (*generalis*), attribuée à Paul au Digeste aussi [3], mais dont le caractère général ressort surtout du passage des Instituts qui mentionne cette action [4]; 4° dans le groupe des actions *adiecticiae qualitatis*, l'action *de peculio* (*generalis*) d'après Théophile [5] et Stéphane [6]; 5° l'action *quod iussu*; 6° l'action *de in rem verso*; 7° puis l'action *in factum iurisiurandi*, toutes trois générales d'après Stéphane [7]; 8° la πᾶσα *hereditatis petitio* qui apparaît aussi chez plusieurs Byzantins [8]; 9° l'action *in factum* (*generalis*) indiquée par Hagiothéodore [9].

Il n'est pas besoin de longues démonstrations pour faire ressortir le caractère franchement byzantin de ces actions.

Pour la *condictio certi*, le texte célèbre où Ulpien semble accorder cette action d'une manière générale à titre de doublet des autres actions personnelles (naissant de tout contrat, certain ou incertain, du legs, de la loi Aquilie, du *furtum*, du fidéicommis) est aujourd'hui universellement reconnu comme un produit de la fabrication des compilateurs [10].

---

1. Ulp., 26 *ad Ed.*, D. 12, 1, *de reb. cred.*, 9, pr.-3.

2. Ulp., 27 *ad Ed.*, D. 13, 5, *de pec. const.*, 1, 6.

3. Paul, 5 *quaest.*, D. 19, 5, *de praescr. verb.*, 5.

4. Inst., 4, 6, *de act.*, 28.

5. Théoph. sur Inst. 4, 7, *quod cum eo*, 5.

6. Stéph. [*ad* Dig. 15, 1, 1, pr. et 1] Bas. 18, 5, 1, sch. 3 (Heimbach, t. VII, p. 204).

7. Stéph. [*ad* Dig. 15, 1, 1, pr. et 1] Bas. 18, 5, 1, sch. 3 (Heimbach, t. VII, p. 204) (pour les actions *quod iussu* et *de in rem verso*); [*ad* Dig. 12, 2, 9, 2] Bas. 22, 5, 9, sch. 4 (t. II, p. 533) et [*ad* Dig. 12, 2, 30, pr.] Bas. 22, 5, 30, sch. 3 (t. II, p. 555) (pour l'action *iurisiurandi*).

8. De nombreuses références sont données par les auteurs cités plus loin, p. 204, n. 1.

9. Hagiothéod. [*ad* Dig. 9, 2, 27, 21] Bas. 60, 3, 27, sch. 65 (Heimbach, t. V, p. 295).

10. P. ex. Girard, p. 612, n. 2.

Pour l'*actio pecuniae constitutae,* le passage d'Ulpien vient aussi très probablement de la même source[1], car il ne se comprend qu'après la réforme de cette action par Justinien.

De même, pour l'*actio praescriptis verbis,* — qui sanctionne au Digeste en bloc tous les contrats innommés (c'est en quoi elle mérite l'épithète de générale), tandis qu'elle figurait dans l'Édit seulement au titre spécial d'action sanctionnant l'*aestimatum* (sous le nom d'action *de aestimato* et non pas d'action *praescriptis verbis*) —, c'est le passage connu des Institutes, mieux encore que le fragment largement interpolé de Paul, qui, pour la première fois, proclame sa généralité. Quoiqu'elle eût en effet reçu, postérieurement à la création de la formule estimatoire avec *praescripta verba,* des extensions doctrinales — sur le nombre desquelles la doctrine discute encore et discutera longtemps, — il n'en est pas moins vrai que c'est Justinien le premier (tout le monde l'admet aujourd'hui) qui l'a rendue générale par le fait qu'aux Institutes il applique l'*actio praescriptis verbis* à la fois au cas-type de l'*aestimatum* et au cas de l'échange qui n'avait jamais été sanctionné en droit classique que par une action prétorienne *in factum* et non par la formule civile[2].

Les autres actions générales — qui forment, pour ainsi dire, un second massif — revêtent tout autant le caractère byzantin. Car les professeurs du vie siècle sont les seuls à les présenter sous leur forme définitive en commentant des textes qui les portaient à mettre en relief la qualité propre de ces actions[3], sans que les classiques l'indiquassent eux-mêmes.

---

1. Le critère de l'interpolation est la présence de *contractus sive certi sive incerti,* comme dans le texte suspect aussi de Florentinus, D. 46, 4, 18. pr. (Girard, p. 612, n. 2).

2. Telle est du moins notre idée personnelle sur la généralisation de l'action *praescriptis verbis;* la question sera reprise complètement au tome II.

3. Un fait du même ordre se présente pour la *possessio generalis* de Stéphane, à laquelle il suffira de consacrer quelques lignes *(infrà,* p. 209-210).

Avant d'insister sur le fait qu'une telle conception des actions ignorée du droit romain pur ne peut être que d'origine byzantine et scolaire, il est indispensable de rechercher avec précision quels éléments distinctifs constituent le caractère « d'action générale ». Cette recherche est d'autant moins inutile que, malgré son importance pour la connaissance du droit romain nouveau, la matière est restée jusqu'ici étrangère à l'enseignement courant et aux manuels.

L' « action générale » (ἡ γενικὴ ἀγωγή) est celle qui compète *ex omni causa*[1], *ex quocumque contractu sive certi sive incerti*[2]; l' « action spéciale » (ἡ ἰδικὴ ἀγωγή) est celle qui ne compète qu'à la suite d'une seule opération[3]. Mais cette définition d'après la source, quoique donnée par les textes, est insuffisante. Le caractère général des actions sera mieux établi si nous laissons de côté leurs sources pour pénétrer dans la nature propre des différentes actions, telle qu'elle ressort des textes aussi. A cet égard, le modèle le plus parfait paraît être la *hereditatis petitio*, qui a pris l'aspect d'une action générale non pas à la vérité dans le Digeste, mais dans les œuvres des professeurs byzantins. Son caractère général, remarquons-le, n'a rien de commun avec le caractère d'*actio in rem generalis* que les classiques lui donnent pour la mettre en opposition avec la revendication, *actio in rem specialis*. Les classiques visaient par ces mots l'objet, tantôt général et tantôt spécial, de chacune des actions *in rem*. L'adjectif « *generalis* » répond dans la con-

---

1. Le Digeste (12, 1, 9, pr.) le dit de la *condictio certi*; Stéphane, *loc. cit.*, le dit ou le laisse entendre des trois actions *adiecticiae qualitatis* : ..... γενική ἐστι ἀπὸ παντὸς κινουμένη συναλλάγματος.

2. D. 13, 5, 1. 6.

3. Stéphane, *loc cit.* : ἰδική ἐστιν ἀγωγὴ τῆς πραγματείας κ. τ. λ. — Le curieux recueil grec antéjustinien *De actionibus*, dont la meilleure édition est celle de Zachariae von Lingenthal (*Z. S. S.*, t. XIV, 1893, p. 88-92), porte pour titre dans un manuscrit : Δατιανήβους περὶ ἰδικῶν ἀγωγῶν (*de actionibus*; *de specialibus actionibus*).

ception des scoliastes à une autre idée qu'à celle de l'objet, à l'idée que la *hereditatis petitio* possède en soi, par sa nature propre, le caractère d'action générale, c'est-à-dire d'action neutre ou abstraite. D'où il suit qu'en pratique, elle doit toujours être précisée par l'indication de la cause pour laquelle on l'intente, la cause la plus remarquable étant la *querela inofficiosi testamenti*[1].

L'interprétation du terme *generalis* dans les autres cas est la même. La catégorie des γενικαί ἀγωγαί a pour caractéristique que les actions qui y rentrent ont toujours besoin — quand l'une d'elles est mise en mouvement — d'être définies à l'aide d'une cause exprimant la raison de droit spéciale pour laquelle on agit[2]. En fait, elles seront toujours « spécifiées », elles s'intenteront dans la forme d'actions spéciales, les ἰδικαί ἀγωγαί; mais en doctrine, elles sont comme des « moules à actions » plutôt que des actions mêmes et rappellent tout à fait la stipulation qu'on a si bien définie un « moule à contrats ». Sortes d'actions abstraites (et en cela encore elles se rapprochent de la stipulation), elles ne restent pas, dans l'application, des actions abstraites au même degré que la *condictio* classique; car dans ces moules, le demandeur insère avec l'objet la cause particulière de son droit; il le fait dans les termes où il exprimerait sa prétention s'il agissait par les actions que remplacent les actions générales, et avec les conséquences juridiques qui en résulteraient. C'est l'idée que les scoliastes byzantins traduisent ainsi : « l'action générale pro-

---

1. Voy. à ce sujet le très important article de E. Jobbé-Duval, *La nature de la Querela inofficiosi testamenti selon les jurisconsultes byzantins* (*Mélanges Fitting*, Montpellier, 1907, t. I, p. 439-464), et celui de B. Brugi, « Hereditatis petitio de inofficioso » *secondo i contemporanei di Giustiniano* (même volume, p. 115-124).

2. Cf. B. Brugi, *Istituzioni di diritto privato giustinianeo*, 2ᵉ éd., t. I, Padoue, 1910, p. 223-224, t. II, 1911, p. 446; le même, *Il nome dell' azione nel libello procedurale del diritto greco-romano (Centenario .. di Michele Amari*, Palerme, 1910, t. II, p. 284-303).

posée au lieu d'une autre prend la nature de cette autre »[1].

Ces conceptions un peu abstraites vont s'éclaicir par quelques exemples particulièrement frappants qu'il suffira de présenter en abrégé, sans développer un thème qui l'a été déjà avec talent par nos prédécesseurs.

Dans l'action *praescriptis verbis* (*generalis*), le demandeur manifeste la cause de son droit né de l'*aestimatum* ou de l'échange sous forme de *praescripta verba* qui équivalent à la *demonstratio* des actions de bonne foi. Dans la pétition d'hérédité (générale), nous savons par les Byzantins eux-mêmes que la *querela inofficiosi testamenti*, par exemple, à la suite de laquelle elle s'intentait, y figure comme *causa actionis*, αἰτία τῆς ἀγωγῆς. Le rapprochement fait par Stéphane entre l'*actio de inofficioso*, « espèce » du « genre » *hereditatis petitio*, et l'*actio certae pecuniae*, « espèce » du « genre » *condictio*, est, à tous égards, démonstratif[2]. Comme on pouvait s'y attendre, c'est pour la *condictio* aussi que le même Stéphane offre les remarques les plus instructives. Dans plusieurs scolies[3], il note à diverses reprises que ὁ κέρτος γενικὸς κονδικτίκιος (la *condictio generalis*) naît de la stipulation certaine avec la nature de *condictio triticaria*, ou qu'il embrasse toutes les *condictiones* désignées nommément d'après leurs causes, ou même qu'il couvre des actions de bonne foi. Mais le point le plus intéressant de l'exposé de Stéphane, c'est qu'il condense ses remarques dans la formule que la « *condictio generalis* revêt la nature de l'action pour laquelle elle s'intente ». Il est très exact de dire, en d'autres termes, qu'elle s'intente à titre

---

1. Cela nous ramène à la nature de l'action ; c'est pourquoi la question a été exposée (en partie) par M. Longo dans l'article cité à la Section précédente (*B. I. D. R.*, t. XVIII, 1905, p. 34 et suiv.); voy. spécialement pour la *condictio generalis*, p. 56-67, 75-78, pour l'action *in factum iurisiurandi* et l'action *pecuniae constitutae*, p. 78-80.

2. Brugi, *loc. cit.*, p. 118-120.

3. Voy. les références dans Longo, p. 59-63.

de « genre », ὡς γένος. κινεῖται[1]. La même expression doctrinale reparaît à nouveau dans les scolies de Stéphane pour l'action *in factum iurisiurandi* et dans celles de Dorothée pour l'action *pecuniae constitutae* quand elles sont construites sur le type précédent[2]. Enfin des formules identiques sont données à propos des actions *adiecticiae qualitatis generales*; si à leur sujet Théophile et Stéphane se bornent à des phrases peu détaillées, du moins la double idée du « genre » et de « l'espèce » figure nettement dans la Paraphrase de Théophile (à qui Stéphane l'a peut-être prise), en ce qui concerne l'action *de peculio*[3].

Des actions conçues sur un tel plan ne laissent pas d'éveiller la surprise, tant elles diffèrent des actions romaines. Il faut convenir cependant qu'on est encore moins surpris de rencontrer les « actions générales » au temps de Justinien seulement qu'on n'eût été de les voir florir à l'époque classique, comme les romanistes le croyaient de bonne foi, il n'y a pas encore très longtemps. Il s'agit, maintenant qu'on en a vu la structure, de présenter une explication sur leur origine.

II. — Peut-être, à première vue, serait-on tenté d'appuyer la conception des actions générales sur le changement de la procédure, en se fondant sur un rapport entre la procédure du libelle et la nature de l'action au vi⁰ siècle. Cependant, selon nous, quoique la forme de l'action plus libre

---

1. Stéph. [*ad* Dig. 12, 1, 4] Bas. 23, 1, 4, sch. 4 (Heimbach, t. II. p. 591).

2. Longo, p. 78-80.

3. Théophile (4, 7, 5) commence par expliquer que l'action *de peculio* peut remplacer les autres (ce que disait déjà Gaius, 4,74-74a, sans s'expliquer); la raison est la suivante : γενικὴ γὰρ οὖσα ἡ *de peculio* ἀντὶ πασῶν δύναται κινεῖσθαι· ἐκεῖναι μὲν γὰρ ἰδικαὶ, αὕτη δὲ γενική ἐστιν (*cum enim generalis sit < actio > de peculio, vice omnium exerceri potest ; illac enim speciales sunt, ipsa generalis*) (éd. Ferrini, p. 448, ll. 25-27); puis plus loin il déclare à deux reprises que l'action *de peculio* fonctionne à la fois comme espèce et comme genre (καὶ ὡς εἶδος καὶ ὡς γένος κινεῖται) (éd. Ferrini, p. 449, ll. 8-9 et 12-13). Cette dernière phrase se retrouve mot pour mot dans Stéphane à propos de la *condictio* (*suprà*, n. 1).

et plus souple ait facilité l'éclosion de la théorie comme elle l'avait fait pour le concept de la *natura actionis,* elle ne suffit pas complètement à justifier les singularités des actions « générales »[1].

On est amené plutôt, avec les auteurs qui ont déjà touché à la matière[2], à découvrir ici une construction doctrinale proprement byzantine. D'abord, autant que nous pouvons connaître le droit de l'Occident sur les actions vers le temps de Justinien, — spécialement par le témoignage malheureusement incomplet de l'*Interpretatio Gai* d'Autun, — rien ne nous y apparaît qu'on puisse comparer à cette construction. Surtout, la raison décisive de la rattacher à une origine orientale, c'est que nous surprenons là une manifestation des plus nettes non seulement de l'esprit .classificateur et généralisateur des Grecs, mais plus précisément de la doctrine qui régnait dans la philosophie grecque depuis le IIIe siècle. Assurément le point de départ des juristes de l'Orient leur avait bien été fourni par les notions romaines de la *condictio* ou de l'action *praescriptis verbis,* et même de la *hereditatis petitio,* qu'ils voyaient dans les textes classiques accordées pour des causes diverses, à la différence des autres actions qui, toutes, étaient spéciales. Mais l'idée d'en faire des γενικαί ἀγωγαί, — qui n'était jamais venue aux Romains, — ne peut leur avoir été inspirée que par la philosophie, spécialement par la philosophie aristotélicienne élargie au IIIe siècle dans l'œuvre de Porphyre, et par la philosophie plotinienne.

Des cinq catégories d'Aristote qui représentent les points de vue généraux sous lesquels toutes choses apparaissent et sont pensées, le γένος occupe le premier rang. Il a joué un rôle considérable dans l'histoire de la philosophie,

---

1. Notre pensée sera exposée plus complètement dans les pages du tome II consacrées à la forme de l'action.

2. MM. Longo et Brugi.

surtout à partir du moment où les catégories ont reçu les commentaires développés de l'Εἰσαγωγὴ εἰς τὰς κατηγορίας. Syrien lui-même, Porphyre, l'élève et le biographe de Plotin, a été, par l'intermédiaire de son disciple Jamblique (de Chalcis en Coelésyrie) et des élèves de ce dernier, le fondateur indirect de l'école syrienne de philosophie. L'Isagôgé avait encore aux ve-vi{e} siècles un grand succès, puisqu'elle faisait l'objet d'un commentaire à la fois en Italie par Boèce et en Orient par Elias. Il n'y a donc aucune invraisemblance à penser que les jurisconsultes de Beyrouth se sont instruits aux doctrines de Porphyre si vivaces de leur temps, et que c'est sous leur influence qu'ils ont appliqué aux actions la principale catégorie d'Aristote, le γένος auquel s'oppose l'εἶδος[1]. Ils ont été d'autant plus portés à le faire que l'extension de la théorie logique d'Aristote les menait à un résultat concordant avec la métaphysique de Plotin. Par Porphyre et l'école syrienne de philosophie, l'influence du plotinisme a dû être très forte sur les professeurs du ve siècle. Or, si l'on peut conjecturer sans trop de hardiesse qu'ils ont emprunté au plotinisme le *ius naturale* qui est à la base des *vindicationes utiles*[2] et le concept de la *natura (actionis, contractus,* etc.)[3], il y a encore plus de raisons de croire qu'ils lui ont pris la notion des actions générales, attendu que cette notion cadre parfaitement avec les « idées générales » de Plotin, dont l'importance s'est augmentée considérablement chez ses disciples. Nous nous bornons à signaler ces rapports entre le plotinisme et le byzantinisme juridique, sans y insister plus que précédemment[4].

---

1. Comme on peut s'en assurer en dépouillant Aristote, Plotin, Porphyre, Boèce et Elias, ces philosophes ne parlaient pas des actions (les philosophes se ferment volontairement le domaine juridique qui touche par tant de points au leur). Ce sont donc bien les professeurs grecs qui sont les édificateurs de ces constructions nouvelles.

2. Ci-dessus, p. 191.

3. Ci-dessus, p. 195, 199.

4. Je ne terminerai pas les courtes remarques extra-juridiques faites

Pour en finir avec la « catégorie » des actions générales
et pour porter sur elle un jugement critique, il est de
toute évidence que, par son origine même, cette conception
se présente à nous comme un effort de pure synthèse
doctrinale, produit de l'enseignement. Semblable à tant
d'efforts excessifs des dogmatistes de tous les temps,
celui-là est resté stérile ; la théorie de la πᾶσα *hereditatis petitio*, par exemple, n'a même pas pénétré dans
l'œuvre législative de Justinien. Il y avait cependant dans
la construction des professeurs de l'Orient une tentative
de quelque mérite. Leur dessein n'a sans doute pas été
uniquement théorique. On peut légitimement s'imaginer
que par là ils ont voulu parer au désordre, à l'anarchie, où
les actions étaient exposées à tomber par réaction, après
s'être dégagées des classifications romaines trop rigides. En
inventant une nouvelle classification d'actions, — la seule
d'ailleurs qui leur soit propre, — les Orientaux, pauvres
d'esprit en face des grands juristes de Rome, ont visé au
même résultat qu'avaient atteint ces derniers en édifiant
leurs classifications maintenues à juste titre par Justinien :
l'organisation et l'ordre dont le désir avait sans cesse animé
les Romains, les maîtres architectes et de la pierre et du
droit.

III. — De la distinction des actions en actions générales et
actions spéciales, il n'est pas inutile de rapprocher une autre
distinction purement byzantine aussi : celle des titres de
possession en « possessions générales » (γενιχαὶ νομαί) et
« possessions spéciales » (ἰδιχαὶ νομαί). Les titres généraux
sont le *pro suo* et le *pro alieno ;* les titres spéciaux sont le
pro emptore, le *pro donato,* le *pro dote,* le *pro legato,* etc. La

<hr>

dans cette Section et dans la précédente sans rapporter le mérite des indications qu'elles contiennent à leur inspirateur, M. F. Picavet, dont la compétence en matière de philosophie plotinienne est hors de pair ; je lui suis très
reconnaissant de la bienveillance extrême qu'il a mise à m'en fournir les
éléments.

théorie en est faite par Stéphane[1]. Mais comme cette théorie n'a pas passé dans le Digeste, il suffit de la signaler, simplement pour montrer quelle place la catégorie de genre et d'espèce tenait dans l'enseignement de l'Orient.

---

1. Stéph. [*ad* Dig. 23, 3, 67] Bas. 29, 1, 63, sch. 4 (Heimbach, t. III, p. 403).

CHAPITRE III

TROISIÈME MANIFESTATION DU CARACTÈRE ORIENTAL

REMPLACEMENT DANS L'ŒUVRE DE JUSTINIEN
D'INSTITUTIONS ROMAINES NON ADAPTÉES
A L'ORIENT
OU TOMBÉES EN DÉSUÉTUDE EN ORIENT

CHAPITRE III

TROISIÈME MANIFESTATION DU CARACTÈRE ORIENTAL

REMPLACEMENT DANS L'ŒUVRE DE JUSTINIEN D'INSTITUTIONS ROMAINES NON ADAPTÉES A L'ORIENT OU TOMBÉES EN DÉSUÉTUDE EN ORIENT

La troisième manifestation du caractère oriental de l'œuvre de Justinien se présente, comme il a été annoncé dans l'Introduction, sous une forme négative, car il s'agit ici de réformes que les commissaires ont opérées par voie de radiation en remplaçant certaines institutions classiques par les institutions correspondantes. Les exemples choisis sont des plus connus : la mancipation a été remplacée par la tradition, le *receptum argentarii* par le pacte de constitut, la *dictio dotis* par la *promissio dotis*. On donne généralement pour base aux réformes de ce genre la désuétude qu'on légitime, d'une façon générale aussi, par le formalisme même de ces actes et qu'on ne manque pas de déclarer accomplie dès avant Justinien, aussi bien en Italie qu'en Orient.

Nous allons proposer une autre explication de la conduite des commissaires byzantins à l'égard de ces institutions. A notre avis, elle se justifie non pas par leur désuétude générale, comme on le pense d'ordinaire, mais par leur désuétude en Orient seulement ou par le rôle infime que ces institutions ont joué en Orient avant le vi[e] siècle, — en un mot, par leur défaut d'adaptation à l'Orient. A notre avis, les réformes ont été opérées non pas pour leur faire exprimer l'état exact du droit romain dans tout l'*orbis romanus* — et en particulier en Italie —, mais pour mettre les textes classiques, matériaux de l'œuvre législative de Justinien, en harmonie avec l'état réel du droit romain en Orient. Dans les réformes en cause, l'influence de l'Orient est donc prépondérante encore.

Notre thèse devra être démontrée — et pourra l'être, croyons-nous —, à l'aide de deux séries d'arguments.

En premier lieu, il est impossible d'expliquer la conduite de Justinien comme on le fait d'ordinaire, c'est-à-dire en invoquant la désuétude générale des institutions prises pour exemples, parce que leur désuétude, même quand elle est attestée par la codification, se trouve contredite par les témoignages venant de l'Occident. Des textes formels ou des vraisemblances très fortes prouvent la persistance en Occident au vi[e] siècle de la mancipation, du *receptum argentarii* et de la *dictio dotis*. L'œuvre de Justinien ne peut donc avoir à leur égard d'autorité qu'en tant qu'elle se rapporte à la pratique de l'Orient. Ce qui est marqué par elle, c'est le droit « négatif » de l'Orient auquel s'oppose le droit « positif » de l'Occident. Et ainsi s'affirme, déjà expressément, le caractère oriental de la législation byzantine [1].

______

1. Le même raisonnement pourrait sans doute être étendu à deux autres institutions : la *cretio* et la *iurata promissio liberti* ou *iusiurandum liberti*. — Pour la *cretio*, qui a disparu des Instituts de Justinien par contre-coup de son abolition partielle en 407 (Théod., Arc. et Hon., C. Th. 8, 18, *de bon. mat.*, 8, 1 = C. J. 6, 30, *de iur. delib.*, 17), elle existait toujours en Gaule au temps où fut rédigée l'*Interpretatio Gai* d'Autun (2, 35 et s.). Cependant, il peut y avoir des doutes sur sa persistance en Occident jusqu'au vi[e] siècle, parce qu'il n'est pas démontré que l'*Interpretatio* est postérieure à 407 et parce que la *cretio* ne figure plus dans l'*Epitome Gai*. — Pour la *iurata promissio liberti*, au contraire, qui a été effacée également

Mais, en second lieu, la démonstration acquerra plus de force, si nous corroborons les déductions qui se tirent des textes par l'examen des raisons qui peuvent faire comprendre pourquoi telle ou telle institution romaine ne s'était pas adaptée en Orient, tandis qu'elle avait fonctionné normalement en Occident et même qu'elle s'y était maintenue au temps de Justinien encore. Pour les institutions spécialement étudiées ici, la raison fondamentale à proposer de la différence de leurs destinées dans les diverses parties de l'Empire est, pensons-nous, unique. C'est que toutes trois sont essentiellement des institutions propres aux Romains de race et applicables en fait seulement entre Romains ou applicables seulement aux fonds italiques (en ce qui concerne la mancipation). Cela est évident pour la plus importante, la mancipation, qui présente au premier chef le caractère quiritaire; mais céla n'est pas moins vrai, malgré les apparences, pour les deux autres, le *receptum argentarii* et la *dictio dotis*, que nous montrerons — en fait toujours, sinon en droit — rebelles à une adaptation chez les peuples de l'Orient de race non romaine, parce qu'elles s'offraient à eux, au même titre que la mancipation, comme des actes du droit romain pur, des actes pour ainsi dire « nationaux » des Romains à raison de leur formulaire spécifique.

L'idée générale qui dominera les développements du présent Chapitre gagnera certainement à être, dès maintenant, appliquée à chacune des institutions en question, avant que nous fournissions sur elles les justifications de détail nécessaires.

1° Pour la mancipation, la doctrine courante nous semble rendre un compte inexact de ses destinées posté-

---

des Institutes de Justinien, sans l'être du Digeste, elle est maintenue par l'*Epitome Gai* (2, 9, 4). Le premier fait semble prouver sa disparition pratique en Orient, peut-être seulement en tant que contrat *verbis* spécial (Cf. la *dictio dotis*, p. 220); le second montre sa persistance chez les Visigoths.

rieurement au droit classique en la regardant comme entièrement abolie dans la pratique.

D'abord, on ne peut tirer des textes mêmes de Justinien la preuve d'une désuétude complète. Si, en vérité, il omet de parler de la mancipation, même pour l'abroger, et si l'on peut légitimement induire de son silence qu'elle avait cessé d'être en usage de son temps dans les limites de son Empire, en revanche il fournit aussi le témoignage positif qu'elle garde quelques rares applications, spécialement dans le cercle des droits de famille. La désuétude n'en est donc pas absolue, et M. Mitteis le reconnaît pour l'Orient comme M. Schupfer pour l'Italie en vertu d'arguments tirés de documents plus importants. En effet, plus nettement encore que les constitutions impériales, les actes de pratique de l'Italie, échappés à la ruine des archives et publiés depuis plus ou moins longtemps, montrent la mancipation encore en vigueur du vi° au ix° siècle; comme nous le verrons, elle n'est pas seulement nommée dans ces actes, mais elle y est conçue encore dans un formulaire semblable à celui des actes de Transylvanie. Enfin, à côté des actes italiens de transfert, l'Epitome de Gaius incorporé au Bréviaire d'Alaric montre formellement aussi sa survie dans le droit des personnes.

En un mot, loin d'être morte, la mancipation persiste encore en Occident, d'après ces textes, en Orient, d'après le Code Justinien lui-même, et l'on voit déjà combien il faut se défier de la prétendue désuétude de telle ou telle institution effacée par les Byzantins et surtout de quel poids peut être une radiation de ce genre pour fixer l'état véritable du droit romain général du vi° siècle.

Reste à savoir — et ceci est notre principale préoccupation — comment il faut expliquer ces faits plus complexes qu'on ne les présente généralement et, pour nous en tenir ici à la législation de Justinien, quelle signification d'ensemble il faut donner au juste à l'abrogation expresse qu'il accomplit des dernières traces de la mancipation et des *res mancipi* ainsi qu'au silence qu'il garde sur les applications les plus importantes du mode archaïque en omettant de prononcer même une fois son nom, en se contentant de le rayer partout où il se rencontrait.

On trouvera dans la Section I la réponse que nous proposons à ces problèmes. Cette réponse est unique et désire tout expliquer. Elle interprète la conduite des commissaires par le caractère oriental de leur œuvre, en ce sens que leur conduite s'est modelée sur les destinées de la mancipation en Orient antérieurement à eux, sur son rôle pratique et sur la place qu'elle y tenait dans le droit des personnes comme dans le droit des choses. Or, en faisant état de la distinction géographique entre l'Orient et l'Italie, il n'est pas difficile de s'imaginer que si la mancipation et les *res mancipi*, en leur qualité d'institutions quiritaires, ont joué un rôle considérable dans l'Italie, leur patrie, où vivent les Romains de race, elles n'ont tenu qu'une place réduite en Orient, et cela pour deux motifs : parce que, en ce qui regarde le droit des personnes, les habitants sont en majeure partie des Grecs ou des Sémites qui suivent toujours leurs coutumes nationales et n'ont pas emprunté celles des Romains; parce que, en ce qui regarde le droit des choses, les fonds italiques — les plus importantes des *res mancipi* — forment l'exception au milieu des vastes territoires provinciaux.

Et ces raisons de géographie humaine ou foncière, que nous développerons, font comprendre tout ensemble les destinées de la mancipation et le sens des réformes de Justinien. Elles expliquent, d'une part, que la mancipation soit passée sous silence dans le droit des choses en général parce que Justinien légifère pour l'Orient où elle a disparu en pratique, sans d'ailleurs que les *res mancipi* aient, elles, perdu leur caractère avant lui; d'autre part, que la mancipation s'étant conservée dans le droit des personnes, Justinien en abroge les formes parce qu'il veut ramener le droit des Romains de race à celui des Grecs qu'il érige en règle législative.

Quant aux destinées de la mancipation en Italie, que nous suivrons dans leur dernière étape, elles nous serviront de contre-épreuve pour confirmer le thème général de ce volume, à savoir que Justinien n'a pas en réalité conçu sa législation comme devant s'appliquer à toutes les parties de l'ancien Empire romain.

2° La doctrine ordinaire exagère aussi la désuétude du *receptum argentarii* en partant du fait que toute trace en est effacée de la compilation et surtout du fait qu'une constitution expresse le déclare depuis longtemps disparu. Le problème consiste ici à fixer la valeur précise de cette déclaration formelle de l'Empereur et à rechercher si les auteurs ont raison d'accepter sans contrôle le témoignage de Justinien sur la désuétude du *receptum argentarii*.

Déjà, en recourant une fois de plus à notre critère de comparaison avec l'état du droit de l'Occident post-classique, nous pourrions, pour notre part, aller moins loin qu'eux et limiter à l'Orient la désuétude qu'on estime ordinairement générale. Sans doute, pour le *receptum*, des documents aussi explicites que ceux relatifs à la mancipation font défaut (ce qui n'a rien d'étonnant, étant donné la pauvreté des sources); pourtant il semble probable, d'après certains historiens du droit commercial du Moyen Age, que le *receptum* avait persisté en Italie où il serait l'origine de la « promesse de banquier ». C'est un premier motif pour révoquer en doute le témoignage de Justinien.

Mais il est permis d'y joindre un second motif de défiance vis-à-vis de ce témoignage. Ceux qui croient à la désuétude du *receptum* seraient autorisés à défendre les Byzantins en alléguant que, s'ils se trompent sur la persistance de la pratique de l'Italie (qui est loin d'eux et dont ils connaissent mal le droit), leur témoignage est néanmoins recevable pour l'Empire d'Orient. Ils parlent, dirait-on, d'une façon trop absolue, mais ils sont dignes de foi en ce qui touche leur pays. Le *receptum* survit en Italie, soit, mais il est mort en Orient ; cela suffit pour justifier la manière dont s'exprime la constitution. Ce raisonnement limitatif est-il admissible ?

Nous posons ici la question préalable.

Est-on sûr que les Byzantins (dont il ne convient pas de diminuer les mérites, mais dont, en revanche, il serait déplacé de trop rehausser la valeur) sont toujours à même de se renseigner exactement sur le passé d'une institution en Orient et de savoir si elle a effectivement été pratiquée en Orient ? Ont-ils la capacité des historiens actuels du droit qu'on peut croire sur parole, puisqu'ils ont toute facilité de connaître d'une façon suffisante l'archéologie juridique ? Telle est la question que soulève le *receptum argentarii*.

Nous y répondrons, après l'examen historique du problème, qu'il n'est pas prouvé du tout, — quoi qu'en pensent la plupart des auteurs —, que le contrat fait avec les banquiers ait été réellement pratiqué dans le monde grec, et spécialement dans l'Égypte romaine, comme institution spéciale avec la sanction de *l'actio recepticia*. Nous conclurons dans la Section II en faveur de la probabilité plus grande de sa non-admission en Orient. Partant, le motif de la suppression du *receptum* indiqué au Code, la désuétude — même réduite à l'Orient —, sera rejeté comme non fondé. Le vrai motif de l'effacement du *receptum* au Code et au Digeste serait plutôt que l'institution est inconnue des rédacteurs, parce qu'elle n'avait jamais fonctionné en Orient.

Qu'on admette d'ailleurs cette raison ou la désuétude limitée à l'Orient (et à l'Orient seul), le résultat pour notre thèse générale sera identique. La fusion du *receptum argentarii* avec le pacte de constitut s'expliquera toujours par le caractère oriental de la législation justinienne.

3° Pour la *dictio dotis*, elle rentre dans la catégorie des institutions que Justinien n'abroge pas expressément ou qu'il ne donne pas comme abolies avant lui, mais que les commissaires se contentent de rayer du Digeste, du Code et des Institutes en les remplaçant par des institutions similaires.

Ici encore faut-il tirer de ce remplacement la conséquence que l'institution est réellement tombée en désuétude d'une façon complète dans tout le monde romain? Cette conclusion, quoique admise depuis longtemps, paraît excessive, puisqu'elle est contredite par l'*Epitome Gai*, partie intégrante du Bréviaire d'Alaric, qui montre la *dictio dotis* encore en vigueur chez les Visigoths en 506.

Donc, de l'antithèse des textes, ceux de Justinien et celui de l'Occident, on est en droit d'inférer que les commissaires ont dû avoir, pour l'effacer, des motifs particuliers qu'il n'est pas extraordinaire de chercher dans la pratique de l'Orient. En observant que la *dictio dotis* est une forme archaïque essentiellement romaine, sans correspondant chez les Grecs, on peut supposer qu'elle n'avait jamais été familière qu'aux Romains de race, qu'elle n'avait eu aucun succès auprès des habitants des provinces grecques de race non romaine qui y formaient la majorité. Pour cette raison, on peut imaginer qu'au moment de la rédaction de l'œuvre byzantine ses destinées avaient été réglées ainsi : ou bien l'acte avait cessé d'être utilisé par les Romains de race par suite de la concurrence du pacte légitime de dot que Théodose avait reconnu en 428, ou bien l'acte continuait à être pratiqué par eux, mais Justinien, en supprimant son nom sans ses formules, a voulu le faire rentrer dans la notion du pacte d'origine grecque. Nous aurons dans la Section III à choisir entre les deux hypothèses qui, toutes deux d'ailleurs, rendent compte de la fin de son existence dans le milieu oriental où opèrent les commissaires, mais qui, en revanche, ne doivent pas être transportées à l'Occident où la vieille institution romaine persistait, parce que le pacte semble ne pas y avoir été reçu.

Il suffira, croyons-nous, de ces trois exemples pour

donner quelque solidité à l'idée unique qui forme le thème du présent Chapitre. Sans doute, parmi les nombreuses institutions que Justinien efface de ses recueils, il en est d'autres dont la radiation s'expliquerait de la même manière, c'est-à-dire non pas par la désuétude générale, mais par leur non-adaptation aux mœurs juridiques de l'Orient. Pour les déterminer et pour affermir nos vues propres, il faut laisser se constituer l'histoire des destinées du droit romain en Occident après le IIIe siècle et s'augmenter la masse des documents grecs qui pourront nous renseigner sur les usages du monde gréco-romain. N'ayant voulu raisonner que d'après des textes explicites sans céder à la tentation d'édifier des hypothèses faciles, nous limiterons notre étude aux trois matières indiquées.

Le plan naturel de l'exposition est le suivant :

SECTION 1. — La mancipation.

SECTION II. — Le *receptum argentarii*.

SECTION III. — La *dictio dotis*.

SECTION I

LA MANCIPATION

Si l'on veut retracer l'histoire de la mancipation à partir de l'époque classique, deux points seulement sont indiscutables. — D'abord, il est absolument certain que la mancipation avait encore au iiie siècle une importance considérable[1], comme le font voir aussi bien les textes purs que d'autres innombrables où l'on retrouve, sous les retouches des compilateurs byzantins, la mancipation et les institutions connexes (fiducie, actions *auctoritatis* et *de modo agri*). A la fin de l'époque classique que marque le règne de Dioclétien et Maximien, il paraît incontestable qu'elle gardait entières les applications pour lesquelles elle avait été créée avec celles toujours plus nombreuses qui s'y étaient jointes au cours des temps, dans le droit des personnes ou dans le droit des choses. — En second lieu, il est absolument certain aussi que la mancipation a été supprimée de l'œuvre législative de Justinien, soit par des constitutions expresses qui sont loin de toucher à toutes ses utilités, soit surtout par l'interpolation des textes qui en parlaient dans leur état original.

Mais ses destinées entre le règne de Dioclétien et

---

1. J.-C. Naber, *Observatiunculae de iure romano*, IV : *De mancipationis utilitate*, *Mnemosyne*, t. XVII, 1889, p. 394-409.

celui de Justinien demeurent obscures. Était-elle restée en vigueur au temps de Justinien et dans quelle mesure? Quand Justinien en efface de son œuvre les moindres traces, n'était-elle pas déjà tombée en désuétude? A quelle époque alors et sous quelles influences? Les choses se compliquent encore davantage quand on ajoute au matériel des textes législatifs les actes concrets de la pratique, car on rencontre des actes de mancipation dans les papyrus et les chartes de l'Italie jusqu'au ixe siècle. Comment concilier sa persistance en pratique avec son exclusion de l'œuvre de Justinien? Il est évident que ces différentes questions doivent être examinées une par une avant qu'on puisse se prononcer formellement sur les destinées dernières de l'institution.

La doctrine courante admet comme un dogme que la mancipation était morte avant Justinien ainsi d'ailleurs que la théorie des *res mancipi*, les fonds italiques, etc. Mais l'histoire de la désuétude des institutions (à la différence de leurs origines) intéresse si peu les auteurs qu'on ne cherche même pas à fixer la date précise de la disparition de la mancipation; seul, le savant romaniste hollandais, M. Naber, a cru pouvoir émettre, il y a un peu plus de vingt ans, l'idée qu'elle aurait été abrogée indirectement par une constitution de 394[1]. Encore ni lui, ni les autres auteurs presque universellement (il y a quelques exceptions qui se comptent) ne font-ils pas entrer les actes italiens dans leur solution.

C'est en ne négligeant aucune espèce de sources et en examinant successivement l'état de la mancipation en Orient, dans les provinces d'Occident et en Italie, que nous tenterons d'éclaircir le problème qui mérite, on en conviendra, de retenir l'attention. Le nœud de la difficulté, nous l'avons déjà noté, est dans le désaccord entre ce

---

1. Théod., Arc. et Hon., C. Th. 2. 29, *si cert. pet. de suffr.*, 2, 1-2 = C. J. 4, 3, un., 1-2; voy. la discussion de cette loi, p. 238 et s.

qu'apprend à son sujet l'œuvre de Justinien et ce qu'apprennent les documents de l'Italie. L'œuvre de Justinien se résume en ceci qu'elle présente encore de très rares exemples de la mancipation en même temps qu'elle se tait sur ses plus importantes applications; en Italie, le vieux procédé continue d'exister avant et après le vi^e siècle, avec son emploi normal général, principalement comme mode de transfert à titre gratuit ou onéreux. Il va s'agir de vérifier si cette divergence ne trouverait pas son explication logique dans le caractère oriental de la législation de Justinien.

La première partie de nos recherches, consacrée spécialement à l'étude de cette législation, sera dirigée vers la démonstration directe de son caractère oriental que mettra plus encore en relief, par opposition, la troisième partie consacrée au droit et à la pratique de l'Italie, après un détour dans les provinces d'Occident, objet de la seconde partie.

§ I. — L'œuvre législative de Justinien : survivances partielles et désuétude plus générale de la mancipation en Orient.

En s'attachant uniquement pour l'instant au Code, au Digeste et aux Institutes, il importe, afin de dégager le caractère propre de la législation byzantine, de déterminer quels renseignements au juste ces ouvrages fournissent sur les destinées de l'institution et d'examiner si vraiment ils en proclament la désuétude d'une manière aussi absolue qu'on le déclare d'ordinaire. Or, d'un examen rapide de l'œuvre de Justinien il résulte que la mancipation persistait jusqu'à lui dans quelques cas à découvrir, tandis qu'elle était morte dans les cas les plus nombreux. C'est, pensons-nous, la raison de ces survivances partielles ou de cette désuétude plus générale qui permettra de conclure à une influence nouvelle du caractère oriental.

I. — Commençons naturellement par les survivances. Le Code renferme trois constitutions qui indiquent d'une façon plus ou moins nette que la mancipation était encore usitée au temps où il a été promulgué. Ces constitutions se réfèrent à des applications spéciales, à l'adoption, à l'émancipation et au formulaire des donations.

La première loi, de 530, que nous avons déjà rencontrée[1] [C. 8, 47 (48), *de adopt.*, 11], remplace dans l'adoption par une déclaration devant le magistrat la solennité ancienne de l'acte qui comprenait tantôt trois mancipations, tantôt une seule.

Mais c'est une question vivement discutée à l'heure actuelle de savoir si l'on peut tirer de ce texte la preuve que la forme romaine de l'adoption était encore en vigueur[2]. Les termes employés par lui sont en effet amphibologiques : d'un côté, l'imparfait *fieri solebant* laisse planer un doute sur la persistance réelle des *veteres circuitus,* attendu que ce temps marque aussi bien une existence réelle dans la pratique qu'une disparition avant 530 ; de l'autre, l'adjectif *veteres* appliqué aux *circuitus* ou *vetus* appliqué à l'*observatio emancipationum et manumissionum*, prête également à deux interprétations, suivant qu'on voudrait le rapporter à des rites vieillis, mais persistants, ou à des rites d'autrefois, défunts à la même date. Cependant, malgré l'imprécision de la langue, nous penchons plutôt vers l'idée que Justinien fait allusion à des formes encore existantes. D'abord, on est tenté de croire que l'imparfait *solebant* doit s'entendre proprement du temps présent ici comme dans la constitution relative aux donations — dont il va être parlé tout à l'heure, — où aucune hésitation ne serait de mise en présence de la décision de l'Empereur qui prévoit explicite-

---

1. Ci-dessus, p. 52 et s.

2. M. Bergman, *op. cit.*, p. 14-15, accepte la négative, mais sa n. 1 de la p. 15 montre quelque hésitation. Sur l'opinion nouvelle de M. Mitteis, voy. *infrà*, p, 226, n. 2.

<table><tr><td>C.</td><td>15</td></tr></table>

ment la durée, possible dans l'avenir des paroles *quae...
poni solebant.* Ensuite, l'Empereur semble bien, dans sa
réforme de l'adoption, viser des solennités encore pratiquées, puisqu'il déclare qu'il les corrige. et les abroge
(*corrigentes sive tollentes*); il n'aurait pas à le faire si elles
étaient mortes depuis longtemps. Enfin, l'argument le
plus décisif peut-être se tire du rapprochement avec la
constitution sur l'émancipation qui sera mentionnée
dans un instant; pour elle, nul doute que la mancipation
y garde son emploi effectif en 531. Étant donné les
rapports de forme entre les deux actes, la survie du vieux
rituel dans l'un ne permet-elle pas d'inférer son maintien
dans l'autre?

La seconde loi, de 531, [C. 8, 48 (49), *de emanc. liber.*,
6], change les formes de l'émancipation classique qui exigeait aussi trois mancipations ou une seule; nous avons
eu pareillement à nous. en occuper[1]. Il est intéressant de remarquer que, — loin de déclarer la mancipation
abolie avant lui comme on l'affirme généralement pour
tous ses emplois quelconques, — l'Empereur constate
la survivance de ses bizarres solennités, les *venditiones
figuratae*, c'est-à-dire les mancipations, et les autres
formalités. Toutes sont encore observées de son temps sans
raison. (*vanam observationem custodiri*), dit-il; et il les
abroge pour l'avenir (*huiusmodi circuitu in posterum
quiescente*). Les termes dont se sert le texte ne soulevant
aucune des difficultés du texte précédent, nous n'avons
pas à nous y arrêter plus longtemps[2].

---

1. Ci-dessus, p. 55 et s.

2. Cependant M. Mitteis, après avoir admis que les formes anciennes de
l'émancipation avaient duré officiellement jusqu'à Justinien (*Reichsrecht*,
p. 216), ne croit plus aujourd'hui ni dans l'adoption, ni dans l'émancipation,
à leur persistance au Bas-Empire (*Ueber drei neue Handschriften
des syr.-röm. Rechtsbuchs; Abhandl.* de Berlin, 1905, p. 33-34). Mais, outre
les arguments fournis au texte, on peut. lui opposer le témoignage formel de
la Loi romaine des Visigoths dont nous parlerons au § II. Si les solennités

Enfin une constatation pareille peut se déduire du troisième texte relatif à la forme des donations :

C. 8, 53 (54), *de donat.*, 37 (sans date) :

> Verba superflua, quae in donationibus poni solebant, id est sestertii nummi unius, assium quattuor, penitus esse reicienda censemus. quid enim verbis opus est, quae rerum effectus nullus sequitur? sancimus itaque nullo modo eorum mentionem vel in imperialibus donationibus vel in aliis omnibus de cetero fieri, sed et si quisquam per verbositatem aliquid tale inscripserit sive remiserit, nulla differentia sit.

Par cette réforme, Justinien prétend mettre fin à la pratique ridicule qui consistait à reproduire certains termes des formulaires anciens de donation[1]. Il ne précise pas la nature juridique des actes d'où ils étaient tirés, mais il n'est pas difficile de reconnaître, dans les mots que le texte rapporte *sestertii nummi unius, quattuor assium* (*pretio*), des emprunts à des actes de mancipation à titre gratuit où ils figuraient, comme on sait, pour réduire à son minimum l'obligation de garantie de l'aliénateur. Quel besoin de ces mots qu'aucun effet ne suit? dit-il[2]. Pourtant l'Empereur sait combien la routine est forte chez les praticiens, même dans sa chancellerie qu'il vise nommément en parlant des donations impériales. En désespoir de cause, il termine en proclamant qu'au demeurant l'inobservation de la réforme sera indifférente[3] et n'en-

---

antiques se sont maintenues en Occident, elles ont pu continuer aussi en Orient, pour les raisons que nous allons indiquer bientôt.

1. Voy. *infrà*, p. 254-255, ce que nous disons des actes concrets de l'Italie.

2. Nous indiquons plus loin, p. 234, n. 1, que cette phrase se rapporte à l'égalité obtenue en fait entre la tradition et la mancipation.

3. Un tel scepticisme chez un législateur révèle une rare dose de sagesse; d'ordinaire, les législateurs sont plus « suffisants » et ne croient pas à

traînera pas la nullité de l'acte. Cette phrase finale nous amène — pour ce qui touche la mancipation — à la remarque que Justinien non seulement connaît encore des débris du formulaire antique, mais le laisse persister, évidemment à regret, pour l'avenir.

Ces trois textes, qui constituent à eux seuls la part personnelle et directe des rédacteurs du Code dans l'œuvre de réforme générale ordonnée par l'Empereur, montrent les derniers vestiges de la mancipation en Orient. Il y a le plus grand intérêt, pour l'éclaircissement du problème dont nous poursuivons l'étude, à en fixer la portée réelle et la nature exacte. Tout d'abord leur caractère spécial, et même exceptionnel, permet d'affirmer que, si la mancipation est encore pratiquée au temps de Justinien dans les limites de son Empire, elle l'est très rarement, — car on n'adopte pas, on n'émancipe pas tous les jours, et on fait moins souvent des donations que des transferts à titre onéreux. D'autre part, s'il est à présumer que la mancipation a gardé sa nature ancienne dans les deux actes de famille où elle peut se célébrer encore avec ses solennités archaïques [1], il n'est pas moins probable qu'en dehors d'eux elle échappe complètement à la connaissance des Byzantins. Cette constatation vient donc appuyer d'un argument l'affirmation ordinaire sur la désuétude, en fournissant la preuve par *a contrario* que les autres applications de la mancipation, les plus importantes, telles que le transfert à titre de vente ou la constitution des servitudes, étaient réellement lettre-morte pour les rédacteurs du Code. La façon même dont ils parlent du formulaire des donations (ou plutôt de ses débris) sans prononcer le nom

---

l'impuissance de leurs lois. Pourtant quelques lois déjà, à Rome et à Byzance, furent inefficaces (cf. J. Cruet, *La vie du droit et l'impuissance des lois*, Paris, 1908).

1. Ou sous une forme réduite analogue à celle de l'*Epitome Gai* (plus loin, p. 251).

de la mancipation semble faire croire qu'ils n'en ont plus qu'une idée si vague qu'elle leur interdit de la découvrir sous les termes antiques *sestertii nummi unius, quattuor assium*. Et nous ajouterons qu'ils en sont excusables, car les actes écrits où ces termes figurent n'emploient pas le verbe technique *mancipare*, comme les documents parallèles de l'Italie qui conservent beaucoup mieux les formules.

Nous n'hésitons donc pas à proclamer à notre tour la désuétude presque générale des applications du vieil acte quiritaire en Orient; mais encore faut-il essayer de comprendre pourquoi les trois exemples que révèle le Code ont échappé à la ruine. Il n'est pas impossible d'en découvrir les raisons suivantes.

Pour l'adoption et l'émancipation, d'abord, la survivance semble liée au fait que dans l'Empire d'Orient il y avait toujours eu, et il y avait encore au commencement du vi[e] siècle, des citoyens romains qui ne pouvaient employer pour les réaliser que les formes quiritaires. Ces citoyens romains, c'étaient les Romains de race établis au milieu des populations indigènes, grecques ou sémitiques. Dans les actes qui intéressent la composition des familles (et dont l'adoption et l'émancipation sont les plus représentatifs)[1], le droit usité de toute antiquité par les ancêtres conserve plus longtemps sa vigueur que dans les actes du patrimoine. Cette idée, que nous avons vérifiée pour les Grecs après qu'ils sont devenus citoyens romains par la constitution de Caracalla, est également vraie pour les Romains. De même que la majeure partie des habitants de l'Orient continue à accomplir les adoptions et les émancipations dans le mode grec, un acte privé, combiné avec l'exigence romaine de l'intervention du magistrat (le Coutumier syro-romain le montre)[2], de même les Romains de

---

1. Les seuls même qui subsistent dans la forme de la mancipation après la désuétude de la *coemptio* et de la *mancipatio familiae* (cf. Iust. 2, 10, 1).

2. *Suprà*, p. 53-54, 56-57.

race continuent à les célébrer selon le mode romain. La disparité des coutumes nationales persiste au Bas-Empire ; les Grecs n'ont pas plus accepté les formes romaines dans leur ensemble que les Romains n'ont pris les formes grecques. C'est Justinien seulement qui a tenu à supprimer radicalement les formes romaines antiques dans les deux matières. Il l'a fait, non pas parce qu'elles étaient tombées en désuétude (on a vu le contraire plus haut), mais parce qu'il tenait à unifier les solennités de ces actes et à les unifier selon l'usage grec, le plus pratique chez les peuples de son Empire, l'Empire d'Orient. Cette réforme n'avait du reste d'intérêt que pour les Romains qui seuls employaient la mancipation ; mais à leur endroit, un texte législatif supprimant les formes quiritaires et ordonnant à tous de se régler sur la disposition nouvelle était nécessaire, car, sans ce texte, les Romains auraient continué à suivre leur droit national comme les Grecs suivaient le leur.

Pour les donations, c'est une raison très spéciale aussi qui rend compte de la survie fragmentaire de la mancipation. La raison paraît en être que les rédacteurs de la constitution, ainsi qu'il résulte de son texte même, s'intéressent principalement aux donations impériales qui y sont mentionnées en première ligne. C'est, en quelque manière avant tout, une réforme intérieure du style de la chancellerie du Palais que veut rajeunir Tribonien, *quaestor* ou *ex-quaestor sacri palatii*[1]. On peut supposer qu'il n'existe pas de constitution parallèle en matière de ventes, parce que le Palais reçoit et distribue des largesses en fonds italiques, *res mancipi*, plutôt qu'il ne les vend ou ne les achète, ou bien parce que dans les actes de vente aucun terme ne rappelait plus le formulaire de jadis.

Ainsi — et pour en terminer sur ce point — les trois cas où la mancipation continuait à vivre dans l'Empire de

---

1. Nous ne savons pas au juste quel était le titre de Tribonien au moment où a été rendue la loi, puisqu'elle est sans date.

Justinien sont des cas anormaux, et leur durée s'explique par des motifs particuliers qui s'harmonisent parfaitement avec l'état social ou politique de l'Orient. L'étude de la disparition plus normale de la mancipation va nous permettre d'aller plus loin dans la même voie.

II. — D'après les constitutions examinées précédemment, la survie était une exception; la désuétude est la règle en Orient, au témoignage même de la compilation. Il s'agira maintenant, après avoir observé de quelle façon la désuétude se manifeste dans l'œuvre législative byzantine, de déterminer pour [quelles causes la mancipation ne fonctionne pas en Orient au vi[e] siècle dans l'ordre des opérations usuelles qu'elle continuait de réaliser en Italie, fait aussi facile à vérifier que le précédent.

L'inexistence de la mancipation dans ses applications les plus générales ressort de la manière même dont les commissaires byzantins se sont comportés vis-à-vis d'elle. D'ordinaire, quand une institution est caduque avant leur temps, ils enregistrent son extinction dans une constitution ou dans un passage formel des Institutes. Pour la mancipation, son acte de décès, si l'on peut dire, n'est pas dressé. Aucun texte ne fait directement allusion à elle, sous son nom[1], pour proclamer sa disparition générale. Elle est donc plus que morte, elle est oubliée. Les commissaires se bornent à tenir compte de sa disparition sous la forme que l'on sait, l'interpolation au Digeste, au Code et aux Institutes, des passages qui en faisaient mention. Partout ils reportent ses multiples emplois à la tradition qui sous Justinien joue son rôle considérable; et les institutions ou les actions qui étaient en connexion étroite avec elle et s'expliquaient par elle, la fiducie, les actions *auctoritatis* et *de modo agri*, ils

---

1. Le mot *mancipare* se trouve cependant encore employé par Justinien, mais avec le sens non juridique de « faire produire de l'effet » (*effectui mancipare*) (Pragmat. sanct. *Pro petitione Vigilii*, éd. des Novelles de Schoell et Kroll, p. 208, 1. 45).

les remplacent également par les institutions ou les actions du droit vivant les plus proches. Ces modifications sont connues, et il est superflu d'en rappeler même en résumé l'économie. La seule indication intéressante à en tirer pour notre sujet, c'est la façon tout indirecte dont est formulée l'absence de la mancipation, de la fiducie, de l'action *auctoritatis*, etc., au temps de Justinien; le silence seul de ses recueils nous instruit à leur égard. Cela prouve à quel point ces vieilles institutions quiritaires étaient hors d'usage dans la patrie des commissaires. De ce fait banal comment déterminer les causes qui, nous l'avons dit, sont encore peu étudiées?

L'idée sur laquelle est communément fondée la désuétude de la mancipation après 355, date de la dernière constitution [1] qui la mentionne, c'est qu'elle résulterait de la disparition même des *res mancipi*. La mancipation aurait cessé d'avoir sa raison d'être le jour où les *res mancipi* auraient été absorbées par les *res nec mancipi*, spécialement le jour où les fonds italiques, les plus importantes des *res mancipi*, auraient perdu leur caractère distinctif. La question de la désuétude de la mancipation change alors de terrain, et, pour la résoudre sur ce terrain nouveau, il est nécessaire de rechercher s'il est établi d'une façon sûre que les *res mancipi* — et surtout les fonds italiques — avaient réellement changé de nature au Bas-Empire avant Justinien. L'Empereur lui-même répond à la question. En effet, tandis qu'il garde le silence sur la mancipation, il consacre aux *res mancipi* un texte particulier de son Code, un paragraphe, le dernier, de la constitution par laquelle il réforme l'usucapion:

Just. (531), C. 7, 31, *de usuc. transform. et de subl. differ. rer. manc. et nec manc.*, un., 5 :

Cum etiam res dividi mancipi et nec mancipi sane

---

1. Constance et Constant, C. Th. 8, 12, *De don.*, 7.

antiquum est, et merito antiquari oportet, sit et rebus et locis omnibus similis ordo, inutilibus ambiguitatibus et differentiis sublatis.

Ce paragraphe, dit-on toujours, constate la désuétude de la division en pratique ; il a été écrit pour mettre la législation en concordance avec l'état de fait antérieur à Justinien. Mais une interprétation plus serrée du texte nous empêche d'adhérer à l'opinion ordinaire. Elle nous conduit à admettre que Justinien ne supprime pas législativement la division des choses déjà sortie de l'usage, qu'il ne constate nullement que la division était morte. Il la déclare très vieillie (*sane antiquum*) — ce qui n'est pas la même chose que d'être morte — et il décide qu'elle est bonne à abroger (*antiquari*). La phrase doit s'entendre de l'avenir, non du passé.

D'autre part, en ce qui concerne spécialement les fonds italiques, l'opinion commune pense aussi qu'ils s'étaient unifiés en pratique avec les fonds provinciaux[1]. A notre avis, les passages invoqués fournissent au contraire la démonstration de leur survivance jusqu'à la constitution de 531 sur l'usucapion à laquelle se rattache le § 5 qui vient d'être transcrit.

Avant d'en examiner les décisions générales et de les employer à soutenir notre thèse, il importe de se référer à la constitution antérieure de 530-531, très connue aussi, sur l'abrogation du *nudum ex iure Quiritum* (C. 7, 25, un.). L'Empereur y déclare que, le *nudum ius* ne se rencontrant plus en pratique[2], toute différence doit être supprimée entre les propriétaires quiritaires et les propriétaires bonitaires. Mais de la désuétude du *nudum ius* avant Jus-

---

1. Girard, p. 263-264. — Sur la relation prétendue entre l'unification et la chute de la procédure formulaire, voy. *infrà*, p. 247, n. 2.

2. «..... *quia..... esse volumus... nec ex iure Quiritum nomen quod... nec unquam videtur neque in rebus apparet, sed est vacuum et superfluum verbum...* ».

tinien on ne peut logiquement tirer qu'une conséquence : c'est que la tradition avait fini par procurer à l'acquéreur — à une date inconnue entre le IIIe et le VIe siècle — la pleine propriété romaine sur les fonds italiques et les *res mancipi* en général[1], et partant que l'usucapion avait perdu l'une de ses fonctions originelles, celle qui conférait la propriété quiritaire à l'acquéreur d'une *res mancipi* par simple tradition. On ne doit pas aller plus loin, c'est-à-dire qu'on ne doit tirer de là ni la cessation de la seconde fonction de l'usucapion, celle qui existait en cas d'acquisition *a non domino*, ni la suppression absolue des fonds italiques. Nous allons vérifier les deux idées en résumant la constitution de 531 (C. 7, 31, un.).

La constitution a pour objet de « transformer l'usucapion » des *Italicae res* immobilières en leur appliquant les prescriptions provinciales de dix, vingt ou trente ans (§ 1), et de porter à trois ans le délai de l'usucapion des meubles circulant « tant sur une terre italique que sur une terre provinciale » (§ 2), sous les conditions de bonne foi, juste titre, etc. (§ 3). Enfin, par voie d'accessoire, elle proclame la suppression de toute distinction entre les *res mancipi* et les *res nec mancipi* (§ 5).

Le texte montre d'abord à l'évidence que l'usucapion ne conservait plus et ne conservera dorénavant, des deux fonctions qu'elle avait normalement en droit classique, que la seconde, celle de procurer la propriété à l'acquéreur *a non domino* (la première ayant cessé d'exister avant Justinien, comme nous l'avons constaté). C'est ce que prouve clairement l'exigence, dans l'usucapion des meubles comme dans les prescriptions des immeubles, de la bonne foi qui suppose le jeu de cette seconde fonction seule ; c'est ce que confirme pour les immeubles l'extension des prescriptions

---

1. Cet effet s'est produit aussi en Italie, nous le constaterons. — On peut y rattacher la phrase du C. 8, 53 (54), 37, écrite à propos des derniers débris de la mancipation dans les donations : *quid enim verbis opus est, quae rerum effectus nullus sequitur?* (ci-dessus, p. 227).

aux fonds italiques en place de l'usucapion, car la prescription — d'origine provinciale incontestable, plus précisément d'origine grecque[1], — n'a été imaginée que pour protéger la longue possession de l'acquéreur *a non domino*.

En second lieu, le texte constate — point de beaucoup le plus important pour notre thèse — que l'usucapion existe toujours au temps de Justinien, en particulier pour les immeubles. Comme l'usucapion ne s'applique qu'aux choses romaines, c'est qu'il y avait encore en 531 des immeubles romains, les fonds italiques distincts des fonds provinciaux. La constitution, du reste, le proclame elle-même en termes exprès, car, pour accomplir la réforme, elle part d'une distinction entre les premiers qui seuls profitaient de l'usucapion et les seconds qui étaient restés au régime des prescriptions provinciales[2].

Ainsi, la vieille division des choses en *res mancipi* et *res nec mancipi* comme celle des terres en fonds italiques et fonds provinciaux se sont maintenues jusqu'en 531[3]. Que la division des choses ait perdu son intérêt pra-

---

1. J. Partsch, *Die longi temporis praescriptio im klassischen römischen Rechte*, Leipzig, 1906, p. 118-144; B. Frese, *op. cit.*, p. 13.

2. Le passage souvent cité des Inst. 2, 1, *de div. rer.*, 40: *Vocantur autem stipendiaria et tributoria praedia, quae in provinciis sunt, inter quae nec non Italica praedia ex nostra constitutione nulla differentia est,* ne prouve pas davantage que la fusion s'était opérée avant Justinien; il se réfère directement à la constitution de 531 et ne vaut que pour l'avenir.

3. Quant à la suppression de la division des choses opérée en 531, l'idée qui l'inspire est tellement évidente (la perte de tout intérêt pratique) qu'il n'y a pas lieu de s'y arrêter. Tout au plus faut-il essayer de trouver la raison qui l'a fait placer à la fin de la constitution sur l'usucapion. Quelle est la relation qui existe entre elle et la théorie de l'usucapion? Il est probable que les rédacteurs de la constitution ont été conduits à penser aux *res mancipi* par une association d'idées : en face de la limitation du rôle de l'usucapion à sa seconde fonction, ils se sont souvenus de la première, celle qui ne se concevait qu'à l'égard des choses *mancipi*, et sur laquelle d'ailleurs la suppression du *nudum ex iure Quiritum* avait déjà éveillé leur attention; pour en effacer tout vestige, ils ont opéré de la façon la plus radicale en supprimant toute distinction entre les *res mancipi* et les *res nec mancipi*.

tique le plus considérable depuis l'époque inconnue où la tradition est devenue aussi efficace que l'était la mancipation, cela n'est pas douteux. Cela ne prouve pas, d'ailleurs, qu'elle ne se soit pas maintenue pour la raison que les fonds italiques, les principales des *res mancipi*, duraient toujours et duraient, eux, parce que, comme on vient de le voir, ils gardaient un intérêt juridique manifeste en relation avec la théorie de l'usucapion[1].

Quant à croire que la suppression des *res mancipi* (et surtout celle des fonds italiques) accomplie par Justinien — qui a entraîné des interpolations en divers endroits[2] — s'étend en dehors de l'Empire d'Orient et vaut pour l'Italie aussi, la singularité de cette opinion a déjà frappé un auteur au moins[3]. A notre avis, on peut faire valoir contre elle un argument décisif : l'origine du nouveau régime général de la prescription, que l'Empereur a tiré des provinces d'Orient où les fonds non·italiques étaient en majorité, nous paraît fournir la preuve certaine que la constitution était faite seulement pour l'Orient. L'usucapion n'a dû être supprimée en Italie qu'après l'introduction de l'œuvre byzantine dans ce pays[4].

---

1. On en trouverait la confirmation dans ce fait que quelques débris du formulaire de la mancipation sont encore employés d'après le C. 8, 53 (54), 37. Si les *res mancipi* avaient disparu, de telles formules n'auraient plus eu de raison puisqu'il n'y aurait plus eu de *res* à quoi les appliquer.

2. Les commissaires ont effacé toute qualification des fonds : p. ex. C. J. 8, 53 (54), 26, pr. : *fundum* = C. Th. 8, 12, 2 : *Italicum sive stipendiarium fundum*; D. 7, 1, 3, pr. rapproché de Gaius, 2, 31 (ci-dessus, p. 163, n. 1); C. J. 8, 54 (55), 2, où l'adjectif *stipendiariorum* du Fr. Vat. 283 a disparu.

3. Cuq, t. II, p. 820, n. 3 : « L'innovation s'applique *in Italicis soli rebus* : ces mots désignent les immeubles situés dans les cités provinciales jouissant du *ius Italicum*.... aussi bien que les fonds situés en Italie. Mais n'est-il pas singulier que Justinien prenne la peine de réformer la législation applicable à l'Italie qui, depuis un siècle et demi, était sous l'autorité des rois barbares? Faut-il en conclure que les princes byzantins considéraient l'Italie comme faisant toujours partie de l'Empire d'Orient, et que Justinien projetait déjà une conquête qui fut réalisée vingt-trois ans plus tard? »

4. L'usucapion est encore indiquée par Marini 115 (an. 540), I, l. 9 (p. 175), 120 (an. 572), l. 44 (p. 184).

L'influence de l'Orient est donc sensible en ces matières, et cela n'a rien d'extraordinaire, le régime juridique des choses, dont les plus importantes sont les immeubles, étant avant tout une question territoriale. Pouvons-nous parvenir à la saisir également dans les destinées de la mancipation? La solution du problème doit se chercher en dehors des destinées des *res mancipi* en Orient, telle est la conclusion qui résume les développements précédents. Car les destinées de la mancipation ont été indépendantes de celles des *res mancipi*, puisque, d'après le témoignage positif de l'œuvre de Justinien, la première ne fonctionnait pas en général tandis que les secondes continuaient d'exister. Leurs histoires respectives devant donc être disjointes, il faut nécessairement découvrir pourquoi la mancipation en Orient a perdu la plus grande partie de ses applications sans que les *res mancipi* disparaissent, pourquoi elle est sortie de l'usage non pas par une sorte d'expulsion corrélative de la scène juridique, non pas à titre d'accessoire, mais à titre principal et pour son propre compte, et pourquoi enfin elle a disparu au point d'être oubliée des rédacteurs byzantins.

Jusqu'ici, un seul romaniste[1], M. J.-C. Naber, a essayé de répondre incidemment à la question, en expliquant la chute du vieux mode quiritaire par l'effet indirect d'un texte législatif, une constitution de 394 sur laquelle il est indispensable d'insister.

Le nom de la mancipation figure pour la dernière fois dans les constitutions en 355 (Constance et Constant, C. Théod. 8, 12, *de don.* 7)[2]. Mais la dernière mention

---

1. Le chapitre intitulé : *Cause della dissoluzione delle res mancipi e nec mancipi* de l'ouvrage de P. Bonfante, *Res mancipi e nec mancipi*, Rome, 1888-1889, p. 338-359, reste dans le vague.

2. Cf. au même titre, les c. 4 (319), 5 (333) qui nomment la mancipation. Dans C. Th. 15, 14, 8 (389), Godefroy lit avec raison *emancipatio* au lieu de *mancipatio* (cf. l'éd. de Mommsen et Meyer); l'assertion de Bonfante, *op. cit.*, p. 203, est donc erronée. En revanche *emancipatio* est mis pour *mancipatio* aux Inst. 2, 10, 1; au C. 8, 47 (48), 11, il a son sens normal.

qu'on possède d'une institution dans un texte étant le
résultat d'un pur hasard de conservation, personne naturellement n'a jamais soutenu qu'elle périt l'année suivante.
L'auteur qui en avance le plus la disparition législative,
M. Naber[1], la rattache à la constitution de Théodose, Arcadius et Honorius (394), C. Théod. 2, 29, *si certum petatur
de suffragiis*, 2, 1-2 = C. Just. 4, 3, un., 1-2. Le § 2 est
le plus intéressant pour nous :

> Quodsi praedia rustica vel urbana placitum conti-
> nebit, scriptura, quae ea in alium transferat, emit-
> tatur, sequatur traditio corporalis, et rem fuisse
> completam gesta testentur; aliter enim ad novum
> dominium transire non possunt neque de veteri iure
> discedere.

Cette constitution est considérée par lui comme « une
innovation législative » qui enleva à la mancipation « sa
principale utilité pratique en décidant que même en matière
immobilière la propriété ne pourrait plus être déplacée
sans tradition »[2]; l'innovation résulte des mots *aliter enim
ad novum dominium transire non possunt neque de veteri
iure discedere.*

Nous ne pouvons souscrire à l'argumentation de
M. Naber pour tout un ensemble de raisons que nous res-
treindrons volontairement aux raisons tirées des constitutions mêmes du Bas-Empire, en laissant de côté provisoirement les actes concrets de mancipation postérieurs à 394,
dont l'existence prouve la survie, tout au moins de ses formules. Voici les objections qui peuvent être opposées à la
thèse.

Tout d'abord, contrairement à ce que croit le savant hollandais, la constitution de 394 n'est pas une innovation légis-.

---

1. *Loc. cit.*, p. 408-409.
2. Ces phrases sont empruntées à M. Girard, p. 292, qui n'accepte d'ailleurs la thèse qu'avec un peut-être.

lative. Elle ne fait qu'appliquer à la matière du *suffra-gium*, qui est une variété de la donation, les exigences requises par Constantin en 316 pour la donation ordinaire [Fr. Vat. 249 [1] = C. Théod. 8, 12, 1 = C. Just. 8, 53 (54), 25]. Qu'on compare le texte de 316 avec celui de 394, on y retrouvera la nécessité de la tradition pour les meubles, de l'écrit, de la tradition et de l'insinuation pour les immeubles. La constitution de 394 n'est en soi qu'un doublet de celle de 316, laquelle représente la vraie innovation législative. Or, s'il y avait une disposition qui eût dû avoir de l'influence sur les destinées de la mancipation à la suite de l'exigence de nouvelles solennités pour les transferts de propriété à titre de donation, c'est bien plutôt, on en conviendra, la constitution de 316 qui est générale que celle de 394, limitée au *suffragium*. Si l'hypothèse de M. Naber était fondée, c'est après 316, et pas seulement après 394, que la mancipation aurait dû disparaître. On sait qu'il n'en est rien ; la réforme de Constantin [2] n'a eu aucune répercussion sur l'existence de la mancipation, puisqu'elle est mentionnée encore officiellement en 355. Comment la constitution très spéciale de 394 aurait-elle eu plus d'effet ?

Si l'on objecte que la survivance de la mancipation à la constitution de 316 prouve tout au plus la non-application de cette constitution, nous demanderons à notre tour comment on pourrait prouver que celle de 394 s'est appliquée davantage. Et, au demeurant, on peut faire contre l'idée de M. Naber d'autres objections. La constitution de 394 comme celle de 316 ne réglementent que la matière des donations. Quand même la première en date aurait engendré par répercussion à longue échéance la chute de la mancipation, ce résultat ne se serait toujours produit que pour les actes

---

1. Le texte des Fragments du Vatican est le plus complet.

2. Il n'y a pas à rechercher ici les raisons de l'innovation de Constantin. On constatera simplement que c'est peut-être cette réforme qui a entraîné à la longue la désuétude de la loi Cincia.

à titre gratuit; le domaine des aliénations à titre onéreux, plus important et plus pratique, eût échappé à l'effet de ces dispositions. Mais est-il même certain que la mancipation en matière de donation ait réellement péri après 394 et avant Justinien? Nous possédons une preuve décisive que la mancipation a survécu aux constitutions du ${IV}^e$ siècle dans la décision de Justinien [C., 8, 53 (54), *de donat.*, 37] dont il a été parlé plus haut[1] et qui montre encore en vigueur des fragments du formulaire de la mancipation translative au titre de donation.

De plus, M. Naber, qui ne tient compte ni de la constitution de 316, ni de celle de Justinien, ne fait pas non plus état de la constitution d'Arcadius et Honorius (395) (C. Théod. 15, 14, *de infirm. his quae sub tyr. aut barb. gesta sunt*, 9) qui contient la dernière mention législative connue de la fiducie, laquelle est, comme on le sait, en connexion étroite avec la mancipation. Ce texte va directement à l'encontre de sa thèse puisque, même si l'auteur hollandais prétendait alléguer qu'en 395 la constitution de 394 n'avait pas encore eu le temps de passer dans la pratique, on lui répondrait que la constitution de 316 (dont celle de 394 n'est qu'une copie) aurait pu, elle, produire ses conséquences abrogatoires avant 395, c'est-à-dire en 80 ans[2]. Enfin n'est-il pas un peu hasardé aussi d'admettre qu'au Bas-Empire, où les réformes sont faites d'ordinaire en des phrases si prolixes, la destruction de la mancipation ait pu résulter de l'emploi de la voie indirecte, d'une simple allusion qu'indiquerait la phrase *aliter — discedere?*

L'erreur du savant hollandais — qu'on nous permette de le faire remarquer — provient d'un défaut de méthode qu'on peut trouver chez les meilleurs auteurs et qui consiste à prendre un texte isolé et à en tirer argument, sans rat-

---

1. *Suprá*, p. 227.

2. Sur la Nov. 7, c. 9, de Majorien (Ravenne, 458), où l'on pourrait trouver à la rigueur encore une allusion législative à la mancipation, voy. ce qui sera dit plus loin, p. 259, n. 1.

tacher le texte à ses tenants et aboutissants, erreur de
méthode souvent reprochée aux juristes et que les historiens doivent éviter en ne raisonnant que sur l'ensemble
des textes de tout ordre.

Si maintenant on quitte la décision même du texte pour
s'attacher à la raison de fond qui aurait amené la
désuétude de la vieille institution romaine, l'idée de
M. Naber se heurte encore à une forte objection. Cette
raison de fond est la suivante : la constitution de 394
« décidant que, même en matière immobilière, la propriété ne pouvait plus être déplacée sans tradition », la
principale utilité pratique de la mancipation disparaissait,
c'est-à-dire « la possibilité de la réaliser sans déplacement
de la possession et par conséquent sans avoir la possession »[1]. Avant d'aller plus loin, il n'est peut-être pas inutile
de faire remarquer que cette raison ne paraît pas, en fait,
avoir été décisive, puisque l'obligation de livrer était déjà
formulée par la constitution de 316 et que la mancipation
n'en subsistait pas moins aux termes des textes juridiques
cités plus haut. Mais, si l'on voulait soutenir malgré cela
que la constitution très spéciale de 394 a pu entraîner la
désuétude des applications générales de la mancipation,
nous pourrons répondre par une argumentation qui aura
l'avantage de convenir à toutes les donations, aux donations en général, objet de la constitution de 316, comme au
suffragium, objet de celle de 394.

L'aliénateur, qui était seulement propriétaire sans être
possesseur, ne pourrait plus, dit-on, se contenter de la mancipation puisqu'il doit faire aussi tradition, et par là, la
mancipation perdait son utilité pratique. Mais est-ce bien
sûr ? La solution dépend de la question de savoir ce
qu'était devenue dans la pratique la nécessité de livrer,
imposée par les constitutions — côté du problème négligé

---

1. Girard, p. 292.

par M. Naber. Or, il semble bien que, déjà au ive siècle, les donateurs dans cette situation — et aussi les donateurs possesseurs, les plus nombreux, il faut le reconnaître — avaient trouvé un moyen de se dispenser d'effectuer la tradition corporelle : c'était d'insérer dans la donation (c'est-à-dire dans la mancipation, s'ils en faisaient une) une réserve d'usufruit à leur profit, une *ususfructus exceptio* ou *retentio*. D'après une constitution de 417 [1], par laquelle les Empereurs Honorius et Théodose rétablissaient le *ius pristinum* qu'ils avaient modifié deux ans auparavant [2], la réserve d'usufruit équivalait *olim* [3] à la tradition corporelle dans la donation et dans la constitution de dot, auxquelles Justinien assimila plus tard la vente par voie d'interpolation [4]. De cette décision impériale, il résulte expressément que, quand le donateur possesseur ne voulait pas livrer de suite ou quand le donateur n'avait pas la possession, il pouvait se dispenser de faire la tradition en se réservant l'usufruit. Et, pour revenir à la question, il ne paraît donc pas douteux que, grâce à cette faculté, la possibilité de manciper une chose dont on n'a pas la possession n'a été enlevée en pratique ni après 316, ni non plus après 394.

Il y a plus, même dans le cas où le donateur désirait et pouvait livrer de suite, la tradition corporelle ne se faisait pas toujours; même alors, la pratique était parvenue à la rendre inutile. Très ingénieusement elle avait appliqué la faculté reconnue par les Empereurs à cette hypothèse plus normale. La forme, sous laquelle elle l'a utilisée en l'occurrence, est la réduction de la rétention de l'usufruit à son

---

1. Hon. et Théod. (417), C. Th. 8, 12, *de donat*, 9.

2. Hon. et Théod. (415), C. Th. 8, 12, 8.

3. C'est du mot *olim* comme du qualificatif *pristinum* qu'on peut tirer argument en faveur de l'emploi de la réserve d'usufruit dès le ive siècle déjà.

4. Le texte du C. J. 8, 53 (54), 28 (= C. Th. 8, 12, 9), porte *donando vel in dotem dando vel vendendo*.

minimum de temps, cinq, dix ou trente jours. La fiction apparaît dans certains Papyrus de Ravenne[1] constatant des mancipations et des traditions à titre de donation ou de vente, postérieurement à l'introduction en Italie du Code de Justinien. En conséquence, la nécessité d'opérer la tradition corporelle étant mise de côté dans ce cas comme dans le précédent, les formalités de la vente ou de la donation, même par mancipation, se trouvent simplifiées[2]. Grâce à cela, l'utilité générale de l'acte aurait pu subsister à côté de celle qu'on déclare peut-être à tort l'utilité pratique principale de la mancipation. L'opinion de M. Naber perd ainsi son dernier appui.

En définitive, l'argumentation purement juridique du savant hollandais se heurte de tout côté à des arguments juridiques contraires. Nous croyons, comme lui et comme la doctrine courante, à la désuétude de la mancipation ; mais en vérité ce n'est pas à l'aide d'un argument juridique qu'elle peut s'expliquer. Elle doit se justifier seulement sur le terrain historique où nous allons nous transporter, et sur lequel nous tâcherons de présenter une tentative d'explication qui convienne aussi bien au transfert formaliste à titre onéreux, dont l'argumentation de M. Naber ne tient délibérément aucun compte, qu'au transfert à titre gratuit.

En Orient la mancipation, certainement très raréfiée

---

1. Marini 120 (an. 572), ll. 54-57 (p. 184) : *de quibus unciis superius designatis sibi s(upra) s(crip)tus venditor usumfructum retenuit dierum triginta quod possit s(upra) s(crip)to emptori ut leges censent, [pro corporali et] sollemni traditione constare.....* (la restitution est douteuse). — Mêmes formules dans Marini 86 (an. 553), 89 (an. 587), 93 (vi[e] siècle) (actes de donation), 121 (fin vi[e] siècle), 122 (an. 591) et 128 (au. 616-619) (actes de vente).

2. Sur la tradition opérée à la suite de l'acte d'aliénation et sur la rétention de l'usufruit équivalente à cette tradition, cf. H. Brunner, *Zur Rechtsgeschichte der röm. u. germ. Urkunde*, t. I, Berlin, 1880, p. 113 et s., et G. Ferrari, *La degenerazione della stipulatio nel diritto intermedio e la clausola « cum stipulatione subnixa »* (*Atti del R. Istit. Veneto*, t. LXIX, 1909-1910, 2e partie, p. 749-750).

dès avant Justinien, comme nous l'avons montré, a disparu parce qu'elle ne s'est pas adaptée aux mœurs juridiques des provinces grecques, tel sera le thème de notre explication personnelle. Sa démonstration prend son point d'appui dans la considération du rôle réel que la mancipation et les *res mancipi* ont pu y tenir aux deux premiers siècles de notre ère, à une époque où elles apparaissent en pleine vigueur dans les commentaires des juristes, les constitutions impériales et les actes concrets, et où, par conséquent, il ne peut être question de désuétude en aucune manière. Or, si l'on observe que la mancipation est un acte « quiritaire », exigeant la présence de témoins, citoyens romains, que les *res mancipi* sont des choses essentiellement « romaines », que parmi ces choses les fonds de terre sont les plus importantes, il est aisé de s'apercevoir que leur rôle n'a jamais dû être qu'infime dans les provinces d'Orient[1], dont les habitants sont en grande majorité des pérégrins, dont les choses en général sont des choses non romaines, dont les terres sont des fonds provinciaux.

Dans ces provinces, les seules *res mancipi* étaient les choses mobilières appartenant aux citoyens romains, et, comme choses immobilières, les fonds existant à titre italique dans les cités dotées du *ius Italicum* par les Empereurs, cités d'ailleurs plus nombreuses en Orient qu'en Occident[2]. La mancipation ne se pratiquait alors nécessairement qu'entre Romains.

Si l'on envisage maintenant la période postérieure à la constitution de Caracalla, on pourrait s'attendre à une extension considérable du rôle de la mancipation. En droit, en effet, il n'est pas douteux que la mancipation aurait pu s'étendre aux rapports de famille de tous les nouveaux citoyens du monde romain, que, pour le transfert des *res*

---

1. Voy. plus loin, p. 249 et s., pour celles d'Occident.

2. La liste des cités ayant reçu le *ius Italicum* se trouve dans E. Beaudouin, *Étude sur le ius Italicum* (*N. R. H.*, t. VI, 1882, p. 684-713).

mancipi mobilières, elle aurait pu augmenter considérablement (puisque les pérégrins rendus citoyens romains possèdent désormais les choses de ce genre au titre romain)[1], tandis que, d'autre part, la catégorie des fonds italiques s'accroissant elle-même d'une unité par la concession du *ius Italicum* à Constantinople[2], elle aurait pu s'appliquer aux immeubles de plusieurs villes.

Cependant, en fait, il paraît peu probable que l'extension en droit de la cité romaine ou du nombre des *res mancipi* après 212 en Orient ait engendré un développement corrélatif de l'application pratique de la mancipation.

On peut prouver, d'abord, d'une façon certaine que, dans le domaine des actes de famille, la mancipation ne s'est pas répandue chez les nouveaux citoyens de race non romaine et qu'elle est restée jusqu'à Justinien confinée chez les Romains de race. La preuve directe et la contre-épreuve ont été faites plus haut à l'occasion des formes de l'adoption et de l'émancipation[3].

Dans le domaine des actes du patrimoine, on peut imaginer que la mancipation n'eut pas plus de succès. Allant même plus loin, on peut penser que, si elle continua un certain temps à se pratiquer entre Romains de race, elle diminua d'importance dès que les nouveaux citoyens romains, de race non romaine, eurent accès à la propriété des *res mancipi*; et c'est là, croyons-nous, la cause qui la fit disparaître définitivement. Cette hypothèse

---

1. Le sol était resté en majeure partie provincial en Orient, mais peu importe la qualité du sol sur lequel circulent les *res mancipi*; pour en fixer la nature, la qualité du propriétaire est seule prise en considération; Justinien le dit au C. 7, 31, un., 2 : *Cum autem antiqui et in rebus mobilibus vel se moventibus, quae fuerant alienatae vel quocumque modo, bona fide tamen, detentae, usucapionem extendebant, non in Italico solo nexu, sed in omnem orbem terrarum.....*

2. Valentinien, Valens et Gratien (370? 373?), C. Théod., 14, 13, *de iur. Ital. urb. Constantinop.*, un.; Hon. et Arc. (421), C. J. 11, 21 (20), *de priv. urb. Constantinop., un.*

3. Cf. p. 52-57 (pour les formes grecques) et p. 229-230 (pour les formes romaines).

est moins un paradoxe qu'elle ne le semble à première vue. Il est admirablement prouvé aujourd'hui que la constitution de Caracalla a romanisé les populations de l'Orient bien plus extérieurement qu'au fond, et qu'après comme avant 212, ces populations ont continué en maintes occasions à suivre leurs coutumes nationales plutôt que le droit romain. Or, dans les actes qui touchent à la propriété comme dans ceux qui regardent le droit de famille, les usages des anciens pérégrins étaient tout à fait opposés aux usages des Romains. Les actes de transfert qu'ils font couramment sont des ventes ou des donations dans la forme locale (le Coutumier syro-romain et les innombrables Papyrus d'Égypte le démontrent). Il n'y avait guère de chances qu'ils changeassent leurs habitudes invétérées en l'honneur du transfert des *res mancipi*. En effet, parmi les *res mancipi* sur lesquelles ils sont désormais admis à opérer des actes juridiques à la romaine, les plus importantes sont les fonds italiques. Étant donné la faible proportion que représentent, au milieu de l'immense territoire provincial, les îlots des fonds italiques, est-il déraisonnable de penser que les 'Ρωμαῖοι, qui sont en très grande majorité des Grecs ou des Sémites, emploieront à l'égard des fonds italiques les mêmes formes d'actes qu'ils ont coutume d'employer à l'égard des fonds provinciaux sur lesquels les transactions sont statistiquement les plus fréquentes et de beaucoup? La mancipation a dû vraisemblablement se restreindre dans l'usage dès que les deux parties admises à la faire n'étaient plus uniquement des Romains de race, pour cette raison que, les nouveaux citoyens ne la pratiquant pas entre eux, les Romains de race eux-mêmes, trop peu nombreux en Orient pour y donner le ton, durent se mettre à l'unisson de la coutume orientale ; c'est la loi du commerce.

Il faut, du reste, observer que le défaut d'emploi de la mancipation en Orient ne nuisait pas aux acquéreurs autant qu'on pourrait le supposer. Dans le cercle de leurs coutumes grecques, la καταγραφή joue le rôle de la mancipation que les traducteurs et les glossaires lui assimilent[1]. Au regard du droit romain, la simple tradition accomplie sur les rares fonds italiques de l'Orient, sans procurer aux acquéreurs le droit plein de propriété, les mettait cependant dans une situation encore meilleure que quand ils opéraient sur des fonds provinciaux. Car, sur les premiers, ils obtenaient l'*in bonis* et, après le délai très bref de l'usucapion, la propriété la plus pleine qui puisse exister en droit romain, le *dominium ex iure Quiritum;* sur les seconds, en revanche, ils n'obtenaient jamais que la propriété provinciale, laquelle était, au point de vue du droit privé comme du droit public, d'un degré inférieur. C'est pourquoi l'on comprend que les nouveaux citoyens romains aient pu parfaitement se passer de la mancipation et se contenter de la tradition[2].

---

1. *Suprà*, p. 102. — L'étroit rapprochement entre la καταγραφή et la mancipation permet, croyons-nous, de rendre compte d'un fait qui a été constaté (p. 102, n. 2) sans être expliqué, le fait qu'après le ive siècle l'expression πεπρακέναι καὶ καταγεγραφηκέναι devient fréquente. Peut-être faut-il voir dans cette clause une conséquence indirecte de l'extension de la cité romaine aux Grecs, en ce sens qu'ils auraient cherché à se rapprocher le plus possible du formulaire des actes de transfert romains.

2. Ch.-Ed. Zachariæ, *Hist. du droit privé gréco-romain*, trad. Eug. Lauth, Paris, 1870 (extr. de la *Rev. hist. de droit franç. et étrang.*, 1865, 1866, 1869), p. 70, exprimait déjà des idées voisines des nôtres. Le « système compliqué [de l'*ex i. Quir.* et de l'*in bonis*], dit-il, rencontra par la suite, surtout dans l'Empire romain d'Orient, un tout autre état de choses: Tous les habitants étaient maintenant citoyens romains, et par conséquent aptes à posséder une chose *ex iure Quiritium*. Mais pour les choses immobilières une semblable propriété n'était pas possible, en règle générale au moins, parce que le sol de l'Empire n'était pour la plus grande partie que *provinciale solum*. La *mancipatio* et l'*in iure cessio* étaient impraticables : l'une à raison de ses nombreuses formalités, l'autre parce que la simple tradition des *mancipi res* produisait en fait des conséquences à peu près égales. Enfin la distinction entre les différentes *in rem actiones* avait perdu tout intérêt pour le propriétaire depuis la disparition de l'*ordo iudiciorum privatorum*. — Justinien a pour ce motif formellement supprimé les derniers vestiges de l'*antiqua subtilitas....* ». (Cf. *Geschichte des griech.-röm. Rechts*, 3e éd., Berlin, 1892, p. 214). Cependant nous ne pouvons accepter sa dernière remarque relative à la prétendue suppression de toute

Pour les autres *res mancipi*, la mancipation ne s'y est pas appliquée davantage en Orient et sous l'influence des mêmes raisons. Les servitudes prédiales rurales continuent à se constituer par pactes et stipulations, le mode normal des provinces grecques. Quant à la transmission des meubles *res mancipi*, il eût été peu conforme à la hiérarchie, qui s'observe entre les biens fonciers et les meubles, que l'on pratiquât la mancipation sur ces derniers, quand elle n'était pas courante pour les premiers. Et l'on peut même démontrer par les actes de pratique que la mancipation ne s'est pas adaptée à l'Orient en matière mobilière, car si le mode romain avait eu cours chez les habitants de l'Égypte devenus citoyens romains après 212, les papyrus connus qui émanent d'eux sont assez nombreux pour qu'un au moins nous en eût révélé un exemple[1]. La conséquence de cette remarque, c'est que les meubles *mancipi* comme les fonds italiques se transfèrent toujours par une simple tradition qui procure l'*in bonis* et, après le délai d'un an, le *dominium*.

Mais la tradition même finit, on le sait, par devenir aussi efficace que la mancipation, en conférant la pleine propriété romaine à l'acquéreur, partant en rendant inutiles le *nudum ius*, l'*in bonis* et l'usucapion. A ce moment-là, après 355 au plus tôt, avant 394 peut-être, en tout cas

---

distinction entre les actions réelles après la disparition de la procédure formulaire (voy. encore en ce sens, Girard, p. 264). Ce n'est pas ici le lieu de montrer que les formules d'action avaient persisté et s'étaient conservées distinctes dans la procédure extraordinaire comme dans la procédure ordinaire; en attendant le t. II de nos *Études* qui traitera la question à fond, voy. notre article : *La persistance des formules d'action au Bas-Empire*, etc. (*Atti del Congresso internazionale di scienze storiche*, t. IX, Rome, 1904, p. 63-67).

1. En matière de transfert d'immeubles ou de constitution de servitudes, nous ne tirerons pas argument du silence des papyrus grecs, parce que ces textes proviennent tous de l'Égypte, province dont aucune cité ne reçut le *ius Italicum*. — Pour le testament *per aes et libram*, aucun document grec ne le mentionne; le testament connu de C. Longinus Castor est traduit du latin (Girard, *Textes*, p. 771-775).

longtemps avant Justinien, la mancipation, qui n'avait pas
réussi à s'implanter en Orient, sortit complètement de
l'usage et même de la législation. L'époque sans doute lointaine de la disparition de sa fonction translative explique le
silence des commissaires à son égard.

§ II. — Survivance partielle et désuétude
de la mancipation dans les provinces d'Occident.

On conçoit aisément que l'état respectif des *res mancipi*
et de la mancipation dans les provinces d'Occident présente des analogies complètes avec leur situation dans les
provinces d'Orient. Ce qui a été dit déjà de la condition
des fonds italiques en province peut s'appliquer aux cités
d'Occident dotées en petit nombre du *ius Italicum*; de
même il ne servirait à rien de répéter toutes les autres
considérations sur les *res mancipi* mobilières après la constitution de Caracalla.

En thèse générale, il est permis d'imaginer que la mancipation pratiquée dans les provinces d'Occident au Haut-
Empire [1] était, comme en Orient, inusitée au VIe siècle
dans la grande majorité de ses applications, tout en survi-

---

1. Le fait est prouvé par la reproduction des formules romaines de mancipation en Andalousie (formulaire relatif aux immeubles des Ier-IIe siècles
après J. C.; Girard, *Textes*, p. 786-788) et en Transylvanie (actes de vente
tous datés du IIe siècle; *ibid.*, p. 805-809). Ces documents prouvent même
trop, puisque la mancipation se trouve deux fois appliquée à des fonds provinciaux, et se rencontre dans tous les actes portant sur des meubles passés
entre pérégrins. Mais peut-être ces pérégrins avaient-ils le *commercium*
(je dis « peut-être » parce qu'Ulpien, *Régl.* 19, 3, fait allusion à certains
pérégrins qui possédaient le *commercium*). M. Girard, *Les stipulations de
garantie* (*N. R. H.*, t. VII, 1883, p. 570, n. 2), n'a pas pensé à cette qualité
possible des parties en cause. Par contre il interprète très judicieusement
les motifs de vanité sans risque qui ont pu pousser des pérégrins [n'ayant
pas le *commercium*] à prendre les formules romaines dans les actes de
Transylvanie, tandis qu'ils se gardaient d'employer pour la *stipulatio duplae*
les expressions romaines non accessibles aux pérégrins. Pour cette stipulation, ajouterons-nous, même s'ils avaient le *commercium*, les étrangers
ont pu s'en tenir aux formules de stipulation accoutumées chez eux.

vant dans le droit de famille. De ces deux faits, nous avons la preuve la plus convaincante dans la *Lex romana Visigothorum* ou Bréviaire d'Alaric (506).

1° La mancipation y est inconnue d'une façon presque absolue. Le Bréviaire d'Alaric renferme bien des mentions de la mancipation, de la fiducie, des actions *auctoritatis* et *de modo agri* dans les passages qu'il emprunte aux Sentences de Paul; mais ces textes ne paraissent pas pouvoir être invoqués en faveur de la persistance des institutions classiques dans la région soumise aux Visigoths. Ils sont, en effet, en discordance avec l'*Epitome* de Gaius reproduit dans la même Loi, lequel ne contient aucune trace ni de la distinction des *res mancipi* et des *res nec mancipi*, ni de la mancipation comme mode de transfert de la propriété[1]. Or, l'*Epitome* de Gaius, par sa forme même[2], reflète sans doute beaucoup plus fidèlement que les Sentences le droit courant chez les Visigoths[3], c'est-à-dire le droit romain provincial. A ce point de vue, il fournit une preuve du même ordre que l'*Interpretatio* du Bréviaire, laquelle ne parle nulle part ni de la division antique, ni de la mancipation[4], ni de l'action *auctoritatis*. L'*Interpre-*

---

1. H.-F. Hitzig, *Beiträge zur Kenntniss u. Würdigung des sogen. westgothischen Gaius*, Z. S. S., t. XIV, 1893, p. 202, 215.

2. Cela serait encore plus évident si l'*Epitome* était réellement l'œuvre de l'auteur de la *Lex romana Visigothorum*, ainsi que l'a soutenu M. Conrat (cf. Girard, p. 76, n. 3), mais son opinion ne paraît pas avoir triomphé de celle de M. Fitting qui place la rédaction de l'*Epitome* entre 384 et 428 (cf. P. Krueger, *Histoire des sources du droit romain*, p. 419, n. 4).

3. Quant à la raison pour laquelle les *res mancipi* et la mancipation n'y figurent pas, il ne faut pas la chercher avec Hitzig dans une analogie avec la constitution de 531 sur l'usucapion, puisque cette constitution constate au contraire la survie des *res mancipi* (ci-dessus, p. 232 et s.).

4. Le mot ne se trouve ni dans l'*Interpretatio* du Code Théodosien, ni dans celle des Sentences; il manque ou est remplacé par *obligare* (p. ex. Paul, *Sent.*, 2, 13, 3 : *mancipatum = Interpret. : obligatum*); aux *Sent.* 2, 12, 6, *remancipatam* devient dans l'*Interpret.* : *a debitore liberatam*.

tatio, il est vrai, mentionne bien encore la fiducie[1], très rarement d'ailleurs, et l'action *de modo agri*[2]. Il ne faut pas, pensons-nous, attacher à ces mots le sens technique qui leur convenait du temps de Paul. La fiducie représente plutôt le contrat pignoratif, l'engagement de propriété lié à la tradition, qui fut si répandu dès le Bas-Empire[3]; l'action *de modo agri* paraît s'être conservée à titre d'action au double, également en relation avec la vente s'effectuant par un acte écrit de tradition.

2° Par contre l'*Epitome* contient un long passage sur l'emploi de la mancipation pour réaliser l'émancipation[4]. Les formes décrites sont très différentes des formes classiques. La mancipation, interprétée comme une *manus* (ou *manu*) *traditio*, est une remise de l'enfant par le père naturel au père fiduciaire, en échange d'un ou deux deniers à titre de prix (il n'y a plus de pesée); la troisième remise ou la remise unique, selon les cas, est suivie d'un affranchissement par le père naturel auquel le fiduciaire a remancipé l'enfant. L'acte s'accomplit devant la curie qui remplace le *praeses* ancien. Le *libripens* et l'*antestatus* étant eux-mêmes remplacés par deux nouveaux témoins, le nombre total des témoins est porté à sept[5].

---

1. Les mots *fiducia, fiduciare, fiduciarius* des Sentences manquent parfois dans l'*Interprct.* (par ex. 2, 12, 7-8, au second passage) ou bien y deviennent *pignus* (cf. *Interpret.* sur 2, 12, 8; 3, 9, 53), *oppignorare* (cf. *Interpret.* sur 2, 12, 5-6), *res pro debito posita* (cf. *Interpret.* sur 2, 12, 4). — *Fiducia* figure par exception dans l'*Interprct.* sur 1, 9, 8 (*fiduciae causa = Sent. : fiduciarium*); 2, 13, 1 (incertain), 2 (*fiducia obligatum = Sent. : fiduciarium*). — Quant au sens de la référence de l'*Interpret.* sur C. Th. 5, 1, de leg. hered., 3 : *hic de iure addendum quid sit fiducia*, voir P. Krueger, *op. cit.*, p. 418.

2. *Interpret.* sur *Sent.*, 1, 19, 1.

3. Esmein, *op. cit.*, p. 381-382 (cf. *infrà*, p. 262).

4. *Epit. Gai*, 1, 6, 3; cf. M. Conrat (Cohn), *Breviarium alaricianum; Röm. Recht im fränkischen Reich*, Leipzig, 1904, in-4°, p. 143-144.

5. Voy. à ce sujet F. Schupfer, *L'antestatus della Epitome di Gaio e l'Orator delle Carte langobarde* (*Riv. ital. di scienze giuridiche*, t. XLVII, 1910, p. 303-314).

La physionomie si curieuse de la mancipation visigothique constitue un enseignement des plus instructifs à la fois sur la persistance de l'institution dans le droit des personnes et sur la façon dont le droit de la basse époque romaine avait su accommoder ses solennités antiques. Il est probable que l'émancipation de l'Orient, dont Justinien se contente de rappeler par allusion le formalisme vieillot, devait ressembler fortement à celle-là. Nous nous contenterons de noter le parallélisme intéressant qu'offre, en matière de droit des personnes, la survivance de l'institution dans les parties opposées de l'ancien Empire romain, et de renvoyer aux développements donnés précédemment sur sa raison d'être[1].

Il est temps de quitter les provinces et d'arriver enfin à l'Italie.

§ III. — Persistance de la mancipation en Italie.

L'histoire de la mancipation en Italie présente une antithèse complète avec son état exceptionnel dans les provinces d'Occident ou d'Orient. L'Italie a toujours été le domaine réservé de la mancipation, puisqu'elle est la patrie d'origine des *res mancipi* et que la mancipation est essentiellement un acte quiritaire. *A priori*, on conçoit donc que la mancipation, qui y avait encore à la fin du IIIe siècle une vitalité vigoureuse, ait mis à y vieillir et à y déchoir un temps plus long que dans les provinces. Quoi que pense la doctrine à peu près unanime, elle n'est pas morte avant Justinien et elle ne devait mourir que longtemps après la réception de

---

1. Hitzig (p. 197-198) signale par erreur l'emploi de la mancipation en matière d'adoption dans GV. (= *Epit. Gai*) 1, 6, 3. Nulle part, il n'est question de l'adoption dans le Bréviaire d'Alaric (cf. l'ouvrage de Conrat cité précédemment) en dehors de l'*Interpretatio* sur C. Th. 5, 1, *de leg. hered.*, 2. La forme de l'adoption est une *gestis ante curiam affiliatio* (Sur cette forme et les formules franques qui s'y réfèrent, cf. P. Viollet, *Hist. du droit civil franç.*, 3e édit., Paris, 1905, p. 528).

l'œuvre byzantine en Italie; elle n'a pas été tuée par des dispositions législatives spéciales, les constitutions de 316 et 394[1], qui n'auraient en tout cas atteint que son application en matière de donation; elle a résisté à l'introduction de la compilation de Justinien en Italie, comme le démontrent des documents positifs. La vérité est qu'elle est morte de consomption avec le droit romain lui-même, seulement après le ixe siècle, à l'âge de transition entre l'Antiquité qui est finie et le Moyen Age qui est commencé. Elle a été, en somme, parmi les institutions romaines, l'une des plus résistantes, malgré la longue durée d'une existence inaugurée dans les temps antérieurs à la fondation de Rome.

Pourtant, si la mancipation existe encore au temps où Justinien faisait rédiger sa codification, il n'est pas niable qu'elle est à ce moment au bout de sa carrière; sa persistance aux ve et vie siècles s'accompagne de la décrépitude inhérente à l'extrême vieillesse. La question est de savoir quelle était à cette époque l'importance précise de son rôle. Était-il encore assez grand en pratique pour que Justinien eût dû s'en préoccuper d'une façon explicite, s'il avait réellement travaillé à la fois pour l'Orient et pour l'Italie? C'est ce que nous allons rechercher en retraçant brièvement d'après les sources directes la dernière étape de son histoire négligée par les traités de droit romain.

I. — En mettant de côté les recueils de Justinien, — puisque c'est leur autorité qui est en cause, — les sources qui nous renseigneront proviennent uniquement de documents d'archives relatant des ventes et des donations. Les plus nombreux et les plus importants sont les Papyrus de Ravenne connus depuis longtemps[2]. La publication faite en 1909 de quelques chartes lombardes des archives

---

1. Ci-dessus, p. 238 et s.
2. Gaetano Marini, *I papiri diplomatici*, Rome, 1805, in-fol.

capitulaires de Plaisance[1] y ajoute une précieuse confirmation. Enfin, d'autres citations[2] figurent encore dans quelques textes échappés à l'anéantissement.

Pour l'étude strictement limitée qui fait l'objet de ce volume, il n'est pas nécessaire de commenter en détails les actes de pratique si intéressants qu'ils soient[3], il suffira de montrer d'après ces documents l'état dans lequel se présente la mancipation après le ve siècle, par comparaison avec les modèles de l'époque classique.

Les Papyrus édités par Marini contiennent d'abord en nombre relativement grand le mot technique : *mancipo* accolé à ses synonymes qui expriment la nature d'acte translatif des donations[4]. On trouve aussi le verbe employé seul dans une curieuse formule où les *res mancipi* sont encore distinguées des *res nec mancipi*[5]. Le substantif *mancipatio* apparaît également plusieurs fois avec ses synonymes dans les actes de vente[6].

---

1. M. Luigi Schiaparelli (*Bull. dell' Istit. stor. ital.*, n° 30, Rome, 1909) a édité les treize chartes de la période des rois lombards (735-774) concernant en majeure partie l'église de San Pietro in Vassi, diocèse de Plaisance, province de Parme. Ils sont étudiés par N. Tamassia et P. S. Leicht, *Le carte longobarde dell' archivio capitolare di Piacenza* (*Atti del R. Istit. Veneto*, t. LXIX, 1909-1910, 2e partie, p. 857-875).

2. En plus des Papyrus de Marini, voy. les extraits de Troya et du *Cod. dipl. lang.* donnés par H. Brunner, *op. cit.*, p. 131-136. En outre, MM. Tamassia et Leicht citent : Greg. I Reg. Ep. (*Mon. Germ. Hist.*, t. II, p. 437) ; Troya, *Cod. dipl. longob.*, t. III, n°s 415, 511, t. IV, n° 549, t. V, n° 899 ; *Cod. dipl. lang.* (*Hist. patr. monum.*, XIII), n° 120 (an. 835) ; *Hist. patr. monum.*, ch. I, n°s 68, 72 (an. 716-919).

3. Sur les actes de vente, voy. R. Kircher, *Zur Geschichte des ravennatischen Kaufvertrags* (*Z. S. S.*, t. XXXII, 1911, p. 100-128).

4. Marini 88 (an. 572), l. 10 (p. 136) : *donamus cedimus tradimus ac mancipamus ;* 89 (an. 587) (p. 137) : *dono cedo trado et mancipo ;* 93 (vi^e s.), ll. 1-2 (p. 144) : *transcribo cedo trado et mancipo ;* 94 (an. 625), l. 13 (p. 147) : *transcribo cedo trado et mancipo ;* Marini, p. 304 *b*, cite encore des actes de 737, 769 et 855.

5. Marini 86 (an. 553), ll. 36-37 (p. 133) : *ergo quae tradenda erant tradidimus quae mancipanda erant mancipavimus* (acte de donation).

6. Marini 120 (an. 572), ll. 51-52 (p. 184) : *venditioni traditioni manci-*

La désignation de la mancipation par son nom n'est
pourtant pas le témoignage le plus instructif de ces
Papyrus. La persistance de la mancipation se révèle beaucoup mieux encore par la mention *nummo usuali domi-
nico uno*[1], correspondant au *sestertio nummo uno* des
antiques mancipations, et dans la reproduction des formules plus longues dérivées des modèles classiques,
soit qu'elles concernent la promesse de s'abstenir de tout
dol[2], soit qu'elles expriment la stipulation de garantie[3].
Elle se révèle aussi dans le nombre des cinq témoins maintenus tant pour les donations que pour les ventes[4]. On constate en revanche que le *libripens* et l'*antestatus* disparus
n'ont pas été remplacés par deux témoins supplémentaires
comme cela a eu lieu dans la mancipation visigothique[5].

Les chartes lombardes de Plaisance, quoique postérieures en date aux Papyrus de Ravenne, ont pour trait
frappant de présenter un formulaire bien plus archaïque[6]

---

pationique; 123 (an. 616-619), ll. 40-41 (p. 190) : *venditioni nuncupationi*
(corr. *mancipationi*) *traditionique.*

1. Marini 114 (an. 539), l. 36 (p. 173), 118 (vers 540) (p. 180).

2. Marini 86 (an. 553), ll. 39-40 (p. 133) : *huic tam legaliter perfectae
donationi d(o)l(u)m abesse afuturumque esse promittimus.* La formule est
la même que dans les donations d'Artémidore (Girard, *Textes*, p. 788) et de
Statia Irène (*ibid.*, p. 790). — Pour les ventes, la clause se retrouve aussi :
Marini 120 (an. 572), ll. 52-54 (p. 184) : *huic venditioni traditioni mancipationique rei s(upra) s(crip)tae dolum malum abesse afuturumque* : 123
(an. 616-619), ll. 40-41 (p. 190).

3. P. ex. Marini 120 (an. 572), ll. 42-51 (p. 184).

4. Marini 86 (an. 553) (p. 134); 122 (an. 591) (p. 188-189). Dans Marini 89
(an. 587) (p. 138-139), il n'y a cependant que trois témoins.

5. Ci-dessus, p. 251. Cependant M. Schupfer, dans l'article cité, p. 251,
n. 5, pense que c'est l'*antestatus* romain qui s'est transposé dans l'*orator*
des chartes lombardes.

6. Le formulaire du contrat de vente est ainsi conçu : EXPENSUM PREDIIS
RUSTICIS IDEST TERRA..... *Eam emit mancipioque accepit R. presbiter ex
sacculo Basilice B. Petri..... de G. venditore auri tremisse numero.....
Petit idem suprascriptus venditor, et omnem pretium placitum et defi-
nitum in praesenti accepit, sicut inter eos convenit, pro suprascripta
terra.....*
Facta hanc mancipationem R. presbitero comparatori. Dubla bonis

qui rappelle le contenu des triptyques de Transylvanie
par sa forme objective, par la façon même dont l'acte
juridique est désigné (*emit mancipioque accepit*) et par
quelques mots de la clause relative à l'éviction. Mais par
contre, il n'y a pas à se dissimuler que certaines parties
du formulaire classique ont été changées, dans la phrase
qui constate le reçu du prix et dans la clause d'éviction[1],
comme on peut s'en assurer facilement.

De ce très rapide examen des textes, nous tirerons la
double conclusion que la mancipation est toujours employée
en Italie et que sa forme, même avec de notables modifications, rappelle toujours les formes typiques des documents
classiques. Loin de parler de sa désuétude au Bas-Empire,
il faut donc au contraire reconnaître sa persistance. Seulement, dans l'étude que nous essayons ici, pour rendre
plus précise l'antithèse entre la pratique de l'Italie et l'état
constaté par l'œuvre de Justinien et pour en déduire le
caractère oriental de cette œuvre, il convient de dépasser
la constatation matérielle de la survie de la mancipation. Il
est nécessaire d'en fixer la nature et la portée dans la dernière
période de son histoire, afin de découvrir quelle a été au
juste la raison de sa longue durée en Italie, si elle a conservé des rapports de fond avec l'institution classique, et
si, comme nous l'avons déjà dit, elle eût mérité une abrogation explicite de Justinien.

II. — Telle qu'elle apparaît dans les documents concrets
de l'Italie, la mancipation n'est plus qu'un acte écrit, et
personne ne soutiendrait que la rédaction de cet acte était
encore précédée des solennités antiques connues, pesée
fictive, *nuncupatio*. Cette évolution du vieux procédé qui-

---

*conditionibus concesserunt, ut tunc quantum ea res re meliorata
valuerit, tantum et alterum tantum dari stipulatus est R. contractori et
comparatori. Spopondit suprascriptus G. venditor ad omnia suprascripta* (Tamassia et Leicht, p. 859).

1. Sur ces changements, cf. Tamassia et Leicht, p. 859-860.

ritaire n'a rien de surprenant et il est probable qu'elle remontait à une date très antérieure au vi[e] siècle.

En droit ancien, la mancipation comportant une série de gestes rituels avec prononciation de paroles appropriées à l'acte qu'elle réalisait, un acte écrit était dressé pour garder la trace de l'acte intervenu et pour enfermer les stipulations adjointes relatives au dol, à l'éviction ou aux vices cachés. C'est un fait remarquable que Gaius[1] et Ulpien[2], décrivant la cérémonie comme une chose encore pratique de leur temps, ne fassent aucune allusion à l'acte écrit; ils paraissent considérer que l'écrit n'intervient qu'à titre de preuve et que les solennités seules sont indispensables à la validité de l'opération.

Mais les gestes rituels et la *nuncupatio* étaient-ils toujours, obligatoirement, pratiqués ou prononcée dans la vie quotidienne de l'époque classique? Est-il interdit de penser que l'écrit revêtu des cachets des témoins, du *libripens* et de l'*antestatus*[3] n'aura pas une force probatoire complète, même si le cérémonial n'a pas été accompli en fait? Est-ce que nous ne sommes pas en droit d'étendre à toutes les mancipations la règle pratiquée pour le testament *per aes et libram* qui était devenu, dès le temps de Gaius déjà, un acte simplement écrit?

La tendance générale de la pratique, qui, par application de la loi d'économie des moyens juridiques (elle-même variante de la loi du moindre effort), a amené la confusion de l'acte probatoire et de l'acte créateur de droit en matière de stipulation et de testament, a dû produire son effet à

---

1. Gaius, 1, 119.

2. Ulpien, *Règl.*, 19, 3-6.

3. Le *libripens* appose son cachet à la donation de Syntrophus (Girard, *Textes*, p. 792); une lacune empêche de trouver dans cet acte la même indication pour l'*antestatus*. Les autres actes de mancipation classiques sont inutilisables à ce point de vue par suite de lacunes, ou parce qu'ils ne reproduisent pas les signes de validation, ou parce qu'ils ne contiennent ni *libripens* ni *antestatus*.

l'égard de l'acte *per aes et libram*, dont les rites et les accessoires devaient finir par n'être plus qu'un objet de risée. Nous savons d'une façon certaine que les solennités antiques ont subsisté dans les applications de l'institution au droit de famille, mais en se transformant en des actes simples et sans caractère[1]. Faute de texte, nous ne pouvons préciser à quel moment elles ont disparu pour le transfert de propriété à titre onéreux ou gratuit[2], où elles se présentent comme moins utiles; ce qui est incontestable, c'est qu'on ne découvre aucune trace des solennités après Ulpien.

Dans la mesure où elles ont disparu, c'est-à-dire dans la grande majorité des cas, il y a eu incontestablement désuétude de la mancipation, et, dans cette mesure, on peut donner raison à la doctrine courante, même en ce qui regarde l'Italie. Encore faut-il probablement en faire remonter la date avant 355 et la reporter peut-être jusqu'à l'époque classique, si Gaius et Ulpien décrivent un droit plus théorique que réel, ce qui est possible.

De toute manière, nous n'avons à nous occuper que de l'acte dans sa dernière forme, de la mancipation écrite qui, elle, était seule usitée normalement au vi[e] siècle.

Avant tout, il faut déclarer qu'il n'y a aucun motif de refuser le caractère véritable d'actes de mancipation aux

---

1. Il semble en effet certain qu'elles se sont maintenues pour les applications de la mancipation dans le droit de famille (adoption et émancipation), et cela se comprend assez par la nature de ces actes (cf. pour l'Orient, p. 225-226, 229-230, pour l'Occident, p. 251-252).

2. C'est évidemment à la cessation de l'emploi du cérémonial antique qu'on doit attribuer la disparition du *libripens* et de l'*antestatus*, l'un parce que son rôle était inutile quand la balance ne figurait plus à l'acte, l'autre parce que son intervention n'avait plus de sens s'il consistait à pincer l'oreille des témoins. Mais les difficultés sont nombreuses au sujet du rôle de l'*antestatus* (Voy. spécialement l'article cité de F. Schupfer). Le dernier auteur qui a écrit sur le problème, M. H. Lévy-Bruhl, *Le témoignage instrumentaire en droit romain*, thèse Paris, 1910, p. 45 et s., p. 79 et s., ne se préoccupe pas suffisamment de la décadence du rôle des personnages en question.

actes rédigés dans cette forme[1], pas plus qu'on ne refuse le caractère juridique aux autres actes du droit romain où l'écrit tient la place des exigences anciennes périmées (stipulation, cautionnement, tradition même).

Sans insister sur ce point, il est plus intéressant de montrer comment la forme nouvelle n'avait nui en aucune façon à la durée de la mancipation et comment même elle avait assuré son maintien.

En effet, on peut s'expliquer facilement que, réduit au formalisme de l'écrit, l'acte se soit conservé un long temps en pratique. Sous cette forme très simplifiée, il aurait pu vivre en Orient jusqu'à Justinien, si d'autres causes n'avaient agi pour le faire cesser. En Italie, en tout cas, ce n'est pas son formalisme qui a tué la mancipation, pas plus que les textes législatifs de 316 ou 394 ou la disparition prétendue des *res mancipi*. Ceux qui le soutiendraient se montreraient trop peu pénétrés d'une double idée historique, qui trouve en droit romain des illustrations notables et qui se confirmera spécialement en notre matière.

La première idée est celle-ci : on ne saurait ériger en principe que le formalisme a disparu après l'époque classique; il est plus juste de dire qu'il a seulement évolué et s'est au contraire maintenu en se réduisant au strict indis-

---

1. Il n'y a pas de raison de penser, par exemple, que la mancipation du Bas-Empire est devenue « un accessoire de la tradition », comme le dit M. Cuq, t. II, p. 819, n. 3. Les constitutions qu'il invoque en ce sens paraissent pouvoir se comprendre sans cette notion. D'abord, il est difficile de croire que dans la const. de 355 (C. Th. 8, 12, 7) la *mancipatio* n'était pas aussi bien une *sollemnitas* que dans la const. de 333 (C. Th. 8, 12, 5). Ensuite, dans la Nov. Maj. 7, 9 (458), il n'est pas question de tradition, mais de *subscriptio* de cinq témoins, rappel manifeste de la mancipation. Enfin, la constitution de Justinien (C. 8, 53, 37) dont il a été question plus haut (p. 227) ne vise pas directement une tradition accompagnée de solennités empruntées à la mancipation, mais l'acte même de donation où se rencontrent des débris des formules antiques et dans lequel la tradition jouera seulement son rôle secondaire habituel. — D'ailleurs, les documents de l'Italie montrent plus clairement encore que ces textes législatifs la portée réelle de la tradition sur laquelle nous allons insister.

pensable. Il n'y a en effet aucune ressemblance (sauf dans le nom) entre la forme archaïque, combinaison de rites, de gestes et de paroles, et la forme récente de l'acte écrit avec termes techniques et formules de rigueur, qui s'observe encore aujourd'hui. C'est ce formalisme récent qui persistait, après évolution, dans la stipulation, type des contrats formels comme la mancipation est le type des modes de transfert formels. Il n'a porté aucun préjudice à la stipulation, puisqu'elle est encore très vivante au temps de Justinien sous sa forme écrite de *cautio*, plus répandue même à l'époque de la décadence du droit romain qu'à l'époque classique, grâce aux clauses stéréotypées connues de l'Occident ou de l'Orient. Puisque la stipulation s'accommodait de ce formalisme réduit, pourquoi la mancipation ne s'en serait-elle pas accommodée? Les actes concrets prouvent d'ailleurs, par l'usage normal qui en est fait, que l'écrit technique n'était pas plus gênant pour celle-ci que pour celle-là.

La seconde idée est plus importante encore pour le sujet. C'est l'idée, qui se vérifie même en droit moderne, qu'il n'y a pas, à proprement parler, d'acte sans forme dès que l'acte est écrit. Assurément, en droit, une différence indéniable existe entre les actes formels et les actes non formels, puisque les uns sont inexistants pour défaut de forme et que les autres ne le sont pas; en pratique, il n'y a pas d'acte écrit sans forme, l'écrit étant la forme par excellence.

Cette idée reçoit son application en droit romain précisément pour la tradition qu'il est bon de prendre en exemple, parce qu'elle fonctionne dans le domaine des transferts où fonctionne également la mancipation. La tradition est couramment regardée comme l'acte translatif non formaliste et, à ce titre, opposée toujours à elle. Cette vue n'est juste toutefois qu'à deux conditions : d'abord qu'on parle de la tradition corporelle, remise de la possession, et ensuite qu'on l'oppose à l'acte formel de mancipation avec solennités archaïques; par exemple cette vue est incontestablement juste si l'on se place à la fin de la République où tout sépare le mode quiritaire du mode du *ius gentium*. Mais l'opposition perd de sa rigueur à mesure qu'on descend les siècles, par l'effet de la double loi qui fait se dégrader le formalisme archaïque de l'acte *per aes et libram* et se développer le formalisme nouveau de la tradition. Sans entrer dans les détails d'un historique bien établi, l'opposition ne peut être prolongée très avant dans le Haut-Empire, puisque les actes de la pratique nous montrent déjà au IIe siècle une tradition nouvelle qui n'est plus la tradition corporelle (c'est-à-dire la remise de la chose ou l'*inductio in fundum*), mais qui est la tradition écrite accompagnant la vente écrite qu'elle réalise. Or, on constate que, sous cette forme nouvelle du contrat de vente avec tradition, celle-ci se rapproche beaucoup de la mancipation écrite, tant pour les clauses qu'elle renferme que pour le nombre des témoins[1]. L'analogie entre elles s'est naturellement maintenue dans les siècles postérieurs. Au VIe siècle, l'acte de donation ou de vente réalisé par tradition est devenu l'*epistula traditionis*[2] ; ou bien la tradition s'effectue par l'*instrumentum traditionis vacuae possessionis* ou *diploma vacuale*[3], dans lequel on retrouve les clauses et les cinq témoins de la mancipation. Qu'on le remarque bien d'ailleurs, ces actes sont absolument distincts de la tradition corporelle (*traditio sollemnis, sollemnis introductio celebrata*) accomplie avec le concours des *curiales*[4] quand elle n'est pas remplacée par la réserve d'usufruit[5]. En somme, pour laisser de côté les différences de formulaires qui sont secondaires, la tradition devenue un acte écrit indépendant de la tradition corporelle

---

1. Papyrus latin de Londres de 166 ap. J. C. (Girard, *Textes*, p. 809-810).

2. Marini 115 (an. 540), 116 (an. 540), 117 (an. 541), 119 (an. 551), 120 (an. 572).

3. Marini 114 (an. 539 ou 546).

4. Marini 83 (an. 489), 107 (s. d.), 115 (an. 540), 116 (an. 540) 117 (an. 541).

5. Ci-dessus, p. 242-243.

ne présente plus guère, au fond, qu'une différence avec la mancipation, c'est que le nom de la mancipation ne s'y rencontre pas.

On comprend donc, en considérant de plus près suivant ces données le formalisme nouveau de la tradition, comment le formalisme de la mancipation ne devait pas être une gêne pour les parties jusqu'au ix° siècle.

III. — Mais alors une question se présente à l'esprit, qui nous met directement en face d'un problème nouveau : la portée de la mancipation dans sa dernière période. Puisque les formes pratiques des deux actes étaient si rapprochées, pourquoi la mancipation ne s'était-elle pas fondue dans la tradition, au vi° siècle et dès avant le vi° siècle, par l'effet de la loi d'économie des moyens juridiques invoquée plus haut? Faut-il croire que la distinction maintenue entre les deux sortes d'actes correspond encore effectivement à une différence d'intérêts juridiques, ou au contraire faut-il y voir seulement un exemple de la routine des notaires italiens accoutumés par profession à copier des formulaires de style sans intérêt particulier? Au premier cas, la portée de la mancipation eût été encore réelle en ce sens qu'elle aurait conservé des rapports de fond certains avec l'institution classique ; au second cas, la portée en serait assez faible.

Il semble très douteux que la mancipation de la dernière période ait gardé ses intérêts spéciaux, même celui qui concernait la fiducie, sauf peut-être celui relatif à l'*actio auctoritatis*. Pour la première, elle apparaît bien encore dans un Papyrus de 444 environ[1], mais sans son caractère classique ; le texte où elle figure n'étant pas une mancipation, il est plus probable qu'à cette date le mot désigne déjà l'engagement de propriété[2], comme dans la loi romaine

---

1. Marini 73, l. 14 (p. 108) (cf. Girard, p. 525, n. 4).

2. Cf. Marini 115 (an. 540) I, l. 7 (p. 175) : *offiduciatas*, 121 (fin vi° siècle), l. 22 (p. 186) : *infiduciatas*.

des Visigoths[1]. Pour la seconde, aucune trace directe ne s'en découvre dans les documents, car ce sont tous des actes de transfert où *l'actio* n'avait aucune raison d'être mentionnée; pourtant elle paraît avoir persisté en Italie comme sanction de l'éviction avant de prendre la forme nouvelle de la *laudatio actoris*, l'une des institutions originales de la *Summa Perusina* du viie siècle[2].

Mais, en dépit de ce dernier intérêt spécial, la survivance de la mancipation après le ive siècle doit être regardée surtout comme purement pratique et formelle; c'est l'opinion des érudits qui ne la croient pas morte à cette époque. Cette opinion gagnera à être appuyée sur le parallèle avec la tradition que nous allons reprendre.

Tout d'abord, il faut écarter la persévérance d'une distinction de fond entre les deux actes à laquelle pourrait faire songer la curieuse formule déjà citée d'un Papyrus de Ravenne : *ergo quae tradenda erant tradidimus, quae mancipanda erant mancipavimus*[3]. A l'en croire, la tradition serait toujours réservée aux *res nec mancipi*, la mancipation aux *res mancipi*. Cependant ce n'est là qu'une clause de style empruntée à un formulaire ancien. Et en voici la preuve décisive qui va nous conduire à jeter un rapide coup d'œil sur l'état juridique des fonds de terre en Italie, comme nous l'avons fait pour ceux de l'Orient.

Pour admettre que les deux actes sont toujours distincts en droit, il faudrait supposer que la mancipation a gardé au vi[e] siècle la supériorité qu'elle avait à l'époque classique sur la tradition ou, en d'autres termes, que leurs domaines respectifs d'application auraient continué à être séparés comme ils l'étaient alors. La tradition aurait continué à fonctionner normalement dans le cercle des *res nec mancipi* pour le transfert desquelles elle était

---

1. *Suprà*, p. 251.

2. Tamassia et Leicht, *loc. cit.*, p. 860; Tamassia, *La defensio nei documenti medievali italiani* (*Arch. giur.*, t. LXXII, 1904, p. 449-480).

3. Marini 86 (an. 553), ll. 36-37 (p. 133).

suffisante ; mais elle ne serait appliquée qu'exceptionnellement aux *res mancipi*, en particulier aux fonds italiques. L'acquéreur cherchant toujours à obtenir le maximum de droits, on ne voit pas en effet pourquoi l'acquéreur opérant suivant la loi romaine — et qui est en Italie un Romain de race — n'aurait pas exigé une mancipation des *res mancipi*, puisque ce mode est le seul pleinement efficace, le seul susceptible de lui procurer le *dominium* quiritaire. Cette disparité des domaines serait visée par la formule suscrite.

Mais si l'on observe le contenu du nombre imposant de titres examinés ou indiqués plus haut, une telle disparité n'est plus aperçue (c'est ce qui montre le caractère purement notarial de la formule). Les documents se réfèrent généralement à des fonds de terre ; la tradition s'y emploie tout autant que la mancipation et sans qu'il soit possible de découvrir un critère différentiel entre elles. Le bon sens force donc à admettre ou que les fonds ne sont plus des fonds italiques, des *res mancipi*, puisqu'ils reçoivent normalement la tradition, ou, s'ils n'ont pas perdu leur caractère italique, que la tradition s'applique aux *res mancipi* avec une efficacité égale à celle de la mancipation.

Des deux hypothèses, c'est la dernière qui nous paraît la plus sûre : les fonds de terre de l'Italie, croyons-nous, sont restés au VI° siècle des fonds italiques — et partant des *res mancipi*, — mais ils s'accommodent de la tradition comme de la mancipation. L'idée mérite quelques développements.

Faute d'un commentaire juridique du temps, à l'usage propre de l'Italie, le problème relatif à l'état de la propriété romaine dans le royaume des Ostrogoths (ou après eux) ne peut s'éclaircir que sur le terrain historique[1]. Or,

---

1. Le problème de la propriété foncière est trop vaste pour que nous songions à en donner un résumé ou même la bibliographie. Il suffit de constater que les historiens du droit romain se sont laissé devancer dans son

le fait est établi aujourd'hui par les travaux des spécialistes que la propriété foncière, dans la mesure où elle
restait entre les mains des Romains et n'était pas occupée
par les conquérants, garda, pendant la période où s'opère
le passage de l'Antiquité au Moyen Age, de très fortes traces
de l'organisation romaine [1]. Selon toute vraisemblance, les
fundi des Romains sont restés des fonds italiques. Comment, en effet, supposer qu'ils aient perdu leur caractère
dans le pays même de leur origine, alors que, d'après le
témoignage de Justinien, ils se maintenaient en Orient où
ils étaient en minorité par rapport aux fonds provinciaux?
Si, d'ailleurs, les terres des Romains n'étaient plus des
fonds italiques, que seraient-elles devenues? Il serait
abusif de prétendre qu'elles se seraient changées en fonds
provinciaux, car le fait qu'elles sont soumises à l'impôt
foncier comme ceux-ci peut les y faire assimiler en droit
public, sans que l'assimilation déborde sur le domaine du
droit privé. Au reste, à cet égard, il serait inconcevable
que les fonds italiques fussent devenus en Italie des fonds
provinciaux, attendu qu'ils ne le sont pas devenus en
Orient où ils étaient noyés au milieu de l'immense territoire provincial, et parce que, si le fait s'était produit,
les propriétaires, jusque-là pleins et entiers, auraient vu
modifier le régime séculaire de leur droit, modifier jusqu'à
la formule de l'antique revendication, en attendant que
l'introduction de l'œuvre de Justinien remît les choses
en état. Rien n'empêche de penser qu'au contraire, par une
loi très naturelle de conservation, les Romains sous le joug
des Barbares ont dû s'efforcer de maintenir leur droit
national autant qu'il pouvait l'être encore et faire sonner

étude par les historiens du droit germanique (H. Brunner, A. von Halban),
du droit français (P. Viollet, J. Brissaud) et surtout du droit italien (Per-
tile, Schupfer, Gaudenzi, etc.).

1. La constatation est très justement faite par Gaudenzi (*Atti del Congresso internaz. di science storiche*, Rome, 1903, t. IX, Rome, 1904, p. 425),
cité par G. Ferrari, *I documenti greci medioevali*, etc., p. 57, n. 1.

hautement l'épithète d'*Italici* appliquée aux fonds comme le synonyme de leur propre qualité de *Romani*.

Quant au fait que la tradition s'est appliquée aux fonds italiques, il se comprend de soi. La constitution de Justinien abolissant le *nudum ex iure Quiritum*[1] révèle indirectement qu'en pratique la tradition avait fini par conférer la propriété pleine et entière sur les *res mancipi*. Si l'évolution s'est produite dans l'Empire d'Orient, auquel les commissaires appartiennent et dont ils relatent l'état juridique, que pourrait-on alléguer contre la réalité d'une évolution pareille en Italie? La seule objection à prévoir serait qu'en Orient la tradition a pu arriver à produire un plein effet, parce qu'elle ne rencontrait pas la concurrence de la mancipation qui, au contraire, continuait à tenir sa place dans la péninsule. Il est, croyons-nous, possible de détruire cette objection en montrant les raisons pour lesquelles l'identité de traitement a été conférée en Italie aussi aux deux modes de transfert.

L'équivalence pratique de la mancipation et de la tradition, telle que la font ressortir les documents concrets, s'explique, d'une façon générale, par le caractère qu'a pris le droit romain au moment de la conquête des Barbares et, d'une façon spéciale, par le caractère que revêt l'acte de transfert à la même époque. Le droit romain de l'Occident à partir du ve siècle a pris bien souvent le caractère d'un droit vulgaire (au même titre que le latin est devenu une langue vulgaire), tandis qu'il conservait en Orient son caractère scientifique. Le fait mis hors de conteste par les travaux des historiens du droit germanique ou du droit italien se manifeste, en particulier, dans la double conséquence que l'acte écrit joue un rôle considérable dans cette civilisation et que les notaires représentent à eux seuls toute la science juridique. L'acte écrit n'est plus nniquement le titre probatoire; il est devenu l'élément

---

1. C. 7, 25, un. (ci-dessus, p. 233).

essentiel de la formation du lien de droit. Partant de là,
il est facile de concevoir, — en ce qui regarde spécialement les actes de transfert, — que c'est l'écrit qui déplace
la propriété[1], et non plus la mancipation ou la tradition.
Donc, pourvu que l'écrit ait été revêtu des formalités
nécessaires, peu importe le mode de transfert employé;
mancipation et tradition ne se distinguent plus dans le
fond; introduites dans l'acte écrit, indifféremment, au bon
plaisir des notaires, elles ne divergent que par les formules[2].

Le résultat de cette évolution a été double : d'une
part, la mancipation avait pu survivre sans être détruite
par la tradition (nous l'avons fait déjà remarquer); d'autre
part, elle ne vivait plus au vi[e] siècle — comme la tradition
d'ailleurs (au sens d'*epistula traditionis*) — que dans les
formules. « De la mancipation, il ne restait plus exclusivement que les formules de mancipation des titres d'aliénation », dit très exactement M. Brunner[3]. Telle sera aussi
notre conclusion : la mancipation n'a, pour ainsi dire, plus
de portée juridique réelle; elle ne se maintient au vi[e] siècle
en Italie que par la routine des notaires[4].

---

1. Le droit romain vulgaire est arrivé ainsi au même résultat que le droit
gréco-égyptien des papyrus dans lequel le transfert s'opère par la καταγραφή
(R. Kircher, *loc. cit.*, p. 100-101, 128).

2. Nous ne prétendons pas trancher par ces quelques lignes la difficile
question de savoir si l'écrit est, à lui seul, suffisant pour déplacer la propriété
et surtout pour investir l'acquéreur. Le rôle de la tradition corporelle et
celui de la *traditio cartae* ont été remis en discussion dans ces dernières
années par une série de travaux, dont le plus important est l'ouvrage de
C. Freundt, *Wertpapiere im antiken und frühmittelalterlichen Rechte*,
2 vol., Leipzig, 1910 (Voy. le résumé et la critique de ses idées dans Partsch,
*Der griech.-röm. Einschlag in der Geschichte des Wertpapiers; Zeitschr.
f. d. ges. Handelsrecht u. Konkursrecht*, t. LXX, 1911, p. 437-489).

3. Brunner, *op. cit.*, p. 147. — Voy. aussi Schupfer, *Il diritto privato dei
popoli germanici*, t. III, p. 327-328.

4. Le fait peut être constaté d'une manière remarquable et inattendue par
les erreurs que les scribes commettent dans les actes. Le Pap. 120 de Marini
(an. 572) est un acte de vente par tradition; or, aux ll. 50-51 apparaît la
clause stéréotypée *huic venditioni traditioni mancipationique*, etc.

Mais en revanche, il ne faut pas aller plus loin, c'est-à-dire aussi loin que la doctrine dominante, et affirmer que la mancipation n'existe plus. Historiquement parlant, il faut arrêter sa décadence indéniable devant son existence persévérante attestée par les documents.

IV. — La dernière question à résoudre est de savoir si cette existence affaiblie suffit à légitimer l'opposition que nous prétendons faire entre le droit de l'Italie et celui de l'Orient, en d'autres termes, si elle confirme le caractère oriental de la législation de Justinien et comment.

La réponse à la question qui vient d'être posée nous paraît la suivante. Puisque, malgré sa portée diminuée, malgré sa nature réduite à une pure formule, la vieille institution quiritaire durait toujours en Italie, son existence prouve à elle seule que Justinien n'a conçu sa législation ni d'après le droit de l'Italie, ni en faveur de l'Italie. À voir comment l'Empereur s'est comporté à l'égard des survivances de la mancipation dans l'adoption et l'émancipation qu'il a supprimées par deux constitutions expresses[1], à voir comment il a également, dans une constitution spéciale[2], fait la chasse aux maigres débris du formulaire de l'acte dans les donations, à considérer enfin que, nulle part, il ne prononce le nom de la mancipation, on ne peut pas hésiter à admettre qu'il laisse l'Italie en dehors de ses réformes. Car si les commissaires du Code avaient étendu leurs recherches préparatoires au delà de l'Adriatique, ils auraient vu la mancipation encore en vigueur et conservée en pratique avec son nom, son formulaire complet, son application courante aux transferts à titre onéreux comme à titre gratuit. Puisque, désireux d'expurger des donations jusqu'aux mots insignifiants

---

De même dans Marini 122, ll. 40-42, on lit *nuncupationi* au lieu de *mancipationi*.

1. C. 8, 47 (48), 11 ; 8, 48 (49), 6 (*suprà*, p. 225-226).
2. C. 8, 53 (54), 37 (*suprà*, p. 227).

sestertii nummi unius, assium quattuor, ils leur font l'honneur d'une abrogation explicite, quelle longueur aurait eu — à ce tarif — une constitution de réforme destinée à débarrasser le droit des termes ou expressions léguées à l'Italie par l'époque classique? Est-il excessif de penser qu'ils auraient dû consacrer à l'abrogation de la mancipation, acte de transfert, un texte aussi développé et aussi net que ceux consacrés à l'abolition des antiques solennités dans les actes de famille?

L'opposition entre l'état de la pratique notariale italienne et l'œuvre législative de Justinien se marque donc fortement par la façon même dont les Byzantins se sont conduits à l'égard de la mancipation, à la fois par leur silence presque absolu et par leurs réformes, lesquelles peuvent passer pour pointilleuses en ce qui concerne l'Orient et eussent été imparfaites pour l'Italie. Au reste, la persistance de la mancipation en Italie après la conquête corrobore l'idée que la codification n'était pas en harmonie avec la vie juridique de l'exarchat, où la civilisation romaine persistait. C'est dire qu'à ce point de vue encore, l'œuvre de Justinien se présente comme une œuvre de caractère oriental, conçue uniquement d'après la science et la pratique du droit en Orient, comme nous avions essayé de le démontrer directement. C'est dire aussi que, dans les limites du problème qui nous a retenu longuement à cause de son importance, elle ne peut servir de témoin pour l'histoire dernière des destinées des institutions classiques en Italie.

SECTION II

LE « RECEPTUM ARGENTARII »

La matière du *receptum argentarii* fait encore aujourd'hui l'objet de difficultés et de controverses entre interprètes. Les importantes découvertes de M. Lenel, qui ont permis de le retrouver et de le reconstituer sous les interpolations du Digeste, n'ont pas arrêté les discussions ni sur sa définition, ni sur son caractère formaliste ou non, ni sur son origine, ni sur ses destinées. Il n'entre pas dans notre plan de refaire une étude complète de la matière; mais, à l'occasion des réformes de Justinien, à la suite desquelles le *receptum* a été rayé de son œuvre législative, plusieurs de ces questions qui divisent toujours les romanistes devront être touchées. Nous allons même jeter dans le débat un nouvel élément de contreverse, en attendant de l'avenir que l'apaisement et l'accord soient obtenus un jour sur l'une des opérations les plus pratiques de la vie commerciale des Romains.

Comme on le sait, les rédacteurs du Digeste et du Code ont enlevé des matériaux classiques qu'ils employaient le *receptum argentarii*, après que le pacte de constitut eut été réorganisé par la constitution de 531 (C. 4, 18, *de const. pec.*, 2). Dans ce texte fondamental — où sont indiquées les conséquences juridiques de la fusion des deux actions *recepticia* et *pecuniae constitutae*, semblables par certains côtés,

si différentes par d'autres, — deux passages seulement
intéressent les destinées du *receptum*, le *princ.* :

> Recepticia actione cessante, quae sollemnibus verbis
> composita inusitato recessit vestigio, necessarium nobis
> visum est magis pecuniae constitutae naturam ampliare.

et le § 1 *a* :

> Ut non erubescat igitur tale legum iurgium, hoc
> tantummodo constituatur, quod debitum est, et omnia,
> quae de recepticia in diversis libris legislatorum posita
> sunt, aboleantur et sit pecunia constituta omnes casus
> complectens, qui et per stipulationem possint expli-
> cari.

Nous aurons à faire également état de la Paraphrase de
Théophile (sur les Institutes, 4, 6, *de act.*, 8) qui confirme
la réforme dans un passage du plus grand intérêt.

C'est à propos de ces textes que vont être débattues la
question de savoir si la désuétude du *receptum* a été générale dans toutes les parties de l'ancien Empire romain, en
Occident comme en Orient, et surtout celle de savoir si
vraiment la désuétude explique la fusion de l'*actio recepticia* dans l'*actio de pecunia constituta*, ou si plutôt, malgré
l'affirmation de la constitution, la véritable raison n'en doit
pas être cherchée dans la non-réception de l'acte en Orient.
Les deux questions doivent nous mener l'une et l'autre à
découvrir l'influence orientale en la matière.

I. — La première question est facile à résoudre. Si la désuétude du *receptum* s'est réellement produite au vi[e] siècle,
elle n'a pu se produire qu'en Orient, car, en Italie, sa
patrie véritable, il paraît probable qu'il n'a pas cessé d'exister à cette date. Sans pouvoir fournir sur ce point une
preuve tirée d'actes concrets pareils à ceux qui parlent
encore de mancipation après l'invasion des Barbares, ni un
argument basé sur des textes juridiques comme il en existe

en matière de *dictio dotis*, on peut néanmoins penser, avec les historiens du droit commercial[1], que le *receptum argentarii* a survécu en Italie, même à l'introduction de la législation de Justinien, et que c'est lui qui a donné naissance à la « promesse de banquier » du Moyen Age.

Ainsi, la constitution de 531 ne peut être invoquée en témoignage pour fixer l'état du droit romain universel, elle sert seulement à établir les destinées de l'institution en Orient. Ici encore, la désuétude doit être restreinte aux limites géographiques de l'Empire de Justinien. Cette limitation a, comme toujours, son importance, car elle force à chercher quelles ont pu être les causes spéciales de la différence des régimes dans les deux moitiés du monde romain, — problème tout nouveau, puisque les auteurs ne tiennent habituellement aucun compte de la distinction.

II. — Avant d'en arriver à cette recherche, la question se pose de savoir si la désuétude est vraiment la base des réformes de 531. Ne faut-il pas en attribuer plutôt la raison d'être à la non-réception de l'institution en Orient?

La grande majorité des auteurs accorde pleine confiance aux déclarations de l'Empereur; ils acceptent le motif allégué par lui, cette désuétude que le *princ.* de la constitution 2 met en vedette, que le § 1 rappelle en qualifiant l'*actio recepticia* d'*antiqua*, et que Théophile, à l'exemple de son maître, consigne à plusieurs reprises[2].

Cependant, on peut se demander si l'adhésion à la teneur de ces textes concordants ne doit pas entraîner aussi l'acceptation du motif sur lequel le *princ.* s'appuie pour légitimer la disparition du *receptum*, c'est-à-dire le fait que l'*actio recepticia* était conçue en termes solennels, *sollemnibus ver-*

---

1. P. Huvelin, *Travaux récents sur l'histoire de la lettre de change* (extr. des *Ann. de droit comm.*, 1901, n° 1), p. 22, n. 1.

2. Théoph., *Paraphr. Inst.* 4, 6, 8 : ἦν δὲ τὸ παλαιὸν ὁμοία ταύτης τῆς *pecuniae constitutae* καὶ ἡ *recepticia* (Ferrini, p. 421, ll. 28-29)..... ἀλλὰ ταῦτα μὲν τὸ παλαιόν (Ferrini, p. 422, l. 15).

bis composita. On sait qu'aujourd'hui encore la majorité
des auteurs continue à accepter sans difficulté le contenu
intégral du texte, soit qu'ils persistent à professer l'opinion ancienne que le *receptum* était un véritable contrat
formel, soit qu'à la suite de M. Lenel, ils reconnaissent le
caractère solennel non pas au *receptum*, mais à l'action qui
le sanctionne.

Qui ne voit, cependant, combien il est plus difficile d'expliquer la désuétude dans la thèse de ces derniers (à laquelle
d'ailleurs nous nous rallierons personnellement) que dans
celle de leurs adversaires ? Comment concevoir qu'un pacte
prétorien, sans forme, ait disparu au Bas-Empire, dont
toute la politique a été d'atténuer la forme des actes, et
qu'il ait été emporté non parce qu'il était lui-même formaliste, — ce qui se fût compris et ce qui légitimerait la doctrine
ancienne, — mais parce que sa sanction seule l'était ? Et pour
l'action elle-même, par quelle bizarrerie du sort est-elle
restée en dehors du mouvement d'assouplissement général
des formules d'action ? Pourquoi elle seule est-elle solennelle encore après la célèbre constitution des fils de Constantin de 342[1] ? Si elle est morte avant cette date, tandis qu'elle
était vigoureuse encore au IIIe siècle, pourquoi son décès si
rapide ? Toutes ces questions, dont la solution reste pour
nous obscure, portent à réfléchir sur la valeur du motif
attribué par Justinien à ses réformes, la désuétude, et sur
le degré de confiance qu'on peut lui accorder.

A raison de ces difficultés, laissons pour le moment la
désuétude et tournons-nous vers une autre hypothèse qui
nous rapprochera de notre conjecture personnelle.

La désuétude du *receptum* n'est pas reconnue par tous
les romanistes unanimement comme la cause véritable de
la translation de l'*actio recepticia* dans l'action *pecuniae
constitutae*. M. Cuq la justifie autrement en écrivant :

« Le *receptum* n'était pas tombé en désuétude, car le

---

1. C. 2, 57 (58), *de form.*, 1.

paragraphe 2 [de la const.] maintient toutes les obligations antérieurement contractées par les banquiers. La fusion opérée par Justinien a une cause différente : les Grecs n'avaient pas de terme correspondant au mot *recipere*, ils se servaient du mot ἀντιφωνεῖν qui désignait aussi le constitut. Pour distinguer le *receptum* du constitut, il fallait examiner dans chaque cas l'objet de l'obligation et les personnes qui y avaient figuré : si parmi elles il y avait un *argentarius*, on appliquait les règles du *receptum* » [1].

Je crois, pour mon compte, que M. Cuq a raison en principe, c'est-à-dire en tant qu'il pense que la fusion opérée par Justinien a une cause différente de la désuétude, sans que les arguments qu'il produit soient, à mon sens, les arguments les plus propres à établir sa thèse. D'une part, le § 2 de la const. 2 ne se réfère pas aux *recepta* antérieurs des banquiers [2], car, s'il maintenait ces *recepta*, c'est que l'*actio recepticia* serait encore en vigueur du temps de Justinien ; or, le *princ.* a commencé par déclarer qu'elle avait cessé d'exister. Le § 2 se réfère en réalité aux constituts passés par les banquiers avant 531, opérations dont la réforme ne change pas la portée [3]. D'autre part, il est bien difficile de rattacher la réforme à une insuffisance de terminologie ; cette réforme est profonde, c'est une refonte complète du constitut sur les principes empruntés au *receptum* ; elle doit avoir une raison plus forte qu'une raison de langue. Et enfin, il est absolument certain que les Grecs ont eu des termes correspondants au mot *recipere*.

L'ensemble de ces motifs, dont le dernier, en particulier, mérite qu'on y insiste (et nous allons le faire sans retard), oblige à chercher l'explication de la constitution, en

---

1. Cuq, t. II, p. 837, n. 4.

2. Accarias, t. II, p. 615, n. 3, et M. Lenel (*Ed. perp.*, p. 128, n. 2 ; t. I, p. 149, n. 1) rapportent également le § 2 à des *recepta*.

3. Le § 2 porte expressément « *quae argenti distractores..... indefense constituerent* ».

dehors d'un embarras de langue comme en dehors de la désuétude.

Notre idée personnelle, c'est que, seule, la non-adaptation à l'Orient du *receptum argentarii* des Romains peut fournir l'explication désirable. Mais, pour préparer les arguments à l'appui de cette explication et pour serrer de plus près le problème, il importe au plus haut point d'être fixé sur la terminologie grecque en la matière.

M. Cuq n'est pas seul à alléguer que les Grecs n'avaient pas de mot pour traduire *recipere* et qu'ils ont appliqué le même terme, ἀντιφώνησις, à la fois au *receptum* et au constitut[1]. Le contraire peut être démontré, et il résultera de cette démonstration que le mot ἀντιφώνησις a toujours été réservé au constitut.

Sur le *receptum* d'abord, M. J. Partsch a récemment établi, en émettant l'hypothèse d'une dérivation grecque pour les trois *recepta* des Romains[2], que le mot *recipere*, dans son double sens de « recevoir » et de « garantir », était le pendant parfait des termes grecs ἀναδέχεσθαι et ἐγγυᾶσθαι, qui sont employés couramment dans les contrats de cautionnement grec[3], de même que l'expression cicéronienne *spondeo, in me recipio* trouve son modèle dans les expressions ἐγγυώμεθ', ὑπισχνούμεθα de Démosthène[4], car la déclaration d'ἐγγύη est désignée entre autres termes par le verbe ὑπισχνεῖσθαι « prendre à sa charge, *recipere* »[5]. La synonymie entre le *receptum argentarii* et l'ἐγγύη ne réside pas d'ailleurs seulement dans les mots ; elle ressort surtout de la fonction juridique et économique de l'ἐγγύη[6] tout à fait

---

1. Cf. aussi Lenel, *Ed. perp.*, p. 128 ; t. I, p. 149 ; G. Platon, *Les Banquiers dans la législation de Justinien* (*N. R. H.*, t. XXXIII, 1909, p. 290).

2. J. Partsch, *Der ediktale Garantievertrag durch Receptum, Z. S. S.*, t. XXIX, 1908, p. 403-422.

3. Partsch, *loc. cit.*, p. 417-418.

4. *Ibid.*, p. 418, n. 5.

5. *Ibid.*, p. 420.

6. *Ibid.*, p. 419-422.

analogue à celle du *receptum argentarii*, analogie qu'il suffit pour le moment d'enregistrer. Et, puisque nous ne voulons pas insister sur la thèse de M. Partsch, concluons avec lui que les Grecs ont possédé non pas un, mais plusieurs termes parfaitement parallèles au terme *receptum*.

Mais, sur la question de langue, on se trouve en présence d'une seconde difficulté. Plusieurs auteurs, avons-nous vu, affirment que les Grecs employaient le même mot ἀντιφώνησις à la fois pour le *receptum* et pour le constitut, d'où il suit qu'en pratique il devait être très embarrassant de les distinguer l'un de l'autre. Nous ne pensons pas que le terme ἀντιφώνησις ait jamais été le correspondant grec de *receptum*. Les raisons ne manquent pas en faveur de cette opinion.

En premier lieu, on peut faire valoir que c'est l'ἐγγύη qui reproduit exactement le *receptum*, comme il vient d'être dit. En second lieu, le terme ἀντιφωνεῖν, *respondere*, rend étymologiquement beaucoup mieux la notion du constitut où existent une *sponsio* et une *restipulatio* (ou *responsio*) *dimidiae partis* que la notion du *receptum* où, d'après ce qu'on sait, figuraient seulement les mots : *spondeo, in me recipio*. Si même le terme grec avait gardé quelquefois chez les juristes grecs de basse époque son sens vulgaire de *respondere* — et encore la traduction n'est-elle pas certaine, comme on va le voir, — cela ne ferait pas qu'il soit applicable au *receptum* comme au constitut, car alors pourquoi n'aurait-il pas servi à désigner également la stipulation qui exige aussi une réponse ?

A notre avis, la Paraphrase de Théophile montre à l'évidence qu'il n'y a au mot ἀντιφωνεῖν que deux sens possibles, le sens technique de *constituere* et un sens plus vague qui puisse convenir à la fois au *receptum* et au constitut et qu'il s'agit de fixer. Pour ce sens large, on peut hésiter entre deux interprétations : ou la traduction par *respondere*, ou la traduction par « se porter garant de quelqu'un » (répondre pour autrui, comme nous dirions aujourd'hui).

Cette dernière traduction nous semble la seule acceptable, d'abord parce qu'elle est la plus juridique, et surtout parce qu'elle concorde avec le sens du mot dans la littérature chrétienne et dans Suidas[1]. Ferrini, influencé par la confusion ordinaire du *receptum* et du conStitut, traduit ἀντιφωνεῖν tantôt par *constituere*, tantôt par *recipere*, suivant que le fond du texte le porte à penser qu'il s'agit de l'une ou de l'autre opération. Mais cette traduction le conduit à une erreur juridique manifeste dans le passage fondamental du professeur byzantin[2].

Au reste, en dernier lieu, une preuve formelle peut être donnée en faveur de notre idée. Le traité grec antéjustinien *De Actionibus* au paragraphe 34[3] s'exprime ainsi :

Κατὰ τοῦ ἀντιφωνήσαντος τὴν pecuniae constitutae.

Il ne fait donc dériver de l'ἀντιφώνησις que la seule action *de pecunia constituta* et nullement avec elle l'action *recepticia*.

De ces remarques philologiques découlent deux conséquences : d'une part, le *receptum* correspond à l'ἐγγύη des Grecs et non pas à l'ἀντιφώνησις ; de l'autre l'ἀντιφώνησις correspond au constitut et non pas au *receptum*. Ces deux résultats nous mettent en mesure de soutenir la thèse

---

1. S. Schlossmann, *Litis contestatio*, Leipzig, 1905, p. 180-181, cite les passages de la littérature chrétienne où ἀντιφωνεῖν équivaut à « sich verbürgen » et le passage de Suidas : ἀντιφωνῶ σοι · ἐγγυῶμαι σοι.

2. Voici ce passage : ἦν δὲ τὸ παλαιὸν ὁμοία ταύτης τῆς pecuniae constitutae καὶ ἡ recepticia ἥτις ἁρμόζει τραπεζίτου ἀντιφωνήσαντος (Il faut ici traduire littéralement *recepticia quae competit argentario promittente*). καὶ κοινωνία μὲν τῆς recepticias καὶ τῆς pecuniae constitutae αὕτη, καθὸ ἑκατέρα ἐξ ἀντιφωνήσεως τίκτεται (Ferrini, p. 421, ll. 27-28; p. 422, l. 1-3). Ferrini traduit : *id vero inter recepticiam et pecuniae constitutae < actionem > commune est, quod utraque* ex c o n s t i t u t o *nascitur.* Mais les deux actions indifféremment ne naissent pas du constitut; la seule traduction qui convienne est indéniablement celle par les termes larges *ex promissione* (dans le sens de promesse de garantie) ou *responsione*.

3. Zachariæ von Lingenthal, Z. *S. S.*, t. XIV, 1893, p. 92.

annoncée, la non-adaptation à l'Orient du *receptum argentarii* des Romains.

En effet, il n'est pas difficile d'apercevoir maintenant les raisons pour lesquelles le *receptum* des Romains est très vraisemblablement resté en dehors des usages des banquiers, dans la partie hellénique de l'Empire. La plupart de ces banquiers étaient des Grecs, et la majorité de leurs clients étaient des Grecs ou des hellénisés. A quoi le *receptum* des Romains aurait-il pu leur servir, puisque cet acte correspond tout à fait dans sa terminologie, dans ses fonctions juridique et économique, à leur ἐγγύη nationale? Ils n'ont pas pratiqué le *receptum* sous l'étiquette romaine pour la raison qu'ils pratiquaient la même opération exactement sous l'étiquette grecque[1]. Par conséquent, ils n'en avaient que faire, leur contrat grec ordinaire leur suffisait, et même, si l'on adopte l'hypothèse de M. Partsch sur l'origine grecque du *receptum*, on peut ajouter qu'il leur suffisait d'autant mieux que les Romains ne faisaient que leur offrir ce qu'ils leur avaient eux-mêmes emprunté. Les Grecs, au contraire, avaient accepté le constitut des Romains sous le nom d'ἀντιφώνησις, parce qu'il présentait une importance particulière en raison de ses règles rigoureuses; ils le rapprochaient d'ailleurs expressément d'une de leurs formes nationales de garantie, l'ἀναδοχή, comme on peut le voir dans un Papyrus de l'époque byzantine récemment publié[2].

De là résulte à notre avis que, quand les papyrus offrent des exemples d'ὑπόσχεσις ou de προσφώνησις, il ne faut pas y

---

1. Ces expressions correspondent aux expressions *römische, griechische, Ausprägung* de M. Mitteis dans l'article cité ci-dessous, p. 279, n. 1.

2. Pap. Vitelli, III (29 déc. 514), publié par G. Ferrari, *Tre papiri inediti greco-egizii dell' età bizantina* (*Atti del R. Istit. Ven.*, t. LXVII, 1907-1908, 2ᵉ part., p. 1189-1193), avec un commentaire très complet. L'acte porte sur des denrées, 30 artabes d'orge; cela ne l'empêche pas d'être un constitut, puisque Justinien reconnaît (C. 4, 18, 2, 1 *b*) que déjà les anciens jurisconsultes étendaient le constitut aux *res quae pondere numero mensura constitutae sunt.*

voir des actes de *receptum* romain[1] ; il faut y reconnaître des actes essentiellement grecs, dont le premier, l'ὑπόσχεσις, désignant une promesse de garantie[2], peut à la rigueur être regardé comme un *receptum* grec[3], mais dont le second, la προσφώνησις, ne peut être, selon nous, assimilé ni à un *receptum* grec, ni à un constitut[4] ; c'est plutôt un acte de banque différent de ces deux genres de promesses, l'avis du banquier notifiant au client le versement opéré à l'actif de son compte créditeur[5].

L'idée générale précédente se fortifie d'ailleurs par le précieux témoignage du recueil *De Actionibus* déjà invoqué plus haut [6]. L'absence du *receptum* en Orient découle de son silence sur *l'actio recepticia* qu'il aurait eu l'occasion de nommer à côté de *l'actio pecuniae constitutae*[7].

Si les Grecs n'ont pas accueilli le *receptum* au moment de l'établissement des Romains, la raison véritable de la

______

1. C'est l'avis de M. Mitteis, *Receptum argentarii* (*Z. S. S.*, t. XXIX, 1908, p. 479-480), qui renvoie à Oxy. 91, l. 11 (an. 187) (ὑπόσχεσις) et à Oxy. 513, ll. 36-38 (an. 184) (προσφώνησις) (cf. pour la même interprétation, J. Partsch, compte rendu de F. Preisigke, *Girowesen im griechischen Aegypten*, dans les *Gött. gel. Anz.*, 1910, p. 727).

2. Le terme est indiqué dans ce sens par Partsch (cf. ci-dessus, p. 275).

3. En ce sens, Mitteis, *loc. cit.*

4. M. Mitteis, *loc. cit.*, p. 480, pense que ce terme désigne un *receptum* grec dans Oxy. 513, et que προσφῶνειν signifie « *constituere* » dans Flor. 43, l. 7.

5. Nous nous rangeons ici à l'avis de M. Preisigke, *Girowesen*, p. 25, n. 7, qui, sans rejeter tout à fait la parenté proposée par M. Mitteis entre la προσφώνησις et le *receptum*, n'en maintient pas moins son idée exprimée dans un article antérieur. Cette interprétation rend compte à la fois de Oxy. 513 et de Flor. 43, aussi bien que celle de M. Mitteis ; elle a en outre l'avantage de donner au terme en cause le même sens en droit privé et en droit public (on remarquera que, comme ce terme, les mots ἀναδοχή, ἀναδέχεσθαι, se rencontrent aussi en droit public, principalement, et en droit privé ; cf. Ferrari, *loc. cit.*, p. 1192).

6. *Suprà*, p. 277.

7. A la vérité on pourrait objecter que le silence de ce recueil antéjustinien, loin d'être favorable à l'idée d'une non-réception de l'acte romain en Orient, fournit un appui à la désuétude du *receptum* indiquée par la const. 2 et qu'il double le témoignage de Justinien. L'objection va être réfutée avec la thèse même de la désuétude.

conduite de Justinien à l'égard de l'*actio recepticia* n'est donc pas la désuétude quoiqu'il l'invoque lui-même, car celle-ci ne peut se produire, à proprement parler, que pour des institutions qui ont réellement vécu dans le passé. La raison véritable, plus vraie encore pour le *receptum* que pour la mancipation, c'est la non-adaptation qui s'explique en définitive par la même cause, la persistance du droit national des populations helléniques ou hellénisées.

II. — Toutefois, s'il en est ainsi, comment les rédacteurs de la constitution de réforme et Théophile d'après eux ont-ils pu parler de désuétude? Sans hésiter, nous répondrons qu'ils se sont trompés sur les destinées du *receptum*. Ils constataient une antinomie entre l'existence de l'institution dans les écrits des classiques[1] et son inexistence dans la pratique de leur temps et de leur pays. Cette antinomie, ils pouvaient la résoudre par l'une ou l'autre des deux idées déjà souvent indiquées : ou bien l'institution est inexistante en Orient parce qu'elle est tombée en désuétude, ou bien l'institution est inexistante en Orient parce que jamais elle n'y a été introduite. Pour se ranger à cette seconde explication, il leur aurait fallu remonter l'histoire, ce qui n'a été permis qu'à la science moderne; d'autre part, pour vérifier si le *receptum* était vraiment tombé en désuétude dans tout l'*orbis romanus*, il leur aurait fallu comparer l'état du droit de l'Orient avec celui de l'Occident, ce dont les rédacteurs de la constitution ne se sont pas préoccupés davantage, car la connaissance du droit romain de l'Italie leur échappait autant que l'histoire. Ne pouvant vérifier l'un et l'autre point, ils ont formulé la raison qui vient naturellement à l'esprit d'hommes qui ne sont ni des archéologues, ni des savants au courant du droit comparé, raison qui du reste est fondée en général : ils ont cru de bonne foi que le *recep-*

---

1. C. 4, 18, 2, 1 *a.*

tum avait fonctionné jadis dans les pays d'Orient comme à Rome et que, s'ils ne l'y retrouvaient plus, c'est qu'il avait disparu par désuétude comme tant d'autres institutions classiques.

Mais nous, modernes, qui pouvons et devons pénétrer plus loin qu'eux dans l'histoire du droit, nous contenterons-nous de cette raison de surface? Déjà, au début de cette Section, certaines questions ont été soulevées qui — à supposer que le *receptum* ait réellement passé chez les Grecs — rendaient la désuétude difficile à comprendre[1]. Nous les reprendrons dans un instant. En attendant, une difficulté se dresse, qui a été signalée au même endroit et à laquelle il est temps de revenir : puisqu'il est probable que l'opération a continué d'exister en Italie après le IIIe siècle, pourquoi aurait-elle disparu en Orient, et en Orient seulement ? Il faudrait, pour en rendre compte, découvrir des raisons spéciales d'anéantissement propres à cette partie du monde romain. On ne peut les imaginer, car, dans les provinces grecques où les banquiers jouent un rôle considérable, si le *receptum* avait été réellement pratiqué par eux, on apercevrait, au contraire, une raison favorable à sa durée : c'est sa parenté proche avec le contrat de garantie des Grecs, l'ἐγγύη, qui semble incontestable et qui le leur eût rendu plus sympathique. Faute de raisons spéciales, il reste seulement la raison que les rédacteurs ont donnée pour justifier la désuétude, le formalisme de l'*actio recepticia*. Quelle valeur faut-il lui attribuer ?

Assurément on pourrait avant de discuter susciter contre elle une objection qui en diminuerait déjà la portée. L'*actio* devait être aussi formaliste en Italie qu'en Orient. Comment se fait-il que sa solennité ne lui ait pas nui là comme ici ? Comment la pratique s'est-elle accommodée des paroles solennelles plutôt dans la péninsule que dans l'Empire de Justinien ?

---

1. *Suprà*, p. 272-273.

Mais laissons cette critique et abordons franchement la question du formalisme. Il va de soi que, pour se faire une opinion sur la valeur de la raison indiquée, il est nécessaire d'être fixé d'abord sur l'interprétation de la phrase *sollemnibus verbis composita* du *princ.*, et ensuite de vérifier si l'interprétation acceptable légitime exactement la désuétude.

Deux systèmes, on le sait, ont été proposés pour résoudre un problème qui est le plus ardemment controversé de la matière.

Les adeptes du système ancien, s'appuyant sur la gémination des termes de l'acte *spondeo recipio*, entendent les paroles solennelles comme se rapportant non à l'action, mais au *receptum* lui-même, dans lequel les uns voient un contrat formaliste civil[1], les autres une opération formaliste prétorienne[2]. M. Schlossmann, en particulier, a essayé de renouveler la théorie ancienne en voie de perdition en la fortifiant de l'argument suivant : « Au temps de Justinien les actions de la vieille procédure formulaire n'étaient plus en vigueur depuis longtemps. Par *actio* on n'entendait certainement rien de plus qu'une action au sens d'un libelle d'action, qui reproduisait brièvement l'acte servant de fondement à l'action et la prétention basée sur cet acte. En se représentant comme encore en usage une telle action dérivée du *receptum*, et si le vieux *receptum* était en fait un acte conclu *verbis sollemnibus*, on pouvait se figurer que le *receptum* servant de base à la demande serait entré, avec sa teneur même, avec ses *sollemnia verba*, dans le libelle à titre d'élément constitutif; ainsi pouvait-on avec quelque raison désigner l'*actio* comme *sollemnibus verbis composita* »[3]. Pour ces auteurs,

---

1. O. Karlowa, *Röm. Rechtsgeschichte*, t. II, Leipzig, 1901, p. 758 et s.

2. Schlossmann, *op. cit.*, p. 175-185, suivi par Platon, *loc. cit.*, p. 291-292.

3. Schlossmann, p. 178.

rien n'est donc plus facile que d'expliquer la désuétude.
Elle résulte du fait que le *receptum* était formaliste.

L'inventeur du système nouveau, M. Lenel[1], en défendant énergiquement (et à juste titre)[2] l'opinion contraire, à savoir que le *receptum* était un pacte prétorien sans formes, répond à ses adversaires que le texte a visé par les mots en question non pas le *receptum*, mais l'*actio recepticia* et son formalisme. Dans la dernière édition de son livre, il consacre une réfutation spéciale aux idées « étranges » de M. Schlossmann. Il y déclare que ce que nous savons par Théophile du formulaire des libelles ne concorde pas avec ce qu'imagine l'auteur pour les besoins de sa démonstration, et qu'il serait d'ailleurs bizarre de rédiger les libelles en décrivant les formalités des actes formalistes au lieu de désigner simplement ces actes par leurs noms techniques. Mais, adoptant l'idée du pacte prétorien sans forme, comment M. Lenel peut-il expliquer la désuétude ? Voici son idée : « Après que *receptum* et *constitutum* eurent été confondus chez les Grecs sous le terme général d'ἀντιφώνησις, l'*actio recepticia*, qui désignait formellement (« verbis sollemnibus » ne veut pas dire plus) comme *receptum* l'opération conclue, avait disparu de la pratique, parce que celle-ci ne savait où donner de la tête avec deux actions sortant de l'ἀντιφώνησις »[3].

Nous devons avouer que ni l'un, ni l'autre des deux systèmes ne parvient, à notre avis, à justifier la désuétude, pas plus que ni l'un, ni l'autre ne nous paraît interpréter d'une façon complète les *verba sollemnia* du *princ.* La doctrine ancienne, qui déduit de ces mots le formalisme du *receptum*, a été trop complètement réfutée par M. Lenel pour que nous y insistions encore. Quant à celle

---

1. Lenel, *Ed. perp.*, p. 127-129; t. I, p. 148-150.

2. Voy. dans le même sens, Girard, p. 607, n. 2; Cuq, t. II, p. 459, n. 8; Partsch, *loc. cit.*, p. 403-404.

3. Lenel, *Ed. perp.*, p. 129 (le passage est nouveau dans la 2e édition allemande).

de M. Lenel, on doit au contraire la |discuter de près.

D'abord, sur la question spéciale de la désuétude, il faut reconnaître que l'explication donnée par lui est bien faible. La prétendue confusion du *receptum* et du constitut dans l'appellation unique d'ἀντιφώνησις a été détruite plus haut[1]. Comment d'ailleurs admettre que la pratique, toujours prompte à découvrir le moyen de satisfaire aux besoins du commerce, se soit montrée en Orient assez incapable pour ne pas sortir de la prétendue difficulté ? Que deviennent, avec cette idée-là, la subtilité et l'habileté des Grecs qu'on leur a si souvent reprochées ? Si M. Lenel avait raison, c'est leur inaptitude commerciale qui devrait leur être imputée comme une faute.

La seconde remarque vise l'interprétation spéciale des *verba sollemnia*. Au point où le conflit est parvenu aujourd'hui entre M. Schlossmann et M. Lenel, la question tourne en réalité autour du contenu du libelle. Le contenu du libelle et ses relations avec l'action seront examinés dans le tome II. Nos idées, on le verra, ne cadrent ni avec la conception que le libelle reproduisait purement et simplement le contrat lui servant de base, ni avec la conception que l'action y était indiquée seulement par son nom. Le libelle, d'après les textes et d'après Théophile en particulier, continuait la formule et exposait librement le droit contesté. Donc, pour résoudre la difficulté qui se pose sur l'interprétation de la constitution de Justinien, les auteurs argumentent à tort de la notion du libelle, et il faut, à notre avis, quitter délibérément ce terrain tout aussi mal assuré pour les uns que pour les autres.

C'est par eux-mêmes que les termes employés dans l'action doivent présenter le caractère solennel, telle est notre idée de principe. Que pensent les auteurs sur ce point déterminé ? A la vérité, M. Lenel n'y insiste guère. Il repousse avec raison la confusion faite par ses adversaires

---

1. Cf· p. 275-277.

entre la solennité de l'action, dont parle Justinien, et la solennité du contrat, en disant que « dans toutes les formules, le fait qui leur sert de base est caractérisé par des *verba sollemnia* ». Mais il ne s'arrête pas sur les *verba* mêmes ; tout ce qu'il écrit de positif à ce sujet, c'est que l'action « désigne l'opération conclue, formellement (« verbis sollemnibus » ne veut pas dire plus) comme *receptum* »[1]. Cela est exact et même évident : mais pourquoi cette désignation aurait-elle amené la décadence de l'action ? Mystère. Aussi M. Girard[2], apercevant la nécessité d'apporter une précision à l'idée précédente, la complète-t-il dans cette phrase très juste : « Les *verba sollemnia* sont des termes de la formule de l'action *recepticia*, qui étaient des termes arrêtés comme ceux de toutes les formules et qui n'étaient plus employés de son temps [*c. à. d.* de Justinien] à la différence de ceux de certaines formules restées en usage dans la terminologie judiciaire de la procédure extraordinaire ». Cependant la proposition n'est pas encore assez explicite, car on aurait aimé à connaître au juste quels termes de la formule étaient inusités au temps de Justinien. Ils ne nous paraissent pas difficiles à découvrir. En les cherchant, nous reviendrons d'ailleurs à notre thème personnel et nous montrerons comment ces termes dits « solennels » se présentent non comme la cause de la désuétude de l'action, mais comme un témoin de son insuccès ancien en Orient.

La particularité de l'action ne peut se rencontrer dans des paroles solennelles singulières que l'action aurait comportées. Les meilleurs auteurs renoncent à les entrevoir sous cette forme, car, pour reprendre un argument de M. Lenel, s'il en avait existé quelques-unes, Théophile ne les aurait-il pas signalées dans son paralèlle entre l'action *recepticia* et l'action *constitutae pecuniae* ? Pourquoi en

---

1. *Ed. perp.*, p. 129.
2. Girard, p. 607, n. 2.

effet en eût-elle été grevée spécialement, elle qui sanctionnait une opération de commerce, plus libre par définition même que toutes les autres? S'il en est ainsi, la particularité de l'action ne doit donc pas être cherchée plus loin que dans la désignation même du *receptum* indiqué par elle. C'est la propre idée de M. Lenel, et c'est une idée qui va de soi. La formule classique, que les rédacteurs de la constitution de réforme pouvaient connaître par les *libri legislatorum* (dont parle le § 2), contenait certainement le mot *recipere* comme l'Édit et comme le *receptum* lui-même, car la formule — tout abstraite qu'elle ait été[1] — devait énoncer l'opération caractéristique qu'elle sanctionnait, sous peine de se confondre avec une *condictio*. C'est donc le terme *recipere*, figurant dans la formule, et lui seul, que Justinien a qualifié de *verba sollemnia*. Le pluriel ne doit pas nous arrêter; il est ici un pluriel emphatique. Au reste, chez les Byzantins — dont il convient de ne pas amplifier les qualités de finesse ou de profondeur, — il ne faut jamais creuser trop avant les raisons qu'ils donnent de leurs réformes. Il est fort possible qu'ils exagèrent le formalisme de l'action parce qu'ils veulent appuyer sur lui la prétendue désuétude.

Mais, ce fait étant acquis, en quoi le simple terme *recipere* pouvait-il dûment passer dans l'esprit des rédacteurs pour un terme solennel?

Cela s'explique, croyons-nous, par l'idée que le terme *recipere* leur apparaît — à eux qui ne l'emploient jamais en pratique — comme un terme de la vieille langue, un terme purement romain, en quelque manière « quiritaire » au même titre que la mancipation dont ils ne prononcent nulle part le nom démodé. L'impression d'archaïsme que le mot *recipere* leur donne se renforce d'ailleurs du fait qu'ils peuvent savoir, par les textes littéraires ou par des textes juridiques non reproduits par eux, que ce mot voisinait

____

1. Sur ce caractère, voy. p. 287.

avec *spondeo*. Ne sont-ils pas tentés de le regarder comme un mot de même nature que le *spondeo* de la stipulation, un terme réservé aux seuls citoyens et partant quiritaire ? Et l'impression d'archaïsme se trouve encore fortifiée dans leur esprit par ceci : qu'ils ne rencontrent pas dans leur langue un terme dérivé directement du terme *recipere*, pas plus qu'il n'en existe pour traduire exactement *spondere*, à la différence, par exemple, du terme technique ἀντιφώνησις calqué sur la *responsio* du constitut[1]. En somme, la solennité de l'*actio recepticia* doit s'interpréter comme le caractère purement romain qu'elle revêtait aux yeux des commissaires.

Nous pensons aussi que la solennité a pu dériver également à leurs yeux d'un autre caractère, signe manifeste d'archaïsme qui se rapproche du premier, de son caractère d'action abstraite. Dans le *receptum*, le banquier « devait payer, même quand il s'était engagé par erreur, un peu comme celui qui a accepté une lettre de change »[2]; plus pratiquement, il devait payer, même si à l'échéance il « n'avait pas effectivement les mains garnies », lorsque, par exemple, il avait consenti à son client une ouverture de crédit[3]. Justinien ne manque pas de noter incidemment cette particularité au § 1 de sa constitution :

> cum secundum antiquam recepticiam actionem exigebatur et si quid non fuerat debitum.

Or, le caractère abstrait n'appartient en droit qu'à des formules solennelles et — les commissaires le savent bien — spécialement aux paroles solennelles de la stipulation. Sur ce point encore, le rapprochement entre le contrat de *sponsio*, où le débiteur était primitivement obligé sans

---

1. Il y a bien, nous l'avons vu, des mots grecs qui rendent l'idée de l'engagement du banquier comme d'autres qui expriment la promesse par stipulation ; mais ils ne peuvent pas passer pour des termes techniques au sens du terme grec qui correspond au constitut, puisqu'ils se réfèrent à des actes grecs, l'ἐγγύη, l'ὁμολογία.

2. Girard, p. 606.

3. Huvelin, *loc. cit.*, p. 22, n. 1, *in fine*.

cause, et le pacte de *receptum* a pu les conduire, abusivement d'ailleurs et par exagération, à faire de l'action une action *verbis sollemnibus composita*.

Pour conclure, nous expliquerions la conduite des commissaires ainsi qu'il suit : croyant de bonne foi à la désuétude de l'institution, voyant dans le mot *recipere* un terme romain, trouvant à l'action le caractère abstrait, les rédacteurs ont associé toutes ces idées par un lien qui n'a rien d'illogique et qui est même, le plus généralement, exact.

Cependant ici la liaison entre l'inexistence de l'action dans leurs formulaires et la désuétude paraît ne pas être fondée, car on peut aussi bien concevoir que l'action a gardé le caractère purement romain, qu'elle leur semblait posséder, par suite d'un phénomène qui n'a pas frappé les Byzantins, le défaut de pénétration du *receptum* dans leur pays. Ce qu'ils appellent les *verba sollemnia* serait, en définitive, non une cause, la cause de la désuétude, mais un effet, l'effet du phénomène indiqué. Avec cette idée, on se passe absolument de la désuétude, ce qui est pour nous la vérité historique.

III. — Mais la vérité historique paraît être encore plus que, d'un bout à l'autre de la constitution de réforme, les commissaires se sont laissé guider uniquement par les besoins de l'Orient et ont obéi entièrement à l'influence orientale. Le fait est maintenant démontré pour le *princ.*; qu'on persiste à attacher pleine foi à son contenu ou qu'on y voie une raison erronée, de toute façon, l'inspiration orientale s'y affirme manifestement, car le *princ.* se place vis-à-vis du droit tel qu'il se présente en Orient, où le *receptum* n'existe pas en 531, et non en face du droit de l'Italie où il dure probablement encore.

Ce n'est pas tout. Dans le dispositif même de la const. 2, dans la refonte générale de l'*actio pecuniae constitutae*, c'est encore l'influence de l'Orient qui se fait sentir. A son sujet, les auteurs ne se posent pas d'ordinaire deux questions qui ont pourtant leur importance. — La première regarde le but précis que visait l'Empereur : pourquoi désire-t-il refondre et généraliser *l'actio pecuniae constitutae*? Est-ce uniquement parce que l'action similaire a disparu, comme le dit le *princ.* de la constitution? A première vue, on n'aperçoit pas la corrélation entre les deux choses. — La seconde concerne le procédé même que Justinien a employé pour réformer *l'actio pecuniae constitutae*, c'est-à-dire l'extension de *l'actio recepticia* dans ce qu'elle pouvait avoir de plus avantageux (*et si quid plenius habebat*), comme le déclare le § 8 des Inst. (4, 6). Pourquoi, après avoir constaté la désuétude de *l'actio recepticia*, en perpétuer les règles, ou plutôt en ressusciter les règles, sous le couvert de l'action nouvelle? Pourquoi, voulant faire du neuf, les rédacteurs vont-ils puiser aux règles d'une « antiquaille »?

Les deux questions appellent, selon nous, les réponses suivantes.

D'abord, en introduisant dans l'œuvre législative la nouvelle *actio pecuniae constitutae* qui n'a plus aucun des caractères distinctifs de l'action classique, les commissaires n'ont cherché qu'à satisfaire les besoins commerciaux de tous les peuples divers vivant sous la loi de Justinien. Ils ont voulu faire régler par les textes romains à peine modifiés — l'action nouvelle prenant la place de *l'actio recepticia* au Digeste et au Code, mais le fond des textes demeurant le même — l'opération romaine du constitut, et aussi l'opération grecque qui reproduisait directement l'institution romaine du constitut sous le nom d'ἀντιφώνησις, et surtout les opérations plus conformes au génie grec et plus fréquentes en pratique qui correspondaient au *receptum*, sous les noms multiples d'ἐγγύη, d'ὑπόσχεσις ou d'ἀναδοχή[1].

---

1. Le fait est confirmé par la remarque que les actes grecs ainsi nommés ne sont pas regardés par Justinien comme des *fideiussiones*. Aucun verbe formé sur les mots grecs rapportés au texte ne se rencontre dans les fidéjussions prononcées en grec, d'après les Inst. 3, 20, *de fideiuss.*, 7.

Cédant au désir louable d'unifier le droit de tous les 'Ρωμαῖοι, ils ont voulu fondre en une seule toutes les opérations, tant romaines que grecques, qui jouaient en Orient le rôle de contrat de garantie à côté de la fidéjussion. Voilà leur idée générale, le dessein qu'ils nous semblent avoir poursuivi.

En second lieu, quant au procédé employé pour réaliser ce dessein, il paraît illogique de leur part, après avoir déclaré morte l'*actio recepticia*, de la faire revivre sous une forme nouvelle. Leur conduite toutefois semblera moins inconséquente qu'on le pourrait croire grâce à la simple observation que voici. S'ils ont développé l'action *pecuniae constitutae* par l'emprunt de certaines règles au *receptum*, c'est que celles-ci ressemblaient plus à celles du droit grec que les règles de l'*actio pecuniae constitutae* elle-même qui était d'origine purement romaine; cela n'a rien de surprenant s'il est vrai que le *receptum* vient du droit grec; ils n'ont fait que reprendre leur bien. Mais naturellement ils ont laissé de côté les *verba sollemnia* de l'*actio recepticia*, c'est-à-dire son terme caractéristique, ainsi que son caractère abstrait et sa restriction aux seuls banquiers.

D'après ces idées, la réforme complète qu'ils opèrent dans la matière de la garantie, demeurée sous Justinien prétorienne et distincte de la fidéjussion civile, s'explique mieux, — dans son but comme dans son procédé de réalisation, — si l'on y reconnaît une soumission parfaite à la pratique grecque et aux besoins de l'Orient. Le constitut byzantin n'est en définitive qu'une institution grecque habillée à la romaine. A ce titre, si nous avions abordé la question par l'étude du constitut nouveau au lieu de la traiter sous la rubrique du *receptum*, elle aurait pu prendre place dans notre Chapitre Ier à côté des institutions du droit byzantin tout imprégnées de l'influence orientale.

SECTION III

LA « DICTIO DOTIS »

Le mode formaliste de constitution de dot par *dictio dotis*, qui remonte sans doute assez haut dans l'histoire du droit romain comme les deux autres contrats verbaux, la stipulation et la *iurata promissio liberti*, est un contrat encore très vivant à l'époque classique. Les textes purs de Gaius[1] et d'Ulpien[2] le démontrent, et le fait est confirmé par un lot de textes du Digeste et du Code que les commissaires byzantins ont interpolés partout où ils en avaient l'occasion[3]. Après le IIIe siècle, le procédé se trouve rarement. Les constitutions mentionnent son nom pour les deux dernières fois en 396[4] et en 428[5]. Justinien, comme on sait, passe sous silence la *dictio dotis* dans ses Institutes dont aucun paragraphe ne correspond au passage de Gaius. Sans consacrer à son abolition une consti-

---

1. Gaius, 3, 95ª (complété par *Epit. Gai*, 2, 9, 3).

2. Ulpien, *Règl.*, 6, 2.

3. L'étude dogmatique des solutions tirées de ces textes restitués dans leur état original a été faite d'une manière intéressante par Ad. Berger, *Dotis dictio w prawie rzymskiem* (Dotis dictio im römischen Recht) [résumé en allemand] dans *Bull. intern. de l'Acad. des sciences de Cracovie*, 1909, p. 75-97.

4. Arcadius et Honorius, C. Th. 3, 12, *de inc. nupt.*, 3 = C. J. 5, 5, *de inc. et inut. nupt.*, 5, 2 (interpolée).

5. Théodose et Valentinien, C. Th. 3, 13, *de dotibus*, 4 = C. J, 5, 11, *de dot. prom. vel nuda pollicit.*, 6 (interpolée).

tution particulière de réforme, les commissaires l'ont
supprimée du Digeste et du Code par radiation, soit qu'ils
l'effacent purement et simplement[1], soit qu'ils changent
dictio en *pollicitatio*[2], ou en *conventio*[3], ou encore en *condictio*[4], ou, comme ils le font le plus souvent, en *promissio*,
de même que *dicere* a fait place à *promittere*[5]. Par contre,
à l'époque où Justinien agissait ainsi vis-à-vis de la *dictio
dotis*, l'Epitome de Gaius[6] inséré dans le Bréviaire d'Alaric
la montre encore en pleine vigueur avec les mêmes règles
que celles connues par les textes classiques[7].

Tel est rapidement tracé le tableau des sources qui
doivent servir de base à l'étude de la question à traiter :
quelle raison a poussé Justinien à supprimer de ses trois
recueils la *dictio dotis*? Le caractère oriental de son entreprise ne l'influence-t-il pas à nouveau dans cette matière?
Comment expliquer l'opposition entre son œuvre et le
Bréviaire d'Alaric?

La discussion du problème tourne autour de la constitution de

Théod. et Valent. (428), C. Th. 3, 13, *de dotibus*,
4 = C. J. 5, 11, *de dot. prom. vel nuda pollicit.*, 6 :

Ad exactionem dotis, quam semel praestari placuit,

---

1. La suppression pure et simple est opérée dans le texte des deux constitutions de 396 et 428 au Code (p. 291, n. 4 et 5).

2. Ulp., 40 *ad Ed.*, D. 37, 7, *de dot. coll.*, 1, 8; Sévère et Antonin Caracalla (204), C. J. 5, 12, *de iure dot.*, 1, pr. et 1; Dioclétien et Maximien
(293), C. J., *h. t.*, 13 (à moins que la phrase finale ne soit interpolée en
entier).

3. Paul, 7 *ad Sab.*, D. 23, 3, *de iure dot.*, 25 (à moins que la phrase
finale ne vienne des compilateurs).

4. Sévère et Antonin Caracalla (204), C. J. 5, 12, *de iure dot.*, 1, pr.

5. Les textes sont assez nombreux : D. 23, 3, 44; 45; 46; 57; 59; 61; 77;
23, 4, 32; 23, 5, 9; 14, 2; 50, 16, 125. — La dernière édition du Digeste de
Mommsen-Krueger signale presque toutes les interpolations.

6. *Epit. Gai*, 2, 9, 3.

7. Cf. Hitzig, *Z. S. S.*, t. XIV, 1893, p. 205.

qualiacumque sufficere verba[1] censemus, etiamsi
dictio vel[2] stipulatio in pollicitatione rerum dotalium
minime fuerit subsecuta.

La décision des Empereurs, partie détachée d'une
longue constitution sur l'abolition du formalisme, comme.
l'a remarqué Godefroy[3], a pour objet d'introduire en droit
romain à côté des anciens procédés formalistes le pacte
légitime de dot, c'est-à-dire la constitution de dot faite en
termes quelconques non solennels. Quelle répercussion
le nouveau procédé de constitution a-t-il eue sur les destinées des deux autres, la *dictio* et la *stipulatio*, voilà sous
quelle forme le problème se présente tout naturellement.
Nous avons à rechercher, en particulier, dans quelle relation
les motifs inconnus qui ont poussé Justinien à la suppression de la *dictio dotis* peuvent être avec les conséquences
vraisemblables de la réforme de Théodose et Valentinien.

I. — La première idée qui vient à l'esprit est de penser
que la constitution de 428 a provoqué la désuétude de la
dictio dotis immédiatement. L'opinion générale adoptant
les idées de Godefroy[4] n'admet pourtant pas que la *dictio
dotis* a été supprimée par cette loi, comme le soutenait
Cujas ; mais elle enseigne que, par l'effet de la création du
pacte légitime de dot, la *dictio dotis* tomba en désuétude,
tandis que la *promissio dotis* continuait à demeurer en
usage[5]. Justinien, ici encore, en effaçant de son œuvre la
dictio dotis, n'aurait fait qu'enregistrer législativement l'état
de la pratique courante de son temps.

---

1. Le texte du Code Justinien ajoute ici : *sive scripta fuerint sive non.*
2. Les mots *dictio vel* manquent au Code Justinien.
3. J. Godefroy, *Cod. Theod.*, éd. Ritter, Mantoue, 1740, in-fol., t. I,
p. 332, col. 1.
4. Godefroy, *op. cit.*, t. I, p. 332, col. 2.
5. En ce sens, entre autres, Girard, p. 495 ; Cuq, t. II, p. 835 ; Berger,
loc. cit., p. 87.

Il est possible que la désuétude soit effectivement le motif direct des retouches opérées par les commissaires dans la confection de l'œuvre byzantine. Personne ne peut l'affirmer ni le contredire, personne n'en sait rien. Mais, l'acceptation de cette idée entraînerait une conséquence qui semble échapper aux auteurs, c'est qu'avec elle déjà il faudrait voir dans la mise au point des textes une marque du caractère oriental de l'œuvre législative de Justinien. Car, si l'on regarde du côté de l'Occident, le seul texte qui fournisse sur la question un témoignage, le Bréviaire d'Alaric, montre, comme il a été déjà noté, la *dictio dotis* encore vivante dans l'*Epitome Gai*. Donc, à la rigueur, en reconnaissant pour fondement aux réformes de Justinien la désuétude de l'institution en Orient, mais en Orient seulement, l'introduction de la *dictio dotis* parmi les manifestations de l'orientalisme de la compilation se légitimerait sans difficulté.

Pourtant, si les auteurs n'envisagent jamais que la désuétude comme motif de la suppression de la *dictio dotis* par les Byzantins, il se peut aussi qu'il y en ait un autre. On peut concevoir qu'à la suite de la constitution de 428 les choses se soient passées autrement qu'on ne dit, que la *dictio dotis* se soit maintenue à côté de la *stipulatio dotis* en Orient comme elle s'y est maintenue en Occident. De là il faudrait naturellement conclure que Justinien a été le premier à supprimer des sources anciennes une institution qui, d'après cette conception, eût été encore en usage de son temps en Orient. Une vue semblable, qui n'est ni plus ni moins hypothétique que le système de Godefroy, demande cependant à être justifiée par la raison même qu'elle diverge de l'opinion reçue. Voici les quelques arguments qui, en permettant de la défendre, feront ressortir en même temps l'influence de l'orientalisme également sensible dans cette seconde hypothèse.

La doctrine commune part de l'idée fondamentale que la reconnaissance du pacte légitime en 428 a entraîné la

désuétude de la *dictio dotis* avant la rédaction de la codification ; encore devrait-elle rendre vraisemblable la relation
entre les deux faits qu'elle regarde comme un axiome. La
raison implicite de la désuétude, que ses partisans ne déve-
loppent pas, — tant ils la trouvent évidente, — doit tenir dans
leur pensée à la plus grande facilité pratique de l'acte sans
forme conçu *in qualibuscumque verbis*. Cette raison est-elle
suffisante? Elle se heurte à une difficulté que la doctrine
n'aperçoit pas. Justinien, en déclarant que la dot se consti-
tuera désormais soit par pacte, soit par une stipulation
écrite ou non, constate par là même que les deux procédés
étaient usités de son temps, d'après le raisonnement qui
fait de lui un enregistreur législatif du droit en vigueur.
La stipulation, malgré son caractère formaliste, était donc
restée vivante à côté du pacte. Si ce dernier était réellement
le plus facile de tous les modes, pourquoi n'avait-il pas pris
dans l'usage tout aussi bien la place de la stipulation que
celle de la *dictio*? Comment comprendre que le pacte ait tué
la *dictio*, s'il est vrai qu'il l'a tuée, et pas la stipulation?

Cette différence de traitement peut à la rigueur s'expliquer par l'idée que la stipulation était le mode général
de constitution de dot par promesse, mode accessible à tous
à la différence de la *dictio dotis* permise seulement à quelques personnes. L'acte sans formes, dira-t-on, a pu détruire
aisément un acte exceptionnel et ne pas atteindre un acte
général comme l'était la stipulation répandue en Orient
aux ve et vi^e siècles, plus encore qu'aux temps classiques.
Cependant l'explication, toute décisive qu'elle paraisse, est
encore imparfaite à notre sens; car on peut lui opposer le
régime de l'Occident. En Occident, la stipulation est tout
aussi commune qu'en Orient; là non plus elle n'a pas
été touchée par l'innovation de 428. Pourtant, c'est un fait
non moins certain, au témoignage de l'*Epitome Gai*, que la
dictio dotis ne l'a pas été davantage.

Par la comparaison entre le régime des deux parties de
l'ancien Empire romain, la discussion est donc amenée à

une nouvelle étape. En continuant toujours de supposer que la désuétude de la *dictio dotis* après 428 soit la raison d'être de la réforme justinienne, la question est maintenant de savoir pourquoi sa désuétude s'est produite en Orient et ne s'est pas produite en Occident?

Une explication historique semble seule recevable. Elle doit se trouver dans la place qu'ont tenue respectivement en Occident et en Orient les deux institutions concurrentes, la *dictio dotis*, d'un côté, et le pacte légitime, de l'autre.

Si nous commençons par le pacte, son origine grecque paraît certaine; le modèle de la constitution de 428 paraît être sans aucun doute la pratique grecque[1]. Il était inconnu du droit romain classique qui n'admettait comme modes d'établissement de la dot que des modes formalistes. Son allure plus libre, l'époque tardive de sa reconnaissance, en font déjà présumer l'emprunt au ¡droit des Grecs. Il existe en plus un argument direct dans le même sens. Si l'on observe que Théodose et Valentinien ont adressé leur longue constitution de 428 (dont le texte relatif à l'*exactio dotis* n'est qu'un fragment) à Hiérius, préfet du prétoire d'Orient[2], le dessein des Empereurs se révèle clairement : ils ont voulu mettre sur le pied des formes romaines, la *dictio* et la *stipulatio*, la forme grecque indigène de la constitution de dot. C'est un nouvel exemple de l'influence orientale s'exerçant sur la législation de Théodose à joindre à ceux déjà signalés et qui sont loin d'être complets.

A l'inverse, la *dictio dotis*, d'origine romaine ancienne, semble bien posséder encore après l'époque classique tous les traits des actes purement romains. Son caractère d'acte oral, l'emploi obligatoire de formules, peut-être aussi la nécessité de la prononcer en latin (car on n'aperçoit pas

---

1. Sur les formes de la constitution de dot dans les papyrus, d'après le droit grec pur ou le droit gréco-égyptien, cf. Mitteis, *Grundzüge*, t. II, 1, p. 213-219.

2. Godefroy, *op. cit.*, t. I, p. 331, note *b*.

dans les textes qu'on lui ait étendu la facilité qui s'était produite pour la stipulation d'être prononcée en toutes langues), tout concourt à en faire un de ces actes réservés aux Romains de race, sinon en droit après la constitution de Caracalla, du moins en fait.

Les caractères opposés des deux institutions rendent, selon nous, parfaitement plausible la différence de leurs destinées dans les deux parties opposées de l'ancien Empire. A partir de 428, la lutte engagée entre le procédé sans formes d'origine grecque et la *dictio dotis*, procédé réservé en fait aux Romains[1], se serait terminée en Orient par la victoire complète du premier et en Occident, au contraire, par son échec (tout au moins par un médiocre succès).

La *dictio dotis* serait tombée en désuétude en Orient, parce que ceux qui la pratiquaient normalement, les Romains de race, y étaient en minorité; noyés au milieu de populations principalement grecques qui ne l'ont pas adoptée et qui continuent à employer le mode grec reconnu par les Empereurs — ce qui est un triomphe pour eux, — les Romains se seraient mis à l'unisson et auraient abandonné le procédé archaïque des ancêtres, ralliés d'ailleurs au mode grec par son caractère plus libre.

En Occident, on peut conjecturer que le phénomène contraire se serait produit. Le pacte y a moins bien réussi, précisément à raison de sa nature d'acte grec. Les Romains ou les populations complètement romanisées, — celles, par exemple, auxquelles s'applique la Loi romaine des Visigoths, — n'ont pas profité de la réforme de 428. La *dictio dotis* leur était familière; ils l'ont gardée par habitude, et c'est pourquoi l'*Epitome Gai* la montre toujours en vigueur.

En définitive, quand on va au fond des choses, les continuateurs de Godefroy, qui voudraient rendre compte de

---

1. La stipulation est restée en dehors de la lutte à cause de son caractère international.

tous les textes (du Bréviaire d'Alaric, dont ils ne se soucient pas, comme du Digeste et du Code), seront amenés à fonder la désuétude de l'institution — qui s'est produite en Orient et non en Occident, — non-pas sur les conséquences directes et logiques de la constitution de 428, puisque ces conséquences ont été différentes dans les deux parties de l'ancien Empire romain, mais sur l'importance pratique de la *dictio dotis* respectivement en Occident et en Orient, puisque c'est son rôle moins grand là, plus grand ici, qui a entraîné la différence d'effets de la constitution.

II. — Mais, si c'est là la raison véritable à invoquer pour expliquer la différence de régime entre l'Occident et l'Orient au vi^e siècle (et il ne paraît pas possible d'imaginer d'autres raisons), ne voit-on pas qu'elle peut servir à légitimer les retouches de Justinien sans qu'il soit nécessaire de recourir à l'idée de désuétude? De même qu'il semble un peu superficiel de fonder la désuétude de la *dictio dotis* sur la simple reconnaissance du pacte légitime, de même on pourrait à la rigueur se passer de la désuétude en notre matière.

Après la constitution de 428, qui ajoute aux modes formalistes le pacte légitime, un autre processus se conçoit. Nous pouvons supposer que le mode nouvellement reconnu a pris place à côté des deux autres sans les détruire (et cela aussi bien en Orient qu'en Occident) et que tous trois vivent concurremment au temps de Justinien encore. Deux questions se posent alors : comment justifier l'hypothèse de la persistance de la *dictio dotis* en Orient jusqu'au vi^e siècle et comment, si cette hypothèse est admissible, expliquer la conduite de Justinien à son égard?

1° Sur la première question, il n'est pas invraisemblable d'admettre le maintien de la *dictio dotis* en pratique jusqu'à Justinien pour les mêmes raisons qui expliquent la continuité, constatée par le Code, des formes antiques de l'adoption et de l'émancipation, et dans le même cercle d'application, c'est-à-dire en imaginant que le procédé s'était conservé chez les Romains de race ou les peuples romanisés vivant dans l'Empire d'Orient, qui, croyons-nous, le pratiquaient seuls, à l'exclusion des Orientaux, comme l'adoption et l'émancipation[1]. Pour eux, le formalisme de ce procédé devait être aussi peu gênant que le formalisme des actes impliquant l'emploi de la mancipation. Il avait, du reste, avec ces derniers le caractère commun d'être un acte de famille, tout au moins en tant qu'accessoire du mariage, acte de famille au premier chef. A ce titre, on se représente très bien que les Romains, dont les ancêtres l'avaient pratiqué jusqu'au ve siècle, le gardent encore au vi^e siècle, comme leurs congénères de l'Occident l'ont gardé, et sous l'influence toute-puissante de la tradition.

Cependant, une telle conception rencontre deux difficultés. D'une part, on peut dire que l'œuvre de Justinien ne fournit en notre matière aucune preuve de l'usage de la *dictio dotis* parallèle à celle qu'il fournit sur la persistance des formes archaïques de l'adoption et de l'émancipation, et cela pour la raison que le Code ne renferme aucune constitution destinée expressément à la supprimer à l'exemple de celles qui existent pour la réforme de ces derniers actes. D'autre part, on peut objecter que les Romains ont dû abandonner en fait la *dictio dotis*, comme le soutient le système de la désuétude[2], pour prendre le procédé plus simple du pacte légitime; c'est la loi de progrès, la loi d'économie des moyens. Nous allons essayer de lever les deux objections en répondant à la seconde question posée plus haut.

2° Comment, en rejetant toute idée de désuétude, expliquer la suppression par Justinien de la *dictio dotis* supposée toujours en usage ?

____

1. *Suprà*, p. 229-230.
2. Cf. p. 294-295.

La base de notre explication doit se chercher dans la façon dont Justinien a traité la *dictio*, en connexion avec la conduite qu'il suit à l'égard des deux autres procédés, la stipulation et le pacte légitime. Avant de parler du mode en question, il convient donc d'examiner rapidement de quelle manière il accueille ces deux derniers actes et quelle place il leur attribue respectivement.

Que Justinien conserve la stipulation comme mode de constitution de dot, cela n'a rien d'extraordinaire. La stipulation étant devenue un acte international, accessible à tous les habitants de l'Empire, Romains de race ou Orientaux, a passé dans l'usage courant de toutes les provinces. Elle peut se faire, comme le pacte, par écrit aussi bien qu'oralement[1], et partant elle est reçue aussi facilement dans les parties du monde oriental où la coutume est de suivre la forme orale de la φερνή et de la δωρεά[2] que dans celles plus importantes où l'emploi de l'écrit est la règle normale. Ce procédé d'origine romaine a été accepté avec un succès énorme par la généralité des peuples même étrangers à la race latine. Il offre par là une opposition complète avec les deux autres, comme on va le voir.

Que Justinien conserve également le pacte légitime de dot investi de la reconnaissance impériale par Théodose et Valentinien, cela aussi est naturel. Lui, dont l'œuvre est plus orientalisée encore que celle de ses prédécesseurs de Constantinople, ne pouvait manquer d'y recevoir le pacte dont l'origine grecque est des plus probables[3]. En lui donnant en législation une place considérable marquée par la substitution de *promissio*, *pollicitatio*, etc., à *dictio*, — le changement a été rappelé plus haut[4] —, il veut favoriser

---

1. Cela résulte du régime ordinaire de la stipulation et spécialement de la version de la constitution de 428 au C. 5, 11, 6 (car si le pacte peut se faire avec ou sans écrit, il en est de même *a fortiori* de la stipulation).

2. Livre syro-romain L. 93 (voir le texte plus bas, p. 303, n. 4).

3. Ci-dessus, p. 296.

4. *Suprà*, p. 292.

les Grecs si nombreux dans son Empire et leur assurer la prédominance de leurs habitudes.

Pourtant, si l'on regarde de près les textes interpolés, on n'est pas peu surpris de voir que le pacte s'y présente d'une tout autre façon que dans les actes grecs. D'après la constitution de 428 maintenue au Code de Justinien, le pacte pouvait être rédigé en termes quelconques (*qualiacumque verba*). D'après les textes interpolés du Digeste, les modèles du pacte se présentent dans des formes stéréotypes, et ses formes ne sont autres que celles de la vieille *dictio dotis* : « pro Sticho, quem mihi debes, decem tibi doti erunt »[1], « quod mihi debes vel quod mihi filius tuus debet doti tibi erunt »[2], « quod mihi debes aut fundus Sempronianus doti tibi erit»[3], «quod filius tuus mihi debet, id doti tibi erit »[4], « decem tibi aut Titio doti erunt »[5], « cum commodum erit dotis filiae meae tibi erunt aurei centum », « cum potuero, doti erunt » ou «doti tibi erunt centum »[6]. Ces promesses (*promissiones*, c'est leur nom technique après l'interpolation) n'étant pas des promesses par stipulation, c'est évident, ne peuvent être que des pactes légitimes de constitution de dot.

Mais ce sont précisément ces formules qui vont nous fixer sur la portée de la suppression de la *dictio* par Justinien et nous permettre de combattre efficacement la désuétude prétendue après 428.

En effet, il est très remarquable que l'œuvre byzantine, qui ne garde aucune trace des mots *dictio dotis*, respecte les formules de l'acte avec les textes des jurisconsultes qui les commentent, en les accommodant à la *promissio*

---

1. D. 23, 3, *de iur. dot.*, 25.
2. D., *h. t.*, 44, 1.
3. D., *h. t.*, 46, 1.
4. D., *h. t.*, 57.
5. D., *h. t.*, 59.
6. D. 50, 16, 125.

(*pollicitatio*, etc.) *dotis*. Sans y changer un mot, les commissaires se sont bornés à changer l'étiquette qui les couvre. Les *qualiacumque verba* du pacte sont, au Digeste, les formules traditionnelles de la *dictio dotis*. Au Digeste, il n'y a plus de *dictio dotis*, mais ses formules subsistent toujours. Lorsque des institutions sont tombées en désuétude ou quand elles n'ont jamais été reçues en Orient, les commissaires en effacent à la fois le nom et aussi les formules ; s'ils les maintiennent ici, n'est-ce pas une preuve qu'elles s'étaient conservées en pratique jusqu'à eux ? Le fait de leur conservation ne se comprendrait en aucune manière, si la *dictio* était réellement morte avant eux, car dire qu'une institution formaliste est sortie de l'usage revient à dire que ses formules caractéristiques sont anéanties.

Nous sommes donc amené à conclure que la *dictio dotis* semble bien avoir duré jusqu'à Justinien. L'idée déjà énoncée plus haut trouve sa confirmation inattendue dans le Digeste lui-même.

Mais en outre, le maintien des formules au Digeste va nous fournir la réponse aux deux objections précédemment soulevées contre cette idée.

D'une part, nous sommes maintenant préparés à comprendre pourquoi le Code ne renferme aucun passage constatant l'existence de la *dictio dotis* et l'abrogeant expressément. Les deux choses ensemble s'expliquent parce que l'abrogation de l'institution n'a pas été totale et profonde. Le rôle des commissaires s'étant borné à en changer le nom tout en en gardant les formules, ils ont jugé inutile de consacrer une constitution spéciale à indiquer cette opération si simple, qui n'impliquait ni le remaniement de la matière à fond (comme il était arrivé pour l'*actio pecuniae constitutae*, par exemple), ni une modification de quelque élément essentiel (comme dans les formes des actes). Ils se sont dispensés pareillement de dire que les formules persistaient puisqu'on les trouvait au

Digeste[1]. La première objection soulevée plus haut[2] n'est donc pas irréfutable.

D'autre part, nous avons prévu en même temps qu'on opposerait peut-être une objection plus sérieuse, à savoir qu'à la suite de la reconnaissance du pacte légitime ceux qui pratiquaient la *dictio dotis* avaient dû l'abandonner à cause de ses complications. La survivance des formules semble prouver, au contraire, qu'ils n'y avaient pas renoncé; et pour soutenir cette opinion, on ajoutera à la raison indiquée ci-dessus, le peu de gêne du formalisme, une autre raison. C'est qu'il est probable que ceux qui pratiquaient la *dictio dotis*, les Romains de race ou les peuples romanisés, n'avaient pas accepté en Orient le procédé grec du pacte (lequel est écrit en général), pas plus qu'ils ne l'avaient accueilli en Occident, d'après l'histoire même de la *dictio dotis* chez les Visigoths[3], pas plus qu'ils n'avaient pris les procédés grecs de l'adoption et de l'émancipation. Et ces Romains fidèles à leur droit national (que Justinien d'ailleurs ne leur ravit point, puisqu'il autorise le pacte verbal non visé par Théodose), ce sont les habitants des provinces dans lesquelles, comme on l'a rapporté déjà, les actes écrits « appelés φερναί » demeurent inconnus au témoignage du Coutumier syro-romain[4]; ce sont probablement les habitants des provinces « occidentales » de l'Empire d'Orient, parmi lesquelles « la ville royale de Constantinople » et les pays qui n'ont pas le

---

1. Qu'on remarque d'ailleurs que la phrase ajoutée à la constitution de 428 par le Code de Justinien, *sive scripta fuerint (verba) sive non*, se rapporte dans son second membre aux formules orales du Digeste.

2. *Suprà*, p. 299.

3. *Suprà*, p. 292, 297.

4. L. 93 = R. II 52, R. III 94, P. 41 *b*, Ar. 52, Arm. 52. — Voici la traduction de L. 93 : *Quod ad matrimonium vero hominum,* φερνήν *et* δωρεὰν *quam scribunt uxor et vir inter se, sunt populi complures quibus non est mos, ut utantur scriptura instrumentorum inter uxorem et virum, quae vocantur* φερναί..... (trad. Ferrini, *Font. iur. rom. anteiust.*, 2ᵉ part., p. 661. Dans la note 2, le § 23 auquel on renvoie est en réalité le § 24).

caractère proprement oriental, ou, plus simplement, les provinces de l'Europe qui relèvent de cet Empire[1]. Puisque ces peuples ne connaissent pas l'acte écrit de dot que la coutume grecque rend obligatoire en Asie et en Égypte, pourquoi n'auraient-ils pas suivi jusqu'à Justinien, et même après lui, la pratique de la constitution de dot orale sous la forme de la *dictio dotis* aussi bien que sous la forme de la stipulation? Si, parmi ces peuples, se trouvent les habitants de Constantinople — ou certains d'entre eux, les moins riches sans doute, — on s'explique encore mieux que les commissaires du Digeste, résidant la plupart dans la capitale, tiennent à leur garder leurs formules, mais cependant en les habillant du nom de pacte.

Ainsi, c'est en constatant la complexité des pratiques tant romaines que grecques, qui persistaient côte à côte en Orient au temps de Justinien encore, qu'on peut entrevoir le but poursuivi par l'Empereur en dehors de toute idée de désuétude. Il a voulu, ici comme dans l'adoption et l'émancipation, ramener le droit des 'Ρωμαῖοι vivant sous sa loi à un même état, non pas à l'unité comme d'habitude, mais à la dualité. Au lieu de trois modes, il n'en a plus reçu que deux, — le pacte et la stipulation, — tous deux d'ailleurs conformes aux habitudes plus ou moins anciennes des Grecs. Il a rejeté la *dictio dotis* parce qu'elle possédait les caractères d'un acte du droit romain pur, parce que, selon toute vraisemblance, elle n'avait pas pénétré chez les Grecs qui ne l'avaient jamais employée entre eux, et que les Grecs formaient la majorité des peuples de son Empire. Il l'a rejetée aussi probablement parce qu'elle était orale et ne pouvait être qu'orale, et parce qu'elle présentait sur les deux autres procédés l'infériorité de n'être

---

1. Bruns, dans Bruns et Sachau, *op. cit.*, p. 268, et Mitteis, p. 290-291. Ces provinces sont mentionnées expressément par certains manuscrits du Coutumier dans le passage concernant l'égalité à observer entre la dot et la donation *propter nuptias* (*suprà*, p. 146, n. 2; cf. p. 148).

accessible qu'à certaines personnes très limitativement
déterminées. Et ainsi, on peut conjecturer qu'il a agi de
la sorte non pas parce que la *dictio dotis* était morte en
Orient, mais parce que, à l'exemple des formes purement
romaines de l'adoption et de l'émancipation, elle devait
céder la place au procédé grec, au moins en nom ; car
pour ce qui regarde les formules, leur maintien est attesté
au Digeste et se conçoit : malgré la liberté des termes du
pacte, celui-ci a toujours, en fait, des formules comme
tous les actes possibles, comme la stipulation après la
réforme de Léon[1], comme les actes modernes eux-mêmes.

En somme, l'œuvre impériale en cette matière a réalisé
un compromis entre les deux civilisations, la romaine et la
grecque, de la même nature que dans la matière des arrhes,
dans la *litterarum obligatio* et dans la refonte du constitut.
Les seules différences qui la séparent du droit romain en
vigueur chez les Visigoths, sont une différence dans les
noms de l'institution, — *promissio*, *pollicitatio*, etc., en
Orient, *dictio* en Occident, — et une différence dans les
personnes qui ont accès au mode verbal[2]. Ces légères différences nous suffisent pour proclamer une fois de plus le
caractère oriental de l'œuvre de Justinien, qu'on explique
sa réforme spéciale par la désuétude, comme le fait la doctrine courante, ou qu'on l'explique par le défaut d'adaptation
de l'institution à l'Orient grec, comme nous l'avons admis.

---

1. Léon (472), C. 8, 37 (38), *de contr. et committ. stip.*, 10. Les Papyrus
grecs et ceux de l'Italie montrent la persistance des formules après cette
constitution.

2. Le mode verbal, pacte ou *dictio*, paraît être resté partout unilatéral
(Voy. les formules du Digeste et l'*Epit. Gai*, 2, 9, 3) ; il y a donc ressemblance
à cet égard entre les deux régions du monde romain.

CONCLUSION

Une conclusion à ce volume serait inutile s'il ne s'agissait que d'y résumer les arguments proposés en faveur du caractère oriental de l'œuvre de Justinien. Tout ce que nous dirons à leur sujet, c'est que les exemples présentés sont seulement les plus démonstratifs et qu'ils n'épuisent certainement pas la matière. Nous avons voulu surtout établir des cadres où entreront de nouvelles institutions, de nouvelles règles ou de nouvelles théories, à mesure que les interpolations seront de mieux en mieux démontrées et en plus grand nombre, à mesure aussi que, par la découverte de papyrus ou par l'intelligence plus pénétrante des documents déjà édités, le droit particulier aux pays orientaux sera éclairé d'une lumière plus vive, à mesure enfin que l'étude du droit romain général postérieur au $\mathrm{III^e}$ siècle deviendra plus complète et plus profonde.

Mais par contre, il n'est pas sans intérêt d'ajouter aux démonstrations faites dans les trois parties de l'ouvrage l'appui d'une idée que nous jugeons susceptible de les fortifier encore. Cette idée, c'est l'opposition entre les réformes de Justinien, telles que nous en avons tracé le tableau, et l'état correspondant du droit en Occident. Nous avons pris comme point de départ — et nous avons donné comme base constante à nos vues personnelles — la nécessité qui s'impose, pour mieux connaître le droit de Justinien, de le considérer d'une façon indépendante et de le res-

treindre dans les limites géographiques de l'Empire
d'Orient au vi⁰ siècle. Nous avons posé en thèse fondamentale qu'il était indispensable de scinder l'étude du droit
romain post-classique, de dissocier absolument son histoire
en Orient et ses destinées en Occident. C'est sur cette idée
qu'il convient de revenir.

Quoique, toutes les fois que l'occasion s'en est présentée, nous ayons utilisé le parallèle entre les droits des
deux parties de l'ancien monde romain, il manque à ces
antithèses de détails un complément et un éclaircissement; pour en tirer tout l'enseignement qu'elles peuvent
donner, il leur manque d'être synthétisées. Nous aspirons
à mieux faire ressortir encore le caractère oriental de l'œuvre
de Justinien et à confirmer l'idée que ses innovations n'ont
rien de romain (au sens propre du mot), quand nous
aurons montré ce qu'était devenu le droit romain pur au
vi⁰ siècle, à quoi se réduisait en réalité son évolution dont
on veut voir toujours l'enregistrement dans la codification
byzantine.

Pour y parvenir, c'est vers l'autre face du problème,
« les Destinées des institutions classiques en Occident », qu'il
faut maintenant diriger les regards. Elles avaient été laissées au second plan; elles n'avaient joué dans notre ouvrage
qu'un rôle secondaire. Elles vont prendre, pour un instant, de l'importance, puisque c'est à elles que nous allons
demander des lumières sur cette évolution et sur l'opposition qu'elle présente avec le mouvement juridique en
Orient. Si la synthèse des résultats dégagés jusqu'ici a été
retardée, c'est qu'elle ne pouvait que suivre les constata-
tions ou les démonstrations dont ont été tirés des renseignements positifs sur l'état du droit en Occident; elle ne
devait d'ailleurs remplir son office d'une manière profitable
qu'à titre de conclusion. D'autre part, s'il entre dans cette
synthèse quelques-unes des idées générales déjà émises
plus haut, — en particulier dans l'Introduction, dans les
premières pages des Chapitres II et III ou dans la Section I

du Chapitre III, — leur répétition ne sera pas, croyons-nous, inutile, car elles gagneront en précision à être appuyées par des remarques connexes qui en accuseront le relief.

I

Quelles sont donc les grandes lignes de l'évolution générale que le droit romain de l'Occident au vi^e siècle a subie par rapport à celui du iiie siècle ? Quand, d'après les rares documents législatifs, pratiques ou doctrinaux, nous avons pu observer en Italie et en Gaule les institutions spéciales étudiées dans l'ouvrage, nous les avons trouvées, sauf de légères modifications, conformes à ce qu'elles étaient à l'époque classique et totalement différentes des institutions parallèles en Orient. En résumant les résultats de détail obtenus dans les trois Chapitres et en empruntant à chacun les enseignements qu'ils ont fournis sur la question, nous avons abouti à une triple constatation. D'abord on a vu se prolonger jusqu'à la période contemporaine de la codification (et même au delà) les formes antiques de l'émancipation, le rôle ancien des arrhes, les modes classiques de constitution des servitudes, la mancipation, le *receptum argentarii*, la *dictio dotis*. A l'inverse, nous avons noté (ou essayé de rendre plausible) l'absence en Occident des institutions ou des constructions qui sont des caractéristiques remarquables de la législation nouvelle de l'Empereur : par exemple, la fonction pénitentielle des arrhes, les pactes et stipulations constitutifs de servitudes, les constructions doctrinales de la *natura actionis* ou des actions générales. Quant aux modifications qui se sont opérées dans les institutions classiques, on a pu juger de leur faible portée; quelques simplifications de formes (dans l'émancipation), d'où l'on rapprochera quelques changements d'ordre politique (la curie remplace le préteur et le *praeses* dans l'adoption et l'émancipation), quelque extension donnée au rôle de la tradition (qui ne fait d'ailleurs que doubler et non remplacer la mancipation), voilà tout ce qui constitue le bilan des nouveautés.

L'impression qui se dégage de cette triple constatation, — et qui, remarquons-le, ne changerait guère si nous étudiions une à une les autres matières du droit romain privé au vi[e] siècle en Occident, — c'est que les destinées de ce droit sont dominées par une grande loi, l'arrêt de développement du droit classique. En la décomposant pour l'examiner sous ses divers aspects, on peut découvrir que les éléments de cette loi sont au nombre de trois : la persistance traditionnelle des institutions classiques, l'évolution de ces institutions sans créations, et, pour conséquence fatale des deux premiers faits, le recul général du droit.

1° La persistance traditionnelle des institutions classiques chez les Romains ou les Gallo-Romains sous le joug des Barbares, est, des trois faits, le plus apparent. Car ce qui reste aux ve et vi[e] siècles du droit ancien dépasse de beaucoup les nouveautés sur lesquelles nous possédons des indications. Ce qui en reste est aussi plus important que ne le pense la doctrine courante, puisque, se basant sur les recueils de Justinien pour mesurer l'étape accomplie en Occident par le droit romain, elle donne à la désuétude et aux innovations une étendue excessive. Tout ce que nous avons enlevé à la désuétude dans le droit de l'Occident, nous le rendons naturellement à la persistance, laquelle s'en accroît d'autant[1]. Celle-ci, tout en représentant à nos yeux un fait considérable, n'appelle cependant pas de longs développements. Il suffit de l'enregistrer, en atten-

---

1. A cet égard, il est nécessaire de préciser ce qui a été dit plus haut (p. 39, n. 1) touchant la désuétude en Occident des *actiones furti* en relation avec la *perquisitio lance licioque*. Chez les Visigoths, on connaît encore les actions *furti concepti* et *oblati* (*Epit. Gai*, 2, 10, 2), mais les actions *furti prohibiti* et *non exhibiti* n'existent plus. Chez les Burgondes, il reste une *perquisitio* solennelle avec témoins (sans *lanx* ni *licium*, cela va de soi) à laquelle l'action *furti prohibiti* seule demeure liée (*Lex rom. Burg.*, XII, 1).

dant que l'examen du deuxième fait, sur lequel nous allons porter notre attention, permette de lui donner par contraste sa véritable portée.

2° L'évolution du droit romain en Occident a pour caractère notable d'être une évolution sans créations. Il faut entendre par là, comme nous l'avons rappelé déjà, que toutes les différences entre son état au vi⁰ siècle et son état antérieur se bornent à quelques changements dans les institutions anciennes et à quelques désuétudes, sans qu'on y trouve ni institution, ni règle, ni théorie nouvelles.

A cet égard, on ne force aucunement la note en affirmant que cette évolution réduite n'a pas été, d'une façon générale, progressive. Elle comporte tout au plus quelques perfectionnements, puisqu'il est entendu que la forme simplifiée de l'émancipation dans le Bréviaire d'Alaric ou la tradition des immeubles dans les Papyrus de l'Italie représentent un progrès sur les formes décrites par Gaius et Ulpien ou sur les actes de mancipation. Mais le double appoint au progrès, qu'on découvre dans ces changements extérieurs ou dans les désuétudes, ne suffit pas à racheter tout ce que le droit romain a perdu, depuis sa période de splendeur, dans le domaine de la science et de la pratique, phénomène dont il faudra tenir compte tout à l'heure. J'ajouterai qu'il paraîtra encore plus faible, si on le met en balance avec les besoins du monde occidental au vi⁰ siècle.

Dans la période trouble qui marque la fin du monde antique et prépare le Moyen Age, les besoins nouveaux étaient nombreux et pressants. De quelque côté qu'on se tourne, vers l'état politique, économique, moral et religieux, on n'aperçoit que bouleversements de l'ordre ancien et traditionnel, l'ordre romain. A ce moment décisif de l'histoire, l'Italie et la Gaule, pour ne parler que d'elles, ont-elles cherché à satisfaire à ces besoins dans la mesure où ils se répercutaient sur le droit privé? La conquête barbare devenue définitive, pour accomplir la réforme susceptible de réaliser l'accord qui s'imposait entre la vie

modifiée et le droit en vigueur, il eût fallu que des hommes
énergiques et intelligents (comme le seront les féodaux
plus tard) travaillassent avec constance à faciliter l'évolution, laquelle ne s'opère pas sans efforts et n'est jamais
automatique. Il eût fallu que quelqu'un osât mettre la
pioche dans l'édifice délabré et possédât l'autorité et la
compétence pour reconstruire l'édifice nouveau du droit.
Comment les hommes de l'Italie et de la Gaule l'auraient-
ils fait? La décadence qui avait amené les nouveaux maîtres ou favorisé la profonde transformation économique
atteste leur impuissance.

Du reste, en matière de droit privé, on peut juger de la
valeur d'une évolution par la valeur de l'instrument
technique, autrement dit, de la source du droit qui sert à
la réaliser. De ces instruments techniques, lequel agissait
le plus efficacement sur le droit romain en Occident au
vi^e siècle? Était-ce le législateur, le professeur, le magistrat ou le praticien?

Dans les grandes crises sociales, c'est le législateur qui
joue le rôle principal, en s'attachant ardemment à l'œuvre
de réorganisation juridique; l'exemple d'une activité de
cette nature est donné par la Révolution française. Du
ive au vi^e siècle, on sait combien sont rares les constitutions
impériales applicables à l'Occident qui se réfèrent au droit
privé. On sait également que les rois barbares ont opéré
peu de réformes en droit privé; leurs codifications du droit
romain sont des œuvres très faibles et peu novatrices. —
A défaut du législateur, ou à côté de lui, la doctrine et la
jurisprudence sont amenées au moment de crises semblables à poursuivre activement la réalisation de l'accord à
établir entre le droit et la vie; c'est ce qui s'est produit
pour le xixe et le xxe siècle. Du ive au vi^e siècle, en Italie
ou en Gaule, nous ne connaissons pas l'état de la jurispru-
dence, mais nous pouvons conclure à son état peu brillant
d'après ce que nous savons de la valeur de la doctrine par
l'*Interpretatio Gai*, l'*Epitome Gai* ou l'*Interpretatio* du

Bréviaire d'Alaric. — Si le législateur, la doctrine et la jurisprudence n'ont déployé qu'un zèle modeste, inférieur ou insuffisant, l'instrument du progrès aurait donc été la pratique. C'est à elle, en effet, et à elle seule que sont dus les quelques changements qui constituent l'évolution du droit en Occident. Mais les témoignages qui nous sont parvenus sur le degré d'instruction des avocats, témoignages confirmés par la *Consultatio veteris cuiusdam iurisconsulti* et les actes des notaires rédacteurs des Papyrus d'Italie, montrent assez le mérite très secondaire des praticiens chez qui la science du droit s'est réfugiée. Tant il est vrai que les produits de la pratique perdent de leur prix quand elle n'est pas soutenue par une forte science.

Que tirer de tout cela, sinon l'idée émise plus haut que l'évolution s'est faite sans créations, partant sans progrès? Puisqu'il n'a pas évolué ou si peu, le droit romain de l'Occident est dans la stagnation, voilà ce qu'on en peut dire de plus vrai et de plus juste. Il végète plutôt qu'il ne vit. Son passé seul le soutient. Il dure — comme pendant une révolution un homme disait qu'il avait vécu, — et c'est tout. On comprend maintenant pourquoi les institutions classiques se perpétuent par tradition, par routine. Ajoutons qu'elles durent aussi parce que la loi romaine est la loi de l'Église, et parce que les Romains attachent à leur droit comme à leur nom la valeur d'un titre de noblesse vis-à-vis des vainqueurs Barbares.

3° Mais, pour caractériser complètement les destinées du droit romain en Occident, il est encore insuffisant d'en constater la stagnation et l'évolution sans créations. Il ne faut pas craindre d'aller plus loin et de parler d'un véritable recul, conséquence de ces deux faits.

La régression était déjà préparée, sous les derniers Empereurs des ive et ve siècles, par l'arrêt de développement de la science juridique; or, c'est une vérité banale que de dire du droit, comme de beaucoup de choses, qu'en n'avançant pas il rétrograde. Le recul devait s'accuser forte-

ment soit avant la chute de l'Empire d'Occident, soit surtout
après la conquête germanique, sous la forme de la recru-
descence du droit « vulgaire » ou « populaire ». Dans la dissolution sociale qui est la loi dominante de l'époque où nous
nous plaçons, le droit est entraîné avec la civilisation générale, avec la langue, l'art, la littérature, la vie économique, à se dépouiller de tout caractère élevé pour prendre
de plus en plus, comme les autres manifestations de la
civilisation, le caractère vulgaire. En temps normal, la
législation et la jurisprudence dressent des barrières contre
le réveil des coutumes populaires ; du ive au vi^e siècle,
elles sont impuissantes à les contenir, et même elles sont
amenées sur certains points à leur faire des concessions.
Le développement de ce droit romain vulgaire fut favorisé
encore par la poussée d'un besoin de rapprochement entre
les Romains et les Germains, surtout dans les classes infé-
rieures. Si les éléments en sont difficiles à connaître avec
précision, d'après les historiens du droit germanique eux-
mêmes, le résultat n'en est pas moins clair. Comme le proclame l'un de ces historiens, M. A. von Halban, le résultat
fut une « barbarisation du droit romain »[1], du fait que « le
droit vulgaire perdait la hauteur de pensée du droit romain
sans produire une nouvelle conception pratique », du fait
qu'« il se distingue spécifiquement par un abaissement mécanique des idées compliquées sacrifiées aux apparences
extérieures »[2], abaissement qui facilitait d'ailleurs la pénétration réciproque des influences romaine et germanique
dans les droits opposés des deux peuples.

Ainsi, et en nous tenant à ces vues sommaires, stagnation ou décadence l'emportent incontestablement sur les

---

1. A. von Halban, *Das röm. Recht in den germanischen Volksstaaten*,
1er Teil (*Untersuch.* de Gierke, t. 56), Breslau, 1899, p. 54. On consultera
avec intérêt l'exposé des p. 24-25, 53-55, que nous résumons ici.

2. A. von Halban, *op. cit.*, 3e Teil (*Untersuch.* de Gierke, t. 89), Breslau,
1907, p. 363 ; voy. d'ailleurs les p. 361 et s., en entier.

progrès, dans cet Occident « immobile, où rien ne meurt parce que rien n'y naît plus » ; tel est le spectacle qu'offre le droit romain de l'Italie ou de la Gaule à la date même où les noms de Constantinople et de Justinien rayonnent glorieusement sur le monde. Mais, qu'on le remarque bien, ce tableau désenchanteur, c'est l'image fidèle de l'histoire du droit romain pur, du droit romain classique, tel que l'avait fait le long et magnifique développement commencé sous les Rois et achevé sous Dioclétien. C'est ce tableau qu'on doit évoquer quand on cherche, en historien, comment s'est faite l'évolution du droit romain classique, sous quelles influences, par quels auteurs responsables, à l'aide de quels instruments juridiques, dans quelle direction.

A ces questions c'est l'Italie ou la Gaule qui seules doivent répondre, et elles répondent en mettant devant nos yeux un corps amaigri, qui s'affaisse dans la décrépitude.

II

Si, en Orient, les armes romaines ne s'étaient pas maintenues victorieuses, si l'Empire romain n'était pas resté debout, si l'esprit grec et chrétien n'avaient pas insufflé aux Empereurs leurs idées de progrès et leurs réformes, si les écoles de Beyrouth et de Constantinople ne s'étaient pas entretenues dans une science supérieure à celle de l'école d'Autun, si la philosophie n'avait pas permis aux juristes de s'élever jusqu'à des généralisations et des constructions, le droit romain dans sa dernière étape y offrirait le même spectacle. Mais l'œuvre de Justinien — on le reconnaîtra sans peine — ne donne pas au même degré que les œuvres de l'Occident l'impression de la vieillesse. Certes on peut parler avec quelque raison de décadence et d'infériorité quand on rapproche la compilation des ouvrages des grands jurisconsultes ; encore, sans nier qu'elle leur soit inférieure, serait-il plus juste de reconnaître qu'elle a surtout une autre nature imposée par le milieu où elle fut rédigée.

D'ailleurs, pour juger par comparaison de la valeur du droit romain en Orient, ce n'est pas avec le droit du iiie siècle qu'il convient de le mettre en parallèle, attendu que la valeur respective de deux choses ne peut s'établir que si elles ont une commune mesure. C'est le droit de l'Italie aux ve et vi^e siècles, ce sont les lois romaines des Barbares qui doivent entrer en ligne. Or, en opposant la législation byzantine au droit romain de l'Occident, il n'est pas besoin de longues réflexions pour découvrir la supériorité immense de la première sur lui.

Savigny, appréciant d'après cette méthode la codification orientale, formulait sur elle un jugement qui ne se ressent pas, comme les sévères critiques ordinaires, d'un goût exclusif pour la littérature classique et auquel on n'aurait à reprocher peut-être qu'un excès d'éloges. Voici ses propres paroles :

« Si l'on fait entrer dans ce parallèle [avec les lois romaines de l'Occident] les recueils de Justinien, on ne peut se défendre d'un sentiment d'admiration ; cependant, considérés en eux-mêmes, ils mériteraient encore notre estime et notre reconnaissance. Sans doute, la force créatrice était refusée au siècle de Justinien ; ceux qui travaillaient sous ses ordres durent en outre aller chercher les sources dans une littérature savante, étrangère à celle de leur pays. Au milieu de tant de circonstances défavorables, leur choix fut si heureux et si habile, qu'après treize cents années, malgré les lacunes de l'histoire, leurs recueils représentent presque à eux seuls l'esprit du droit romain tout entier, et aucun siècle libre de prévention ne devra désormais repousser l'influence de cet excellent et profond développement du droit. Dira-t-on que ce choix est l'effet du hasard, non du savoir et de l'intelligence ? Je renverrai, pour toute réponse, aux recueils que nous avons trouvés chez les Goths et les Bourguignons. On ne peut, sans contredire l'histoire, objecter que le Code Justinien est l'ouvrage des Romains, et que les autres Codes sont l'ouvrage des Barbares ; car, dans l'empire d'Occident, à Rome et dans les Gaules, les lois ont été rassemblées par des Romains, non par des Goths ou des Bourguignons.

» Je viens d'envisager le droit de Justinien sous le point de vue littéraire; cependant son but était purement pratique, et c'est sous ce rapport qu'il faut considérer les constitutions de Justinien lui-même. Sans doute, leur mérite est inégal, mais plusieurs présentent une vue complète du sujet, et répondent parfaitement à leur but. Quand elles nous paraissent bouleverser l'ancien droit, souvent elles ne sont que l'expression raisonnable des changements qui s'étaient introduits d'eux-mêmes sans l'intervention du législateur. Ici encore la comparaison est à l'avantage de Justinien. En effet, ses constitutions, celles du Code en particulier, rapprochées des édits du Code Théodosien, et surtout des Novelles qui l'accompagnent, leur sont bien supérieures pour la forme et le fond des choses »[1].

A ces idées de Savigny on doit donner plus de développements et une justification plus solide préparée par ce volume tout entier.

La supériorité incontestable de l'œuvre byzantine sur les œuvres parallèles de l'Occident tient à deux choses : d'une part, au fait que l'œuvre de Justinien a un caractère savant que le droit romain de l'Occident n'a guère su garder; d'autre part, au fait qu'elle reflète un progrès général non seulement par rapport aux livres classiques (nous avons suffisamment insisté là-dessus dans l'Introduction), mais, plus encore, par rapport au droit contemporain de l'Occident. Personne ne mettra en doute que la compilation, grâce à son caractère scientifique, ne domine de très haut les productions législatives ou doctrinales de l'Occident après le ive siècle. Si l'on établit le parallèle entre elles, on verra clairement grandir l'œuvre de Justi-

---

1. Savigny, *Histoire du droit romain au Moyen Age*, trad. Guénoux, t. I, Paris, 1839, p. 37-38.

nien, parce que la science juridique des commissaires et des professeurs grecs est supérieure — cela est de toute évidence — à celle des praticiens ou des interprètes latins des royaumes barbares contenue, par exemple, dans la *Consultatio* ou dans les *Interpretationes*.

Et même l'œuvre de Justinien montera d'autant plus haut que disparaîtront les reproches, journellement adressés aux Byzantins, d'avoir morcelé les ouvrages des jurisconsultes, d'avoir corrompu leurs textes par les interpolations.

Car, en la considérant sous l'angle où nous la considérons, au premier reproche, on est fondé légitimement à répondre ceci. Il est assurément regrettable que nous, modernes, nous ne possédions plus les commentaires classiques dans leur intégralité; mais ce n'est pas à nous qu'il faut songer, c'est aux Romains du vi° siècle. Croit-on vraiment qu'ils consultaient assidûment, avant Justinien, ces commentaires dans leur texte original et continu? En Occident, où Tribonien n'a pas accompli son œuvre de « vandalisme », nous savons pertinemment que les gens de l'Italie les avaient découpés dès le v° siècle (les Fragments du Vatican en sont la preuve).

Et pour le second reproche, en ce qui concerne les interpolations, on répondra de la manière suivante. Il est également regrettable que nous, modernes, nous ne possédions plus, par l'intermédiaire de Justinien, les textes classiques dans leur intégrité. Mais sur ce point encore, il faut songer aux Romains du vi° siècle, non à nous. Si les retouches sont nombreuses au Digeste, au Code et aux Institutes, tandis qu'elles se rencontrent en petit nombre dans le Bréviaire, leur multiplicité même ne dénonce-t-elle pas un souci plus ardent, une volonté plus consciente chez les Byzantins, de porter le droit du passé au niveau d'une civilisation nouvelle, de le mettre en harmonie non avec l'évolution du droit romain, comme on le dit toujours, — car nous avons vu en quel état se présentait le droit romain pur abandonné à lui-même, — mais avec le droit romain vivant des pays orientaux, avec le droit byzantin, droit nouveau et savant qui s'était formé dans les écoles plus encore que dans la pratique. Vues sous cet angle, les interpolations ne sont-elles pas une marque incontestable de progrès ?

A la différence du droit romain de l'Occident, dans lequel l'évolution s'est faite sans créations, sans progrès, parce qu'il ne s'alimente pas au dehors et vit sur lui-même, le droit de l'Orient est en progrès constant depuis le IIIe siècle. L'école de Beyrouth prend de l'éclat à l'heure même où celle de Rome décroît; les juristes grecs renouvellent les doctrines par l'enseignement; la pratique grecque, en avance sur celle de Rome, survit et prospère. Les créations, auxquelles contribuent tous ces organismes et la loi elle-même, se multiplient pour répondre aux besoins du vieux monde qui trouve, dans la philosophie et le christianisme, à rajeunir et à perfectionner ses conceptions de Dieu, de la vie, de la morale et du droit. Combien peu compte, dans l'Italie misérable des Goths, le regain d'espoirs que fait naître le règne bienfaisant de Théodoric, à côté de la gloire réelle que donne à l'Empire Justinien conquérant et législateur? A l'époque où dans les royaumes barbares s'affaiblit la civilisation romaine, la civilisation byzantine ouvre la série des civilisations modernes. Le progrès et la nouveauté sont partout dans les pays qui entourent l'Archipel; les régions de l'Asie conquises depuis tant de siècles à la culture, successivement sémitique, grecque ou romaine, reprennent de la vigueur pour engendrer une culture composite, la culture byzantine où domine l'élément hellénique. Dans le progrès du droit comme dans le progrès général, l'Hellénisme renaissant, nous l'avons noté, représente le facteur le plus important. C'est lui qui constitue l'aliment extérieur et revivifiant qui a manqué au droit romain de l'Occident. C'est lui qui a rénové le droit romain et l'a transformé en droit byzantin. C'est lui qui, partout où nous avons trouvé l'occasion d'apercevoir son influence, a simplifié, élargi, assoupli le droit classique.

L'opposition entre le droit romain de l'Occident et celui de l'Orient réside donc bien, en dernière analyse, dans la nature différente des forces qui ont agi sur eux. D'un côté, il y a eu simplement une évolution interne du droit romain enfermé en lui-même, tandis que de l'autre, grâce à l'Hellénisme, c'est presque d'une véritable révolution qu'il faudrait parler. La physionomie originale du droit de Justinien tient plus à ce qu'il s'est formé dans les pays hellénisés d'Orient qu'à la marche normale et mécanique du droit romain qui a été proprement une marche en arrière.

Ainsi, le caractère oriental de l'œuvre législative de Justinien s'affirme plus fortement quand on observe historiquement par contraste les destinées des institutions classiques en Occident. C'est pourquoi il a paru nécessaire de résumer très brièvement les idées émises à leur propos au cours des trois Chapitres du volume. Mais si, après avoir marqué les antithèses qui sont grandes, nous cherchons une idée générale qui les explique, nous la trouverons dans un phénomène identique et unique, la puissance de la tradition, force conservatrice, qui justifie à la fois la persistance des institutions classiques en Occident et la persistance de l'Hellénisme en Orient que côtoie la persistance des usages antiques chez les Romains de race ou les romanisés. Seulement, la première tournait à la routine, parce qu'elle n'était plus vivifiée par la science; la seconde gardait son pouvoir créateur (quoi qu'en pense Savigny, la force créatrice n'est pas refusée au siècle de Justinien), parce que l'Hellénisme, dans la période qui va de Constantin à Justinien, possédait encore en lui, comme tout organisme vigoureux, la puissance de grandir et de communiquer la vie.

Au point de vue du développement du droit, les royaumes barbares furent longtemps stériles comme les déserts, l'Empire d'Orient demeurait une terre féconde. Une même plante s'étiolait ici et prospérait là-bas. C'est l'image par laquelle nous pouvons clore ce tome Ier et annoncer le tome II. Quand nous examinerons dans le volume à venir les destinées de la procédure extraordinaire et la nature des voies de droit qui y sont liées, les résultats de l'évolution procédurale, les constructions neuves, les classifications ou les généralisations que nous trouverons dans l'œuvre de Justinien, nous ne les envisagerons encore que comme un exemple particulièrement large de son caractère oriental et nous ne les expliquerons que par ce caractère même. En cherchant surtout à découvrir dans la codification ce qui fait sa supériorité, son caractère doctrinal et savant, nous rendrons, une fois de plus, hommage aux Byzantins, — précurseurs du droit du Moyen Age et des droits modernes, — pour s'être laissé guider dans le progrès par l'étoile de l'Orient.

ADDITIONS ET CORRECTIONS

P. 13, n. 1 : Savigny, *Hist. du dr. rom. au Moyen-Age*, tr. franç., t. I, p. 295-296, fait déjà à propos de la const. *Omnem* une remarque du même genre. Pour lui, ce texte n'a pas plus d'autorité pour prouver la domination de Justinien sur Rome que la reproduction au Code Just. (11, 18) du titre du Code Théod. (14, 9) : *de studiis liberalibus urbis Romae et Constantinopolitanae*, dont la rubrique a été copiée « sans réflexion » par les compilateurs comme tous les autres passages où Rome se trouve mentionnée.

P. 33, n. 1 : *lis. : 24 au lieu de* : 23.

P. 54, n. 3 : *lis. :* παρακαταθηκῶν *au lieu de :* παραθηκῶν.

P. 58, n. 2 : sur le titre des arbitres du P. Lond., 3, n° 992, voy. ma note Σχολαστικὸς φόρου Θηβαίδος dans *Rev. de Philol.*, t. XXXVI, 1912, p. 132-133.

P. 149, n. 2 : M. Cuq examine le P. Cair. Cat. 67028 dans le très important compte rendu de la publication de M. Maspéro donné par lui à la *Rev. de Philol.*, t. XXXV, 1911, p. 357.

P. 171, l. 22 : *ajouter :* et à des ventes.

P. 245 : M. Mitteis, dont nous avons suivi l'opinion sur la persistance des formes des actes grecs chez les nouveaux citoyens romains créés en Orient par la constitution de Caracalla, vient de publier, à l'occasion de la fête célébrée par la Faculté de Droit de Leipzig à la mémoire de B.-F.-R. Lauhn (13 mai 1912), un Papyrus de Leipzig (P. Lips.

Inv. n° 136) qui va directement à l'encontre de cette opinion; c'est un acte d'émancipation passé par des Grecs d'Oxyrhynchos et qui est rédigé en latin dans les formes romaines pures; cet acte datant du IIIe probablement est certainement postérieur à 212. Notre collègue reconnaît lui-même (p. 26 de la *Feierschrift*) qu'une pareille conformité aux modèles romains n'a pas été la règle générale. Nous sommes donc autorisé, de notre côté, à voir dans cet acte une exception, qui constitue un témoignage important pour l'application de la constitution dans l'Égypte du IIIe siècle, mais qui ne peut prévaloir contre les données du Coutumier syro-romain touchant le régime de l'émancipation dans la Syrie aux Ve et VIe siècles.

OUVRAGES CITÉS EN ABRÉGÉ

Archiv für Papyrusforschung (= A. P. F.).

Bulletino dell' Istituto di diritto romano (= B. I. D. R.).

Cuq (Éd.), *Les Institutions juridiques des Romains, etc.*, t. I, 2ᵉ éd., Paris, 1904; t. II, Paris, 1902 (= Cuq).

Ferrini (C.), *Manuale di Pandette*, Milan, 1900, in-16 (= Ferrini).

Fontes iuris romani anteiustiniani edidererunt S. Riccobono. J. Baviera, C. Ferrini... Leges, Auctores, Leges saeculares, Florence, 1908 (= *Font. iur. rom. anteiust.*).

Girard (P. F.), *Manuel élémentaire de droit romain*, 5ᵉ éd., Paris, 1911 (= Girard).

Girard (P. F.), *Textes de droit romain*, 3ᵉ éd., Paris, 1903, in-16 (= Girard, *Textes*).

Marini (Gaël.), *I Papiri diplomatici*, Rome, 1805, in-fol. (= Marini).

Mitteis (L.) [et U. Wilcken], *Grundzüge und Chrestomathie der Papyruskunde*, Leipzig, 1912, Zweiter Band, Juristischer Teil; Erste Hälfte : *Grundzüge* ; Zweite Hälfte : *Chrestomathie* (= Mitteis, *Grundzüge*, t. II, 1, t. II, 2).

Mitteis (L.), *Reichsrecht und Volksrecht in den östlichen Provinzen der römischen Kaiserreichs*, Leipzig, 1891 (= Mitteis).

Nouvelle Revue historique de droit français et étranger (= N. R. H.).

Revue historique de droit français et étranger (= R. H. D.).

Windscheid (Bernh.), *Lehrbuch des Pandektenrechts*, 9ᵉ éd., par Théod. Kipp.; 3 vol., Francfort-sur-le-Main, 1906 (= Windscheid).

Zeitschrift der Savigny Stiftung für Rechtsgeschichte, Romanistische Abteilung (= Z. S. S.).

N. B. Le format des ouvrages autre que l'in-8° est seul indiqué.

TEXTES CITÉS EN ABRÉGÉ

Pour les textes juridiques et littéraires les citations abrégées sont faites selon l'usage commun.

Pour les papyrus, les citations suivent l'usage de l'*Archiv für Papyrusforschung*.

TABLE DES TEXTES CITÉS

TABLE ALPHABÉTIQUE DES MATIÈRES

TABLE DES MATIÈRES

C. 22

CHAPITRE II

Deuxième manifestation du caractère oriental : Institutions, règles et constructions juridiques introduites dans l'œuvre de Justinien sous l'influence du droit romain hellénisé..... 15!

CHAPITRE III

Troisième manifestation du caractère oriental : Remplacement dans l'œuvre de Justinien d'institutions romaines non adaptées à l'Orient ou tombées en désuétude en Orient......... 21?

BAR-LE-DUC. — IMPRIMERIE CONTANT-LAGUERRE.

MÉLANGES
DE DROIT ROMAIN
I. HISTOIRE DES SOURCES

PAR

Paul Frédéric GIRARD
PROFESSEUR A LA FACULTÉ DE DROIT DE L'UNIVERSITÉ DE PARIS

1912, 1 vol. in-8°............................ **12 fr.**

MÉLANGES
D'HISTOIRE DU DROIT

DROIT ROMAIN

PAR

A. ESMEIN
PROFESSEUR AGRÉGÉ A LA FACULTÉ DE DROIT DE PARIS
MAITRE DE CONFÉRENCES A L'ÉCOLE PRATIQUE DES HAUTES ÉTUDES

1886, 1 vol. in-8°............................ **10 fr.**

MÉLANGES GÉRARDIN

1907, 1 vol. gr. in-8° de xv-554 pages orné d'un portrait.. **25 fr.**

MÉLANGES FITTING

1908, 2 vol. gr. in-8°............................ **30 fr.**

Otto LÉNEL
PROFESSEUR A L'UNIVERSITÉ DE STRASBOURG

ESSAI DE RECONSTITUTION
DE L'ÉDIT PERPÉTUEL
OUVRAGE TRADUIT EN FRANÇAIS

PAR

Frédéric PELTIER
PROFESSEUR A LA FACULTÉ DE DROIT DE LILLE

SUR UN TEXTE REVU PAR L'AUTEUR

1901-1903, 2 vol. in-8°............................ **30 fr.**

BAR-LE-DUC. — IMPRIMERIE CONTANT-LAGUERRE.